학부모가 알아야 할 혁신학교의 모든 것

학부모가 알아야 할
혁신학교의 모든 것


| | |
|---|---|
| **발행일** | 2012년 1월 7일 초판 1쇄 발행 |
| | 2015년 6월 9일 초판 3쇄 발행 |
| **지은이** | 김성천, 오재길 |
| **발행인** | 방득일 |
| **발행처** | 맘에드림 |

| | |
|---|---|
| **주 소** | 서울시 중구 퇴계로48길 26(묵정동 31-2) 2층 |
| **전 화** | 02-2269-0425 |
| **팩 스** | 02-2269-0426 |
| **e-mail** | nurio1@naver.com |

ISBN  978-89-97206-01-8 13370

# 학부모가 알아야 할 혁신학교의 모든 것

김성천, 오재길 지음

맘에드림

# 학부모가 바뀌면
# 학교도 바꿀수가 있습니다

"수업이 바뀌면 학교가 바뀐다."는 사토마나부 교수의 제목을 패러디한다면 "교사가 바뀌면 학교가 바뀐다."고 생각합니다. 그러나 학교는 교사만의 힘만으로 바뀌지 않습니다. 몇 년전 혁신학교를 지정하기 위해 어느 학교의 학부모님들을 찾아 뵙고, 혁신학교의 취지와 철학, 방향에 대해서 말씀을 드렸습니다. 하지만 결과적으로 실패했습니다.

학부모님들께서 혁신학교를 뚜렷한 이유 없이 반대하셨기 때문입니다. 일이 많아진다는 표면상의 이유를 들었습니다만, 제 생각으로는 혁신학교를 반대하던 몇 명의 선생님들 생각을 그대로 받아들인 것 같습니다. 그때 참 안타까웠습니다. 부모님이 어떤 생각을 하느냐에 따라 학교의 방향이 달라질 수 있음을 실감했습니다. 개인적으로 학교운영위원회 교원위원으로 참여하면서 이런 저런 안건을 내 놓았습니다만, 몇몇 학부모 학교운영위원들은 사실상 교장선생님의 친분으로 인해 건설적 대안을 내놓기보다 무비판적인 수용을 하는 모습을 보면서 갑갑함을 느낀 적이 있었습니다.

그런데, 모든 교사가 다 같은 교사가 아니듯 모든 학부모가 다 같은 학부모는 아니었습니다. 혁신학교를 지정받기 위해서 발로 뛰는 학부모들, 단위학교에 학부모 소통 프로그램을 기획하고 실천하는 학부모들, 자녀 교육을 위해 학습 모임을 꾸려가는 학부모들, 학교를 살리기 위해 의미있는 학교 활동에 참여하는 학부모들의 모습을 보면서 희망을 동시에 느꼈습니다.

언제까지 학부모는 교장선생님과 선생님들의 종속 변수로만 작용해야 합니까? 학부모가 바라고 원하는 학교를 만들고, 그 꿈을 함께 꾸어볼 수는 없을까요? 결국 저는 "학부모가 바뀌어야 학교가 바뀐다."고 생각합니다. 혁신학교를 탐방하면서 학부모를 만날 때가 있습니다. 좋은 평판을 받고 있는 혁신학교에는 결국 좋은 학부모들이 계시더군요. 혁신교육을 지지하는 학부모가 존재할 때 학교는 힘있게 교육을 할 수 있기 때문입니다. 우리 교육에 대해서 열린 생각을 가지고, 교육에 대한 고민을 치열하게 하는 분들이 적지 않았습니다.

"저는 고등학교 교육 현실의 패러다임이 바뀌어야 한다고 생각합니다. 그럴 수 밖에 없고 불가피한 상황이라고 생각합니다. 우리는 그동안 입시 위주 교육을 지속적으로 진행해 왔고, 대한민국 사회에서 아이의 미래는 대입으로 결정이 되었죠. 일류대학교를 나와야 사회의 일원으로서 앞에 나가서 활동할 수 있었습니다. 여기에 들어가지 않는 것은 사회에서 뒤쳐질 수 있다고 봤던 거죠. 비유가 될지 모르겠지만 학교는 경주마를 훈련시키는 교육장이었습니다. 앞만 바라보고, 최대한 빨리 뛸 수 있는 것만 강요했지, 그 말이 어떤 특징, 장점이 있는지 관심이 없었습니다. 앞으로 교육현실의 방향은 달라져야 한다고 생각합니다. 각각의 사람들이 가지고 있는 재능과 영향을 좀 더 발휘할 수 있는 환경이 되어야 하지 않을까요? 저는 그렇게 생각합니다."

(흥덕고등학교 학교운영위원장 인터뷰 중)

이런 생각을 가진 학부모가 계실 때 학교의 철학과 방향, 교육과정과 수업, 평가에 새로운 시도가 가능해질 겁니다. 이 책은 혁신학교에 관해 다루고 있지만 결국은 일반학교의 가야할 길을 다루고 있습니다. 혁신학교는 아이들을 망치지 않습니다. 오히려 아이들을 행복하게 기르면서도 진정한 경쟁력을 갖춘 아이들을 길러낼 수 있습니다. 조급해하지 않고 기다리면서 부모님부터 먼저 학습하고, 계속 요구해야 합니다. 아무리 생각해도 학부모가 바뀌면 학교도 바뀔 수 있을 것 같습니다.

2012년 1월 4일

김성천 · 오재길

# 1 혁신학교는 어떻게 생겨난 것인가요?

아이팟이나 아이폰이 처음 나왔을 때 한국 사회가 가졌던 위기의식을 우리는 기억합니다. 정보 사회로 넘어오면서 기존의 암기형 지식은 쓸모가 없어졌습니다. 인터넷 검색으로 찾을 수 있는 지식을 굳이 힘들게 외워야 할 이유가 없기 때문입니다. 명문대학 졸업해서 주변의 인정을 받는 것보다는 자기 내면의 목소리와 적성을 찾으려는 욕구들도 커지고 있습니다. 이러한 시대와 가치관의 변화에 따라 기존의 입시 중심 학교에서 벗어나 공교육을 혁신하기 위한 정책으로 시도되고 있는 것이 혁신학교입니다.

 ## 혁신학교 탄생 배경

어떤 병원에 가서는 병이 나았는데, 어떤 병원에 가서는 병이 낫지 않는 경우가 있습니다. 그럴 때 우리는 "의사라고 다같은 의사가 아니야."라고 말합니다. 교육도 마찬가지일 겁니다. "학교가 다같은 학교가 아니고, 교사가 다같은 교사가 아니다."라는 말을 할 수 있지 않을까요? 똑같은 공립학교인데, 어떤 학교는 교사와 학생과 학부모의 만족도가 높고, 어떤 학교는 그렇지 않습니다. 이러한 현실이 분명히 존재하기 때문에 많은 학부모는 자녀의 교육에 대해서 항상 고민하게 됩니다. 물론, 어떤 학부모는 무조건 입시에 도움이 될 수 있는 학교만을 찾는 분들도 계십니다. 하지만 모든 학부모들이 그런 것은 아닙니다. 제가 '사교육걱정없는세상'에서 활동을 하고 있는데, 그곳에서 만난 학부모들은 아이의 삶에 도움이 되는 교육과 학교를 열망하고 계셨습니다. '학부모님들이 모두 입시 교육과 주입식 교육을 원하고 있다.' 말하는 것도 편견이라고 생각합니다. 어찌 보면 그런 편견을 핑계로 학교를 덜 혁신하고 있는지 모릅니다. 문제는 좋은 교육을 열망하는 학부모들의 욕구에 대해서 제대로 답할 수 있는 학교가 의

외로 별로 없다는 점이지요.

많은 학부모들은 특목고라든지 명문고에 아이들을 보내보면 어떨까 생각을 해봅니다. 아이들을 쥐어짜고, 사교육에 많은 돈을 쏟아부으면 그런 학교에 입학할 가능성은 있겠습니다만, '과연 그런 식으로 해서 아이를 공부시켜야 하는가?'라는 회의감과 고민을 학부모로서는 하지 않을 수 없습니다. 제가 만나 본 학부모들도 좋아서 사교육을 시키는 것이 아니라 어쩔 수 없이 시키고 있습니다. 또한, 그렇게 사교육을 시키면서도 '이런 모습이 바람직한 것일까?'라고 자문을 한다고 합니다. '사교육걱정없는세상'에 해마다 학부모 교육 프로그램인 '등대지기 학교'를 운영하는데 그때마다 전국의 학부모님들이 꽤 많이 신청하는 모습을 보면 뭔가 교육에 새로운 돌파구가 필요하다는 생각을 가지고 있기 때문이라고 생각합니다.

공교육에서 어떤 해답을 못 찾는다고 해서 대안학교로 자녀를 보내는 것도 쉬운 일이 아닙니다. 비인가형 대안학교는 정부의 지원이 없다 보니 비용이 상당히 비싸지요. 나름 좋은 교육 프로그램을 가졌다고 소문난 학교 입학도 사실 쉽지 않습니다. 시골로 보내거나 기숙형 학교로 자녀를 보내는 경우, 부모의 큰 결단이 필요합니다. 비용도 만만치 않을 뿐만 아니라 일종의 모험을 각오해야 합니다.

예전 우리들이 학교에 다닐 때만 해도 선생님들한테 얻어 맞아가면서 학력고사를 대비하여 교과서를 거의 외우다시피 했던 공부를 했습니다. 그렇지만 교사의 권위는 매우 높았지요. 저도 고등학교 시절에 쉬는 시간에 친구와 오목을 두었다는 이유로 담임 선생님께 맞

았는데, 그때 고막이 터져서 지금도 난청을 앓고 있습니다. 그래도 선생님께 감히 항의할 수 없었던 시절을 지냈지요. 80~90년대만 해도 대학 입학이 쉽지 않았습니다. 하지만 취업은 어느 정도 보장되었지요. 대학을 나온 만큼 취업이나 승진 등에 혜택을 입기도 했습니다. 따라서 교육의 질이 현재보다 높았다고 볼 수 없지만, 그럼에도 불구하고 별 문제의식 없이 학교에 다녔습니다. 어찌 되었건 학교를 나오는 것이 자기 인생에 도움이 된다고 판단했기 때문입니다. 우리의 역사적 배경을 보면 '가난 속에서도 공부만이 살 길이다.'라는 부모님의 인식이 우리들로 하여금 학교를 절대적 존재로 여기게 만들었습니다. 하지만, 80~90년대를 거친 민주화 세대들이 부모가 된 지금의 시점에서는 상황이 달라졌습니다. 예전의 틀에서 크게 바뀌지 않은 학교에 '내 자녀를 밀어 넣어야 하는가?' 하는 근본적인 생각을 부모님들이 갖기 시작한 겁니다. 그런 과정에서 학교의 근본적인 존재 이유가 무엇인가를 고민하기 시작했습니다.

여기에는 시대의 변화도 한 몫합니다. 산업화 시대에서 정보 사회로 넘어오면서 기존의 암기형 지식이 별 쓸모가 없어졌습니다. 인터넷으로 검색하면 나올 지식을 굳이 힘들게 외워야 할 이유가 없기 때문입니다. 시대가 필요로 하는 인재상 역시 바뀌었습니다. 모방하는 인재가 아니라 창의적인 인재를 요구하기 시작합니다. 우리 사회가 개발도상국 시절에는 선진국의 기술을 모방해서 저가에 팔아도 경쟁력을 가졌습니다. 저임금을 통해서 부가가치를 창출했던 시절이었기 때문입니다. 그러나 글로벌 경제 체제가 강화되면서 국가와 국가 간

무역 장벽이 더욱 허물어지기 시작했습니다. 이로 인한 기업 간 경쟁은 더욱 치열해지기 시작했습니다. 이런 상황에서 경쟁력은 지식과 정보를 통해 나오게 됩니다. 지식과 정보를 바탕으로 창의적인 산출물이 필요해지기 시작했습니다. 아이팟과 아이폰이 처음 나왔을 때 한국 사회가 가졌던 위기의식을 우리는 기억할 필요가 있습니다.

이쯤 되면 기업들도 새로운 인재상을 요구할 수밖에 없습니다. 기업들도 명문대학 졸업장에 안주하는 인간이 아니라 구체적으로 무엇인가를 잘할 수 있는 인간을 요구하기 시작했습니다. 기업들이 학벌을 중시했던 이유는 무엇입니까? 학력과 학벌이 좋으면 생산성이 높아질 것이라는 가정 때문일까요? 저는 기업들이 성장하는데 학연을 활용했기 때문이라고 생각합니다. 기업들은 정부도 상대해야 하고 언론도 상대해야 합니다. 공적으로 안되는 문제를 사적으로 풀어가는 경우도 적지 않았고, 그 과정에서 학벌이 좋은 자원들을 많이 확보하면 문제 해결이 쉬웠을 것입니다. 선후배 간 연결고리를 바탕으로 서로 끌어주기 행태가 만들어졌습니다. 국내 기업들끼리 경쟁할 때는 이런 모델도 나름 통했겠습니다만 글로벌 경제 시대에 이런 모델은 한계에 부딪힐 수밖에 없습니다.

사회가 다원화되기 시작했습니다. 가난하고 궁핍했던 시대에서 오로지 살기 위해서 공부하던 모습은 이제 지나가기 시작했습니다. 평촌에서 근무를 하고 있는, 제가 아는 고3 담임 선생님이 한 학부모에게 전화를 했습니다. 아이가 공부를 너무 하지 않아서 걱정이라고 학부모에게 알리자, 학부모가 다음과 같이 답변했답니다. "네 선생님의

걱정과 우려를 잘 알겠습니다. 하지만 저는 제 자식의 한계를 잘 알고 있습니다. 억지로 공부시켜서 대학을 보내기보다 아이가 좋아하는 일을 시킬 생각입니다. 본인도 미용 쪽으로 기술을 배우려고 합니다. 너무 걱정하지 않으셔도 됩니다."

우리나라 사람들의 소득 수준이 점점 높아질수록 다원화된 사회의 모습을 가지게 될 것입니다. 공부를 잘해서 명문대학을 나와서 주위 사람들에게 인정을 받으면서 살아가야 한다는 생각으로부터 탈피하기 시작합니다. 부모의 꿈이라든지 남의 꿈이 아니라 자신의 꿈을 꾸는 것이 중요하고, 그 과정에서 타인의 시선이 아닌 자기 내면의 목소리를 듣기를 원하는 사람들이 늘어나게 됩니다. 이는 곧 공부와 학습의 의미에 변화가 올 수 있음을 의미합니다. 한국 사회에 존재하고 있는 학력과 학벌의 차이가 급격하게 줄어든다면, 사회 복지 체제가 더욱 잘 갖추어진다면, 사람들은 공무원, 대기업이나 공기업 직원, 판검사, 의사라는 직업만을 선호하지 않게 될 것입니다. 자연스럽게 학벌의 가치도 약화되겠지요.

이러한 시대와 가치관, 지식의 변화는 자연스럽게 학교의 변화를 요구하기 시작합니다. 학교를 어떻게 바꿀 것인가의 문제는 우리나라만의 문제는 아닙니다. 전 세계적인 현상입니다. 미국도 늘 교육의 중요성을 강조하면서 변화를 추구합니다. 우리나라 역시 정권이 바뀔 때마다 교육에 관한 화두가 새롭게 던져지는 모습을 늘 볼 수 있었습니다.

미국의 경우 차터스쿨을 통해서 학교를 과감하게 대학이나 민간단체 등에 위탁하는 흐름도 나타나기 시작했습니다. 우리나라에서도 김영삼 정부 시절 발표된 5·31 교육개혁안에 근거하여 학교의 변화를 일관되게 말하고 있습니다. 수요자 중심 교육이라든지 경쟁의 가치를 중시하기 시작했지요. 이 교육개혁안이 신자유주의 논쟁을 일으키기도 했고, 실제 신자유주의적 성격을 지닌 정책을 많이 제시했습니다만, 문명의 대전환기가 찾아온 시점에서 학교가 바뀌어야 한다는 강력한 메시지를 던져준 것은 분명합니다.

뭔가 학교를 바꾸어야 한다는 문제의식이 우리나라에서도 있었습니다. 참여정부 시절 공영형 혁신학교가 도입되었습니다. 핵심적인 아이디어는 간단합니다. 입시에 매몰되지 않아도 좋은 교육, 차별화된 교육을 할 수 있는 학교를 만들어보자는 겁니다. 이우학교 같은 학교를 보면 대안학교로서 많은 학부모들의 주목을 받았습니다. 그런 모델이 공교육에도 필요하다고 본 겁니다. 정부에서도 여러 가지 여건상 미국처럼 민간에게 학교를 과감하게 위탁할 수는 없었을 겁니다. 그래서 검토한 내용이 우선 교장이라도 공모의 방식을 통해서 선발하고 과감한 예산 지원과 자율권을 주자는 생각을 했죠. 많은 이들이 입시 위주의 학교로 전락할 것이라는 우려를 했는데, 그렇게 변질되면 공영형 혁신학교 자격을 박탈하면 된다는 입장을 참여정부 시절 교육부도 가졌습니다. 이와 함께 평교사들에게 공영형 혁신학교 교장을 할 수 있는 자격이 주어졌습니다. 상당히 파격적인 실험이었습니다. 학교가 바뀌지 않는 이유 중 하나는 교장 승진 제도 때문입니다. 그러나 현실적인 저항 때문에 평교사도 교장이 될 수 있는

내부형 공모제의 과감한 도입은 어려웠고, 시범학교의 형태로 극히 일부 학교에서 평교사들도 교장으로 공모할 수 있는 제도가 도입되었습니다.

이런 시도들이 이루어지고 있는 가운데 공교육에서 주목할만한 학교가 나옵니다. 남한산초등학교입니다. 폐교 직전의 학교에 몇 명의 선생님들과 학부모들이 의기투합해서 학교를 새롭게 만들기 시작했습니다. 이 학교는 언론은 물론 논문에도 소개가 되었습니다. 거의 10년 가까운 세월을 교사들이 눈물과 땀으로 일구어 좋은 학교 모델을 만들었습니다. 이후 이 학교를 배우겠다는 교사들이 늘어나고, 그 과정에서 학교 간 연대가 만들어지면서 남한산초등학교와 유사한 모델이 전국에 조금씩 확산되기 시작했습니다.

그러던 차에 2009년도에 경기도교육감 선거에 이변이 발생합니다. 전혀 기대하지 않았던 한신대학교 김상곤 교수가 당선되었습니다. 이때 그가 내세웠던 공약 중 하나가 혁신학교였습니다. 혁신학교라는 이름이 붙여진 데는 여러 가지 의미가 복합되어 있을 것 같습니다. 우선은 김상곤 교육감의 전공이 경영학입니다. 경영학에서는 혁신이라는 용어가 보편적으로 사용되고 있습니다. 여기에 진보교육감이 추구하는 학교는 기존의 전통적인 방식의 학교와는 차별화된 그 무엇인가가 존재해야 한다는 생각이 담겨져 있었을 겁니다. 그렇다고 해서 전혀 새로운 학교를 갑자기 만들 수는 없습니다. 그렇다면 기존의 학교에서 진행되던 모습과 관행, 틀에 대한 자기반성이 필요하고, 그 반성을 토대로 학교를 새롭게 만들어보자는 생각이 내재해

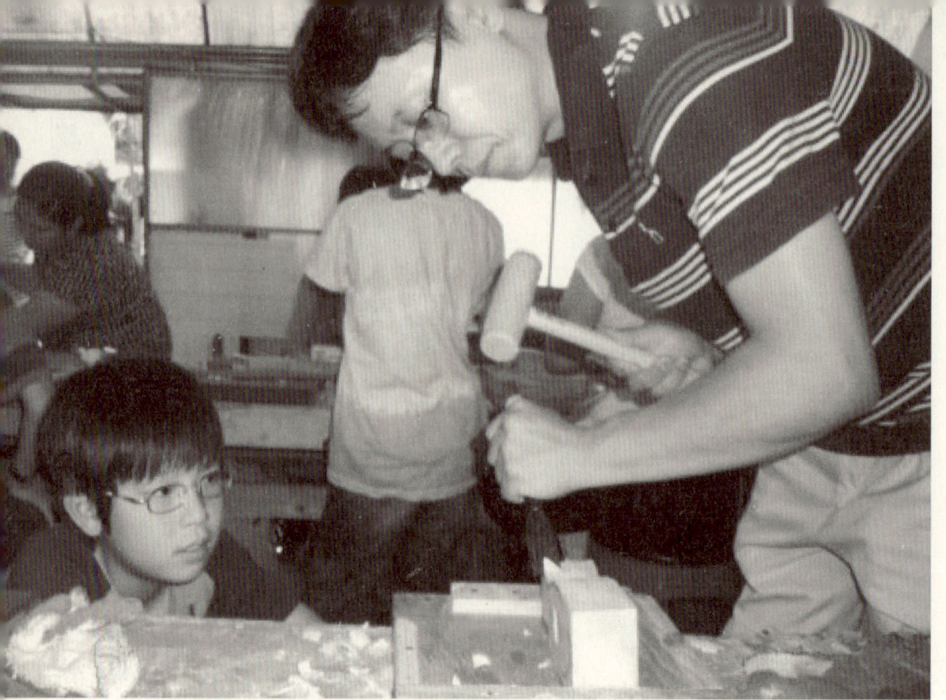

남한산초등학교 여름계절학교

있었습니다.

공약의 과정에서는 본래 두 가지 정도의 생각이 있었습니다. 하나는 어렵고 낙후된 지역에 속한 학교라든지 '기피' 학교를 '선호' 학교로 만들어보자는 생각이었습니다. 이때 '기피' 학교를 '선호' 학교로 만들어 내기 위해 입시 성과를 탁월하게 만들어내는 차원의 목표를 설정하지는 않았습니다. 입시 성과는 질 높은 교육과정과 수업을 통해서 부수적으로 따라오는 결과가 될 수는 있지만, 그것만을 목표로 하는 학교는 아니라는 겁니다. 두 번째는 학급당 인원수를 낮추어보자는 생각이 내재해 있었습니다. 학급당 인원수를 25명 이내로 낮추어본다면 질 높은 교육을 위한 필요조건은 갖출 수 있습니다. 이를 위해서는 당연히 교육청의 투자가 불가피합니다.

초기에는 혁신학교에 대해서 많은 분들이 생소하게 받아들여졌습

  학부모가 알아야 할 혁신학교의 모든 것

조현초등학교 생태학습

니다. 참여정부 시절, 혁신도시가 있었고, 교육혁신위원회도 있었기 때문에 어떤 분은 혁신이라는 용어를 바꾸어달라고도 요구하기도 했었지요. 김상곤 경기교육감이 당선되고 나서는 혁신학교 예산이 도의회로부터 전액 삭감되는 어려움을 겪기도 했습니다.

저도 혁신학교 초기에는 학부모들과 교장선생님들을 만나서 혁신학교의 취지를 설정하면서 혁신학교에 대해서 관심을 가지고, 신청해달라는 부탁도 많이 하고 돌아다녔습니다. 하지만 냉담한 반응을 보인 분들이 많았습니다. "혁신학교가 되면 일이 많아진다.", "특정 교원단체 출신들이 좌지우지하는 학교다.", "공부는 안 하고 아이들 놀리는 학교다." 등의 비아냥거리는 소리를 듣기도 했습니다. 설령 학부모들이 원해서 신청을 해도 교장 또는 교감선생님이 반대를 하거나 일이 많아질 것을 우려한 교사들의 반대로 혁신학교가 무산되는 경우도 있었습니다. 교사들이 원했는데, 학부모들이 반대해서 못한 경우도 있었습니다. 심지어는 혁신학교 신청을 둘러싸고 주체들 사이에 갈등이 생기는 경우도 있었습니다. 어떤 학교는 혁신학교 신청이라는 합의가 이루어졌음에도 불구하고, 교장선생님이 의도적으로 연가를 낸 다음 도장을 들고 출근을 안 하는 바람에 신청 기한을 놓쳐서 신청이 좌절되는 경우도 있었습니다. 경쟁률도 처음에는 높지 않았습니다. 그 과정에서 얼마나 많이 좌절했고 실망했는지 모릅니다.

이러한 어려운 상황 가운데서도 혁신의 불꽃은 꺼지지 않았습니다. 부른 바람이 불수록 더욱 커지지 않습니까? 혁신의 불꽃이 꺼지지 않았던 이유 중 하나는 몇몇 언론에서 남한산초등학교라든지 조현초등학교와 같은 학교 사례를 뉴스나 다큐의 형태로 다루어주었기 때문이라고 생각합니다. 두 학교는 일반학교와는 차별화된 교육철학과 교육과정, 수업이 진행되는 모습을 전국의 방송을 통해 생생히 보여주었습니다. 그 과정에서 '저런 학교에 우리 아이를 보내고 싶다.'는 학부모들이 늘어나기 시작했습니다. 혁신학교가 뭐냐고 물어볼 때, "학부모들께 남한산초등학교 같은 학교를 많이 만들어보려고 합니다."라고 답변하면, 그제서야 이해를 하시는 학부모들이 많았습니다.

## 혁신학교 개관

전국적으로 160개 이상의 학교가 혁신학교로 지정되어 있습니다. 강원, 경기, 광주, 서울, 전남, 전북에서 실시되고 있습니다.

언론에서도 많이 보도가 된 이우학교, 보평초등학교, 조현초등학교, 덕양중학교, 남한산초등학교 등이 대표적인 혁신학교의 예에 해당합니다. 학부모들의 인기가 높아서 주변 집값이나 전셋값이 오를 정도이고, 너무 많은 학생들이 몰려들어서 교육의 질을 고민하지 않을 수는 없는 상황에 놓인 학교들도 있습니다. 교장의 리더십과 교사의 전문성에 근거하여 단위학교의 철학과 비전이 명확히 제시되어

이우학교 입학식

있고, 교육과정과 수업, 평가, 프로그램이 차별화된 학교를 혁신학교로 볼 수 있습니다.

대안학교는 국가 교육과정을 준수하지 않거나 일부만 준수합니다. 그러나 혁신학교는 일반학교와 같은 상황입니다. 국가 수준의 교육과정을 충실히 이행을 해야만 합니다. 그런 점에서 혁신학교는 철저히 공교육의 범주 또는 기존의 일반학교와 유사한 구조를 가지고 있습니다. 그럼에도 불구하고, 대안학교가 가진 장점. 예컨대, 소규모 학급, 협력과 협동, 교육과정의 차별화 등을 구현하기 위해서 혁신학교가 애를 쓰고 있습니다. 대안학교의 사례가 좋아도 '그것은 대안학교니깐 그런 거야'라고 치부할 수 있죠. 반면에 혁신학교는 일반학교와 유사한 구조, 동일한 교사를 가지고 있기 때문에 혁신학교에서 교육적 성과가 탁월하다면 확산 가능성이 그만큼 높습니다.

그러면 혁신학교에 대해서 자세히 알아볼까요? 혁신학교는 일반적으로 자율학교라는 지위를 갖게 됩니다. 자율학교는 일반학교에 비해서 교육과정과 인사권에서 자율성을 더욱 보장받을 수 있습니다. 자율학교에 한해 평교사도 교장이 될 수 있는 내부형 공모제를 허용하고 있습니다.

혁신학교는 교과부와는 관련이 없고, 주로 교육청과 관련되어 있습니다. 혁신학교는 교육청이 일방적으로 지정하는 경우는 거의 없습니다. 일부 전략적 필요에 의해서 지정하기도 합니다만, 일반적으로는 단위학교의 자발성을 중시합니다. 단위학교에서 학부모와 교사, 학교장의 논의를 거쳐서 혁신학교에 응모를 할 것인지 말 것인지를

판단합니다. 혁신학교로 지정받기 위해서는 우선 4년 동안에 진행할 단위학교의 교육과정, 수업, 학교 프로그램 등에 대한 학교운영계획서를 교육청에 제출해야 합니다. 그 서류를 보고 서류 심사를 거쳐 실사를 하거나 학교장 면담 등의 방식을 통해 최종적으로 혁신학교를 지정하게 됩니다.

지정된 혁신학교에 대해서는 학교 규모에 따라 5천만 원에서 2억 원 가량의 예산 지원이 이루어집니다. 그 예산을 가지고 다양한 프로그램도 지원하고, 지원 인력을 채용하기도 합니다. 또한, 학급당 인원수를 줄이기도 합니다. 학교장은 가급적 혁신학교의 철학과 비전에 동의하고, 그 가치를 실현할 수 있는 교사를 초빙하기 위해서 노력합니다. 그렇게 교사들이 모여들면 혁신을 시도하게 됩니다.

혁신학교는 한 가지의 유형만 있다고 보기 어렵습니다. 농촌, 구도심, 신도시에 입지한 학교도 있습니다. 기존 학교도 있고, 신설 학교도 있습니다. 초·중·고도 있습니다. 그런 점에서 혁신학교는 특정한 모델이 있는 학교라기보다는 단위학교의 여건을 바탕으로 하여 혁신을 추동하는 학교입니다. 따라서 발전 모형은 상당히 다양할 수 있습니다. 특정 학교의 발전 모형을 기계적으로 따르는 것 역시 위험할 수 있기 때문입니다. 혁신학교도 초기에는 기존에 성공한 몇몇 학교의 프로그램을 모방한 경향도 있었습니다. 그러나 단위학교의 여건과 문화를 고려하지 않은 상태에서 일방적으로 모방만 하면 외형만 흉내를 낼 가능성이 있습니다. 모방이 반드시 성공으로 이어지지 않을 수 있습니다. 이러한 교훈을 바탕으로 적지 않은 학교에서는 자신들의 시행착오를 돌이켜보면서 새로운 대안을 찾기 시작합니다. 즉, 자신의 몸에 맞는 학교 혁신 모델을 찾기 시작합니다.

혁신학교의 성공은 결국 교사들이기 때문에 교육청에서는 교사 연수에 많은 신경을 씁니다. 학교장, 부장, 평교사, 리더그룹 등 다양한 연수를 기획하여 운영합니다. 이 과정에서 교사들은 혁신학교가 무엇인가에 대해서 고민하기 시작합니다. 그리고 자기 학교의 토양에 맞는 혁신 모델이 무엇인가에 대해서 끊임없이 고민합니다.

## 혁신학교 교육철학

아래의 내용은 지방의 어느 중학교 교장이 학부모님들에게 보낸 가정통신문 내용입니다. 나름 학부모들에게 좋은 정보를 제공하겠다는 학교장의 의지를 알 수는 있습니다만, '서울 강남에서 학원을 운영하셨던 훌륭한 강사님'이라는 문구가 제 눈에 걸렸습니다. 사교육 관계자라고 해서 훌륭하지 않을 이유는 없습니다만, 학교에서 학부모들과 소통할 수 있는 메시지가 얼마나 없었으면 사교육 관계자를 모셔서 특강을 듣는가였습니다.

안녕하십니까? 항상 ○○중학교에 아낌없는 성원을 보내주시는 학부모님께 감사드립니다. 아뢰올 말씀은 학부모님들을 모시고 '올바른 공부 습관과 뇌 발달'을 주제로 강좌를 열려고 합니다. 대다수의 학생들은 자기 스스로 집에서 공부하는 방법을 잘 모르고

있습니다. 어떻게 공부를 해야 잘하는 것일까? 어떻게 하면 공부하는 습관을 갖게 될까? 많은 학생들은 궁금해합니다. 이에 우리 학교에서는 서울 강남에서 학원을 운영하셨던 훌륭한 강사님을 모시고 학부모님들에게 자녀들이 자기 스스로 공부하는 효과적인 방법, 그리고 공부하는 습관을 갖게 하는 방법에 대하여 구체적으로 설명을 하여 주는 자리를 마련합니다. 꼭 참석하셔서 학부모님의 귀한 자녀가 자기 스스로 공부를 잘할 수 있도록 하여 주시기 바랍니다. 참가를 원하는 학부모님께서는 신청서를 9월 9일까지 보내주시면 고맙겠습니다. 학부모님 댁내에 건강과 행운이 함께하길 기원합니다.

학교에서 바라보는 배움과 지식의 의미는 무엇인가? 변화하는 시대의 흐름 속에서 무엇을 가르치고 어떻게 아이들을 성장시킬 것인가? 이러한 주제들을 생각해본다면 학부모들과 교사들이 함께 모여서 같이 고민해야 할 내용들이 너무나도 많이 있습니다. 그런데, 이러한 주제들에 대한 고민이 숙성되기도 전에 사교육 관계자를 기계적으로 초빙하여 강의를 듣는 모습에 아쉬움을 느낄 수밖에 없습니다. 이 학교는 그나마 나은 편입니다. 심한 경우는 입시 학원 전문가를 불러 몇 점 이상은 지원 가능, 몇 점 이하는 지원 불가 등 입시 전략에 대해서 거액의 돈을 들여 강의를 듣곤 합니다. 한국 사회의 특수성을 인정할 수밖에 없음을 감안한다고 해도 학교가 사교육 흉내내기를 하고, 그것도 자체적으로 감당할 능력이 없어서 사교육 관계자의 능력을 빌어 프로그램을 진행한다는 사실이 한없이 부끄럽게 느껴집니다.

혁신학교의 철학에 대해서 저는 최소한 5가지 이상이 있어야 한다고 생각합니다.

첫째, 자발성입니다. 서정초등학교와 조현초등학교를 가보니 교사들이 밤늦게까지 남아서 교육과정을 짜더군요. 3월 내내 밤 10시 이후에 퇴근했다고 합니다. 국가가 제시한 교육과정을 기계적으로 전달하는 모델이 아니라 교사들 스스로 교육과정을 재구성해야 하고, 그것이 우리 학교에서 이루어져야 한다는 생각이 교사들에게 내면화되었기 가능한 일입니다. 교사들은 5시나 6시에 얼마든지 칼퇴근할 수 있습니다. 교육청에서 또는 학교장이 강제로 밤 10시까지 남아서 교육과정을 짜라고 강요하지 않습니다. 그런데, 내일 학생들에게 더 좋은 수업을 하기 위해서 스스로 남아서 교사들이 토론하고 학습하고 논의합니다. 조현초등학교와 덕양중학교, 고양중학교는 가정방문이 활성화되어 있습니다. 가정방문은 말이 쉽지 교사들에게는 상당한 에너지를 쏟게 만듭니다. 가정방문을 무턱대고 그냥 갈 수는 없습니다. 적어도 학부모님 동의서를 받아야 합니다. 유사한 동네에 사는 학생들의 집주소를 고려하여 동선을 짜야 합니다. 퇴근 시간부터 돌아봐야 하루에 3~4명 방문할 수 있습니다. 그렇게 되면 거의 한 달 가까이를 퇴근 후에 가정방문을 해야 합니다. 상당히 힘든 일입니다. 이 일은 학교장이 강제로 교사들에게 강요해서 이루어지지 않습니다. 교사 스스로 필요를 느껴야 합니다. 이러한 모습이 자발성입니다. 누군가가 시키지 않아도, 법적으로 강제하지 않아도 교사 내지

는 학교 공동체가 필요하다고 스스로 느끼거나 합의했을 때 특정한 활동이 하나의 문화로 자리 잡게 됩니다. 명령과 지시가 아닌 자발과 참여가 혁신학교의 '제1 문법'입니다.

둘째, 민주성입니다. 혁신학교의 자발성은 민주성에서 비롯됩니다. 사람은 누군가가 시켜서 할 때 소외감을 느끼게 됩니다. 그리고 더욱 하기 싫어집니다. 가정방문이 하나의 학교 프로그램으로 정착된다고 가정해봅시다. 학교장이 "가정방문이 필요하니 내일부터 모두 가정 방문 나갑시다."라고 명령했을 때 어떤 일이 벌어질까요? 누군가는 강력히 저항하겠지요. 소수의 교사들이 적극적으로 참여하게 됩니다. 나머지는 형식적으로 하는 시늉만 하겠지요. 이 과정에서 가정방문의 본래 취지는 왜곡됩니다. 원성만 자자해질 겁니다. 서로가 피곤해집니다. 혁신학교는 시작부터 민주성을 담보하고 있습니다. 교사와 학부모의 일정 비율 이상이 혁신학교 신청에 동의해야 합니다. 학교장도 마찬가지입니다. 경기도 어떤 학교에서는 학부모와 교사, 학교장이 찬성을 했지만, 운영위원회 일부 위원들이 반발했습니다. 이 학교는 혁신학교로 지정받지 못했습니다. 혁신학교는 구성원들의 합의를 매우 중시합니다. 혁신학교로 부임한 교장선생님이 있다고 가정해보겠습니다. 이 교장선생님이 나름 4년의 학교 혁신 플랜이 있다고 해서 교사들에게 일방적으로 특정 프로그램을 강요하게 되면 어떤 일이 벌어질까요? 적어도 함께 모여야 합니다. 그리고 자신의 플랜이 이 학교에서 어떤 의미가 있고, 그것이 왜 중요한가, 어떻게 진행할 것인가에 대해서 구성원들과 함께 논의해야 합니다. 그

과정에서 합의할 수 있는 내용이 나오게 됩니다. 혁신학교 운영계획서를 만들 때는 1차적으로 해당 학교 교원들이 세우는 것이 가장 바람직합니다. TF팀을 구성하여 학교 현황과 문제점을 파악하고, 기존에 해오던 프로그램의 어떤 점을 계승하고, 어떤 점을 버리거나 혁신할 것인가를 연구해야 합니다. 그렇게 연구한 내용을 가지고 교사들과 1차 논의를 거치고, 이후 학생과 학부모 공청회를 하게 됩니다. 이 과정에서 하나의 비전을 구성원들이 세워나가게 됩니다. 이러한 참여와 소통의 과정이 결국 학교의 민주성을 강화시키게 됩니다. 한국 교육과정의 핵심 목표 중 하나는 민주시민 양성입니다. 학교 공간에서 민주시민을 길러내기 위해서는 민주적인 문화와 절차가 있어야 합니다. 이 민주성은 다소 더디고 효율이 떨어지는 것 같아 보여도 '학교를 힘있게 만든다'는 핵심 요인 중 하나이며, 버릴 수 없는 핵심 가치입니다.

셋째, 공공성입니다. 공공성은 두 가지 차원에서 접근할 수 있습니다. 하나는 학교의 목표 설정과 관련이 있습니다. 혁신학교가 입시교육을 지향하지 않는 맥락과 연결됩니다. 학생이 공부를 잘해서 명문대학을 들어갔는데, 그 학생의 관심사는 오로지 자신의 취업에만 있습니다. 이 세상에 고통받고 힘들게 살아가는 사람들이 많지만 그것은 나와는 상관이 없는 일이라고 생각합니다. 이성 친구를 위해서 수만 원의 돈을 들여 초콜릿과 캔디와 케이크를 사지만 불우이웃돕기 성금 1,000원은 아까워합니다. 노령화 사회에 관한 시험문제는 잘 풀면서 노인의 고통과 소외에 대해서는 가슴으로 느끼지 않습니다.

사실 어떤 학생이 초·중·고·대를 거쳤다면 그는 적지 않은 국가의 세금으로 공부한 셈입니다. 하지만 그 사실에 대해서 전혀 감사해하지 않을 뿐만 아니라 자신이 진 사회의 빚에 대해서 자신의 삶으로 갚겠다는 생각을 전혀 하지 않습니다. 이 경우 우리 교육의 공공성은 실패했다고 볼 수 있습니다. '아름다운 배움'이라는 단체에서는 대학생 멘토링 프로그램을 진행합니다. 그 단체에서 대학생들에게 다음과 같은 메시지를 던지더군요. "우리가 대학생이 될 때까지 수많은 사람들이 우리들에게 도움을 주었다. 즉, 우리는 너무나도 많은 것을 받았다. 그 받은 것을 이제 일부라도 돌려주어야 하지 않을까?" 이러한 메시지에 많은 대학생들이 무료로 대학생 멘토링 교육에 참여하더군요. 두 번째로는 학교의 예산 사용과 관련되어 있습니다. 무상급식 이후로 한국 사회는 복지에 관한 담론이 형성되었습니다. 그리고 우리 사회의 최대 이슈가 복지입니다. 학교 역시 그 현상을 그대로 보여주고 있습니다. 학생들이 학교에 들어오는 순간 적지 않은 비용을 지출하게 됩니다. 우리는 당연하게 학생들에게 언제까지 돈을 내라고 말하지만, 사실 헌법상에 나타난 의무교육의 정신에 충실한다면 가능하면 돈을 내지 않게 하는 것이 맞다고 봅니다. 왜냐하면 의무교육은 무상으로 한다는 헌법 조항이 있기 때문입니다. 그런 점에서 급식, 준비물, 수학여행, 교복 등에 대해서도 공교육 예산으로 지급할 수는 없는가를 심각하게 고민해야 합니다. 부모는 부자일 수 있지만 학생들은 부자가 아닙니다. 적어도 돈 걱정 없이 학교를 다닐 수 있도록 해야 합니다. 그러한 공공성의 가치를 혁신학교에서 먼저 실현해야 합니다.

　넷째, 지역성입니다. 지방자치제가 적용되고 나서 시청과 주민센터에 변화가 찾아왔습니다. 예전에는 매우 고압적이었지만 근래 들어서 많이 친절해지고, 주민 친화적인 시정운영을 하는 모습을 많이 볼 수 있습니다, 어떤 도지사와 시장, 군수, 구청장을 뽑느냐에 따라 우리 삶의 질이 결정됩니다. 하지만, 교육은 어떤가요? 현재까지 교사들은 국가직 공무원입니다. 그러다 보니 상대적으로 주민의 필요에 둔감하기도 하고, 지역 주민과 학교가 따로 돌아가는 모습을 보이기도 합니다. 저도 처음에는 교사들을 지방직으로 전환하는 것에 대해서 반대를 했으나 요즘에는 지방직으로 전환하는 것도 나쁘지 않겠다는 생각을 해봅니다. 지역과 호흡하는 학교 그리고 교사를 만들려면 국가직보다는 지방직이 더 적합하기 때문입니다. 교사의 월급과 학교운영비의 상당 부분이 결국 지역주민의 세금으로부터 나온다는 생각을 먼저 가질 때 학교는 조금 더 지역 친화성을 갖게 됩니다. 가끔씩 지방의 비평준화지역 명문고 앞을 지나갈 때면 학교마다 자랑스럽게 '축 서울대 합격' 현수막을 보게 됩니다. 그렇게 서울대학교를 간 그 학생은 훗날 지역으로 돌아올까요? 제가 보기에 서울이나 수도권에 잔류할 가능성이 높습니다. 그렇게 되면 지역 주민의 세금으로 애써 학생을 길러놓고는 서울이나 수도권으로 지역 인재를 빼앗기는 상황으로 봐야 합니다. 오히려 슬퍼해야 할 일입니다. 물론 자신의 능력에 따라서 전국의 어느 대학을 가는 것이야 본인의 선택이겠지만, 보다 중요한 것은 지역을 사랑하는 마음을 지닐 수 있도록

학교가 돕는 일 아닐까요? 우리 지역의 문제점, 잠재 가능성을 고민하면 그것을 나의 재능과 능력으로 이렇게 풀어가겠다는 비전을 갖도록 학교가 도울 수는 없을까요? 우리 사회의 중앙집중화 현상은 경제와 정치, 언론, 문화 등 전 영역에 걸쳐서 심화되어 있습니다. 교육은 더 말할 것도 없지요. 이른바 명문대 진학이 교육의 끝과 처음으로 인식되어 있기 때문입니다. 아이들로 하여금 지역을 배우게 할 수는 없을까요? 설령 불가피한 사정으로 지역을 떠났다고 해도 자신의 전공과 지식과 경험을 가지고 다시 지역으로 올 수 있도록 학교가 도와야 하지 않을까요? 아이 한 명을 기르는데 온 마을이 함께 노력해야 합니다. 학교가 지역사회로부터 도움을 받아야 하고, 학교 역시 지역사회에 기여해야 합니다. 무엇으로 기여해야겠습니까? 지역을 배울 수 있는 교육과정이 단위학교에 존재해야 합니다.

다섯째, 창의성입니다. 한국 사회의 최대 화두는 창의성입니다. 사실 창의성은 지금까지 거쳐왔던 교육과정의 핵심 목표로 늘 제시되어 왔습니다. 문제는 학교가 창의성을 살리는 공간이 아니라 죽이는 공간으로 인식되었다는 점입니다. 신규 교사 때는 우수한 인재였는데, 들어와서는 바보가 된다는 말이 있습니다. 학교 자체가 온갖 규제와 규율, 관습에 젖어 있는데, 어떻게 창의적인 인재를 기를 수 있습니까? 교사 자체가 창의적인 공간에서 살지 못하는데 어떻게 학생들을 창의적인 인재로 기를 수 있습니까? 관료주의의 가장 큰 병폐 중 하나는 규격화된 틀을 늘 요구하는 것입니다. 아울러 각종 지침에 따르기를 원합니다. 물론 모든 지침이 불필요한 것은 아닙니다. 예산

같은 경우 나름 정해진 틀에서 움직여야 예산의 유용을 막을 수 있을 겁니다. 하지만, 교육과정과 수업과 평가에서는 각종 지침이 최소화되어야 합니다. 저는 지금 교사들의 모습이 마치 나는 법을 잃어버린 청둥오리 같다는 생각을 해봤습니다. 오랫동안 줄에 묶여 사육되다 보니 날지 못하게 된 겁니다. 이 퇴화된 창의성의 날개를 펴기 위해서는 많은 연습이 필요하겠지요. 저는 혁신학교가 그런 창의성의 날개를 달아주기를 소망합니다. 창의성은 물론 간단한 개념이 아닙니다. 무조건 과거의 것을 부인하고 새로운 것만 추구하는 행태를 의미하지도 않습니다. 창의성은 기본적인 학습을 필요로 합니다. 아울러 비판적 사고를 전제해야 합니다. 개인의 창의성을 넘어 집단의 창의성을 모색해야 합니다. 하지만 관료주의는 창의성의 적입니다. 그런 맥락에서 학교는 기존의 학교 모습을 1차적으로 반성해야 합니다. 무엇을 취해야 하고 무엇을 버려야 하는가? 구성원들의 자유로운 논의를 바탕으로 학교에 대한 새로운 상상력을 펼쳐야 합니다. 대안학교를 보면 기존 학교가 관료주의의 틀 속에서 시도하지 못했던 많은 교육을 진행하고 있습니다. 공교육은 물론 대안학교에 비해서 많은 제약을 가지고 있습니다. 하지만 공교육은 대안학교에 비해서 많은 인적 물적 자원을 가지고 있습니다. 동시에 학교에 주어진 자율적 부분도 적지 않습니다. 교과부도 단위학교의 자율성을 강화하고 있는 추세입니다. 물론, 불만족스러운 면이 훨씬 더 많이 있지만 단위학교의 자율 경영을 보장하려는 흐름은 거스르기 힘들 겁니다. 지방교육 자치의 시대는 곧 단위학교의 자치이며 자율을 의미합니다. 안타깝

게도 단위학교의 자율성은 학교장의 자율성으로 인식되어 있지요. 학교 구성원들의 자율성으로 그 개념을 보다 확장해야 합니다. 그 자율성을 곧 창의성으로 전환하기 위해서는 의사소통 구조가 제도적으로 보장되어야 하며, 서로의 생각에 대해서 수용하고 격려하는 문화가 형성되어야 합니다. 기존의 관습을 기능적으로 받아들이기보다는 끊임없는 평가와 반성을 바탕으로 한 단계씩 진화해나가는 과정을 경험해야 합니다. 이러한 문화가 만들어질 때 교사들은 창의적인 수업과 평가를 시도하게 됩니다. 그러한 모습이 쌓이면 자연스럽게 창의적인 교육과정과 프로그램이 만들어지고 결국 창의적인 학교가 만들어지겠지요. 결국 창의성이라는 혁신학교의 가치는 창의적인 학교 문화를 의미하며 이러한 토대 위에 창의적인 수업과 교육과정, 프로그램, 평가가 진행됨을 의미합니다.

## 혁신학교의 의미

혁신학교가 가진 의미는 적지 않습니다. 우선은 기존의 명문학교와 차별화된 철학을 지니고 있습니다. 혁신학교는 선발권을 요구하지 않습니다. 우수한 학생들을 한 명이라도 더 받기 위해서 노력하기보다는 기존에 있는 학생들을 발전시키는 데 관심을 기울입니다. 들어올 때보다 나갈 때 교육 역량을 높이는 데 관심을 기울이고 있습니다. 좋은 학교란 무엇일까요? 우수한 학생들이 많이 모여 있는 학교일까요? 아니면 들어올 때보다 나갈 때 여러모로 좋게 변화된 학생이 많은 학교일까요? 혁신학교는 후자의 학교입니다.

이를 위해서는 교사들의 자발성이 매우 중요하고, 교사들의 학습이 매우 중요합니다. 학습하고 연구하는 교사상을 만들기 위해서는 교사들의 효능감과 자신감이 중요합니다. 지금까지 정부의 개혁 정책은 교사를 개혁의 대상으로만 봤습니다. 그들이 무엇인가를 마음껏 할 수 있는 정책을 만들어주지 못했습니다. 우리나라 교사 자존감은 OECD 국가 사이에서 최하위권을 보이고 있습니다. 교사를 추동하기 위한 여러 가지 정부의 정책이 모두 나쁘다고 볼 수는 없습니다. 하지만 교사들의 효능감과 자존감을 세우는 데는 실패하고 있습니다. 교사에 대한 불신이 전제되어 있기 때문입니다. 혁신학교의 주체는 결국 교사입니다. 그들이 성공하면 혁신학교는 성공하고, 그들이 실패하면 혁신학교도 실패합니다. 신뢰에 기반한 학교 혁신 플랜이 가동되고 있는 셈입니다. 한국 교육이 나아가야 할 길이 어디에 있는가를 혁신학교는 보여주고 있습니다.

혁신학교는 공교육 희망 찾기 프로젝트입니다. 어떤 혁신학교를 보면 학부모의 인기가 너무 높습니다. 대기표 300명이 넘는 학교도 있지요. 그렇다고 혁신학교가 입시에 집착하거나 공부를 많이 시키는 학교도 아닙니다. 그럼에도 불구하고 이 학교에 학부모님들이 찾아다니거나 관심을 보이는 이유는 무엇입니까? 좋은 교육에 대해서 목말라 있는 학부모들이 많다는 것입니다. 학부모들이 원하는 교육이 과연 무엇인가를 혁신학교는 보여주고 있습니다.

또한, 일반학교에 영향을 미치는 프로젝트라는 의미를 지니고 있습니다. 모든 혁신학교가 다 성공하는 것은 아닙니다. 좋은 반응을 보이고 있는 혁신학교가 있고, 그렇지 않은 혁신학교도 있습니다. 그러나 혁신학교의 경우, 교장의 리더십, 교사의 전문성, 구성원 간 소통과 문화, 교육과정 차별화 등이 제대로 이루어진 학교의 경우, 학생과 학부모의 반응이나 만족도는 매우 높게 나옵니다. 어떤 학생들은 졸업하기 싫다고 말합니다. 그런 학교에는 전입생이 상당히 많아지게 됩니다. 기본적으로 학교를 다니는 것이 행복하다고 말하는 경우가 많고, 교사들도 행복해합니다. 몸은 힘들어도 마음이 행복합니다.

마지막으로 혁신학교는 일종의 실험학교 성격을 지니고 있습니다. 어떤 분들은 혁신학교가 추구하는 모습은 사실 일반학교도 마땅히 해야 할 일이 아니냐며 의문을 제기합니다. 당연한 말이라고 생각합니다. 혁신학교는 어찌 보면 그동안 우리가 잃어버린 학교의 원형을 찾는 탐색의 과정일지 모르겠습니다. 혁신학교를 잘 연구해보면 어떤 학교가 왜 성공했고, 어떤 학교가 왜 실패했는지를 알 수 있습니다. 그 안에 공교육의 갈 길이 숨어져 있을 겁니다.

# 2 혁신학교가 가지고 온 파급 효과는?



"저 학교는 우리 학교보다 여건도 좋지 않은 학교였습니다. 그러나 지금은 지역사회에서 가장 선호하는 학교가 되었습니다. 교장선생님, 우리 학교도 뭔가 대책이 필요하지 않을까요? 우리 아이들을 위한 특별한 노력이 필요해 보입니다."

(혁신학교 주변 다른 학교 학부모가 학교에 건의한 글)

 ## 부동산과 혁신학교

인터넷에서 '부동산&혁신학교'로 검색을 하면 관련 글을 많이 찾을 수 있습니다. '혁신학교 지정 청신호', '호재', '급등', '학군수요증가' 등의 글과 기사를 볼 수 있죠. 이러한 현상은 혁신학교에 대한 학부모의 관심이 점점 증가하고 있음을 보여줍니다. 예전에는 특목고등학교가 아파트 값을 결정짓는 중요한 변수였는데, 지금은 혁신학교가 그런 모양입니다.

흔히 학군 수요는 입시 성적이 좋은 학교를 따라 움직인다고 생각하지만 공교육 개혁 방안으로 혁신학교가 새롭게 떠오르면서 주변으로 전세 부족 현상이 함께 나타나고 있다. 경쟁 위주의 교육에서 탈피해 새로운 교육 대안을 찾는 학부모들이 늘면서 '혁신학교 지정 = 전세 부족'이라는 새로운 풍속이 곳곳에서 포착되고 있다. '부동산114(www.r114.co.kr)'에 따르면 혁신학교 주변 전세가격 변동률은 상위 시·구에 비해 상대적으로 높은 것으로 조사됐다. 혁신학교 일산중학교가 위치한 고양시 일산동은 고양시에 비해 높은 전세 상승률을 보였다. 구름산초등학교가 위치한 광명시 소하동을 비롯해 보평초등학교가 있는 판교 삼평동 역시 주변 지역에 비해 높은 전세값 상승률을 나타냈다.　　　　　　　　　　　　— 부동산 114

아래 글은 한 학부모가 어느 사이버 카페에서 양평의 조현초등학교 주변에 집을 얻고자 했으나 집 구하기가 쉽지 않아서 다른 학교에 대해서 물색하고 있음을 보여줍니다. 이 글을 쓴 예비 학부모는 자녀의 교육을 위해서 서울에서 양평으로 이사를 가려고 결심한 것으로 보입니다.

책에서 처음 작은 학교에 대한 기대가 생겼고 또 공교육에 대한 기대 그리고 새로운 믿음 같은게 생겼어요. 그게 서울 사는 저 같은 사람들이 양평으로 이주를 고민하게 하고 실행에 옮기게 하는 것 같습니다. 그런데 혁신학교 위주로 집을 구하려다보니 참 어렵네요. 게다가 이왕이면 아파트같은 곳보다 마당있는 집 그리고 유지비가 그나마 적게 나오는 아담한 집을 찾게 되는데요. 사람들이 이주가 많아서인지 빌라같은 건 제법 생기는 거 같습니다. 부동산에 한달에 4번 이상 들락거리고 양평은 주말마다 내려가도 전세 물건들은 조건들이 맞지 않는 것이 대부분이더군요. 중개하시는 분들은 양평의 다른 초등학교들도 아주 좋다고 말씀하시고 혁신초등학교만 고집하지 말라고 하시는데… 양평에 아무런 연고도 없는 사람으로서 딱히 물어볼 데가 없어서 글 올립니다. 정말로 양평의 대부분 다른 초등학교도 분위기가 비슷비슷한가요? '방과 후'가 잘되어 있다는 거 말고 가장 중요한, 선생님이나 아이들의 건강한 인성 같은거요 〈중략〉 이제 내년이면 입학을 하게 되는 첫째 때문에 마

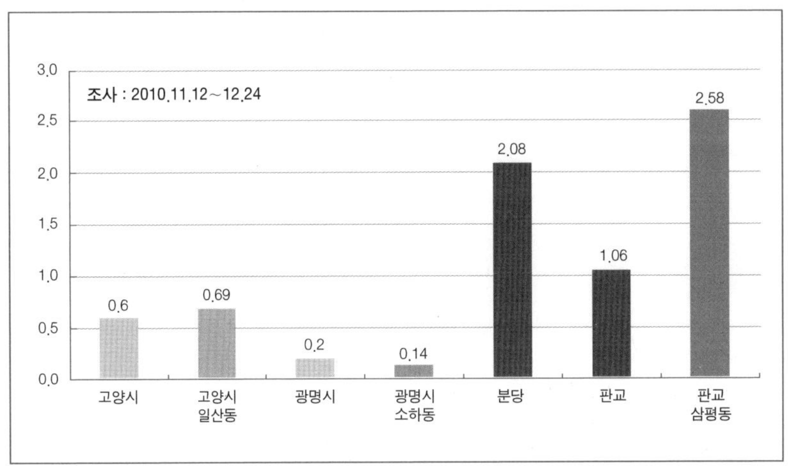


출처 : 부동산 114

음이 바빠집니다. 조급해 하면 안되는데 자꾸만 조급해지려고 합니다. 제가 고려해볼 수 있는 다른 학교들이 있을까요? 조언 부탁 드립니다.　　　　　　　　　　－ http://cafe.daum.net/ypeduhope

　제가 학부모를 대상으로 사교육 관련 강의를 하고 나면 몇몇 학부모님들은 직접 오셔서 좋은 학교를 추천해달라고 말씀하십니다. 그런데, 이분들의 관심은 명문고라든지 특목고가 아니었습니다. 입시 중심의 학교가 아니라 자기 자녀의 성장에 기여할 수 있는 학교를 추천해달라는 것이었습니다. 그 동안 마땅한 학교를 추천하지 못하는 경우가 많았습니다. 그러다 보면 결국 대안학교를 추천하게 됩니다. 제가 공립학교에서 근무를 하고 있음에도 불구하고 학부모들에게 공교육에 있는 학교를 추천하지 못하고 제도권 밖의 학교를 추천하는 모순을 어떻게 설명해야 할지 모르겠습니다. 그나마 최근 들어 혁신학교가 늘어나면서 학부모들의 선택지가 조금씩 넓어지고 있는 점은 다행입니다.

## 혁신학교로 몰려드는 학부모들

이미 언론에 많이 보도가 되어 알고 있는 남한산초등학교는 너무 많은 전입생들이 몰려 들어와서 교육의 질 저하를 우려하고 있는 실정입니다. 보평초등학교도 언론 보도 이후 학급당 학생수가 급격히 늘어난 경우입니다. 이 경우 학급수가 늘어날 수 밖에 없고, 그 과정에서 학교의 규모는 커질 수 밖에 없지요. 어떤 학교는 학생들이 지역을 너무 떠나서 걱정인데, 어떤 학교는 학생들이 너무 몰려 들어서 걱정을 하고 있습니다. 이미 입소문이 난 혁신학교에 대해서 학부모들은 다음과 같은 관심을 보일 수 밖에 없습니다.

안녕하세요. 저는 6세와 3세 두 아이를 둔 엄마입니다. 저희 큰 아이가 남한산초등학교에서 공부할 수 있었으면 하는 마음이 있어 두어번 학교에 다녀온적이 있고, 홈페이지에 올라 온 전입학 상담 문의에 관한 공지를 읽었습니다. 그리고, 올해 말이나 내년쯤 미리 이사를 결심하고 있는데 공지 내용에 따르면 주변 사정이 여의치 못하다고 들었습니다. 과연 어느 정도이고, 정확한 현실은 어떤 것인지, 도무지 감이 잡히질 않아서 지금 현재 학부모들의 자문을 구

하고저 이렇게 글을 올립니다. 저는 집에서 일을 하고, 아빠는 직장을 옮겨 그곳으로 전근 신청을 할 수 있는 상황이고, 저는 여의치 않으면 일을 그만둘 생각도 있습니다. 학교 입학 범위의 행정구역상 안으로 가족 전원이 이사를 해야 한다고 하는데 그 근처에 자리를 잡을 만한 곳과 여러 사정을 알고 싶습니다. 그간의 경험과 충고, 각오해야할 여러가지 것들에 관해 저에게 도움을 주실 수 있으신 분을 기다리겠습니다. 꼭 좀!! 부탁드립니다.

– 남한산초등학교 홈페이지 자유게시판

남한산초등학교에서 고심 끝에 전입을 생각하는 학부모님들에게 아래와 같은 글을 남겼습니다.

지금 남한산초등학교는 중대한 위기에 처해 있습니다. 올해 신입생이 법적 분반 기준인 35명에 다가 가고 있습니다. 남한산초등학교 교실은 20명이 공부하기에 적당하게 설계된 곳입니다. 현재 재학생들도 학급당 인원수가 30명에 육박할 정도로 비좁은 교실이며 남한산성 문화재 관리법으로 인해 신증축이 어려운 처지입니다. 따라서 35명을 넘더라도 분반없이 비좁은 교실에서 1년을 살아야 합니다. 어떤 아이는 책상도 없이 공동으로 책상을 사용해야 할지도 모릅니다. 전입학 문의가 많지만 작은 학교의 여유로운 교육적 공간을 생각하시고 학교를 찾아 오셨다가 학교 현실정(교실의 크기와 시설)에 실망을 하고 돌아 가시는 분들이 많습니다. 저희 학교는 학교의 인원이 너무 많아서 원래 하던 교육 활동 프로그램을 축소하거나 포기하고 있는 실정입니다. 비좁은 교실에서 너무 많은 학생들 그리고 극심한 성비 불균형(남학생대 여학생 6:4 어떤 반은 7:3)으로 정상적인 학교 교육과정을 운영하기에도 벅찬 실정입니다. 또한, 집주인들은 우리학교의 소문을 듣고 오시려는 절박한 마음의 학부모들의 심리를 악용하는 사례가 들리고 있습니다. 지금 현재 많은 것을 포기하고 올만큼 저희 학교에서 얻을 것이 있는지를 숙고하여 주시기 바랍니다. 따라서 본교에서는 2011년 2월 14일 현재 다음의 조치를 권고하오니 협조하여 주시기 바랍니다. 본교로 전입하고자 하시는 학부모님들은 반드시 학교장의 상담 절차를 거쳐야 합니다. 특히 1학년의 경우 더이상 책상 놓을 공간이 없습니다. 사물함도 치웠고 이제 선생님 책상도 치우고 아이들도 꼼짝 달싹 못하는 교실로 변하고 있습니다. 움직임이 많은 1학년 아이들이 꼼짝하지 못하고 1년 간을 비좁은 교실에서 보낸다고 상상하여 보시기 바랍니다. 아무리 좋은 선생님, 교육방법이 있더라도 물리적인 수용 여건이 안되면 그 장점을 살릴 수 없습니다. 이미 과거 3년 전부터 남한산초등학교는 학생수의 증가로 학교문화나 교육방법과 내용이 달라지고 있습니다. 저희 학교가 정상적인 교육활동을 할 수 있도록 도와 주시기 바랍니다.

 – 2011년 2월 21일 남한산초등학교 홈페이지에 학교장이 올린 글

## 주변 학교를 변화시키다

"저 학교는 우리 학교보다 여건도 좋지 않은 학교였습니다. 그러나 지금은 지역사회에서 가장 선호하는 학교가 되었습니다. 교장선생

님, 우리 학교도 뭔가 대책이 필요하지 않을까요? 우리 아이들을 위한 특별한 노력이 더욱 필요해 보입니다.”

혁신학교 주변에 있는 학교의 학부모들이 학교장에게 건의를 하고 있는 모습입니다. 혁신학교에 우리가 주목해야할 이유가 바로 여기에 있습니다. 얼마의 예산을 교육청으로부터 받아서 이런 저런 사업을 시행하느라 바쁜 학교가 혁신학교일까요? 이러한 방식의 학교는 지속가능성이 매우 떨어질 수 밖에 없습니다. 혁신학교가 존재하는 이유는 주변의 학교에 선한 영향력을 미치기 위함입니다.

혁신학교는 우선 지역의 거점학교가 되어야 합니다. 지역의 학교가 다 죽어가는데 특정 학교 하나만 살아나는 것이 어떤 의미가 있겠습니까? 혁신학교는 나누어 주는 학교입니다. 자신들의 성과를 나누고 인근 지역의 학교 발전을 견인해내는 학교입니다. 혁신학교들 중에도 진도의 차이가 존재합니다.

혁신학교가 성공하려면 교육 철학, 관리자 리더십, 참여와 소통 과정, 교육과정과 수업, 평가의 다양화 및 특성화, 학생자치 활성화, 참여협육, 학습공동체 구축 등의 여러 가지 조건들이 같이 구축되어야 합니다. 처음부터 잘 할 수는 없겠지만, 2~3년 정도 움직이다보면 나름 시행착오를 겪으면서 정리된 어떤 노하우가 있습니다. 그 노하우를 인근 지역에 나누어 준다면 그야말로 함께 성장하는 학교 모델을 만들어갈 수 있습니다. 경기도교육청의 경우, 이미 거점학교라든지 연수원 학교, 혁신교육지구 사업 등을 진행하고 있습니다. 연수원 학교는 혁신학교 교사뿐만 아니라 인근 지역의 교사들도 혁신학교가 주관하는 연수를 함께 듣기 위한 목적을 지니고 있습니다. 혁신교육 지구 사업은 지자체와 연계를 맺어 혁신학교의 아이디어를 지자체의 지원을 바탕으로 더욱 확산시켜보자는 기획의도를 가지고 있습니다.

　배움의 공동체, 참여협육, 네트워크라는 용어는 사실 단위학교에서도 생소했던 말입니다. 그러나 혁신학교가 입소문이 나면서 이 학교를 배우려는 움직임이 동시에 나타났습니다. 배움의 공동체 운동은 사실 몇몇 혁신학교에서 사용하던 말이었습니다. 그런데, 지금은 배움의 공동체 운동이라는 말이 교사들 사이에서 보편화되었습니다. '혁신학교 = 배움의 공동체 운동'은 아니지만, 적어도 수업을 공유하고 개방하려는 과정이 혁신학교에서 중요하게 작용한다는 사실을 일반학교에서도 알게 되었습니다. 초창기에는 혁신학교에 대해서 비판하던 교장 교감 선생님들도 많았습니다. 연구 시범학교 수준으로 좁혀서 이해하거나 예산을 가지고 이런저런 사업을 벌이는 학교로 인식하였습니다. 하지만, 몇몇 혁신학교에서 의미 있는 교육적 시도가 이루어진다는 소문이 나기 시작했습니다. 각종 연수에 혁신학교 교사들이 자신의 실천 사례를 나누기 시작했습니다. 그러다보니 이 학교에 무엇이 있는가를 배우기 위해 사람들이 혁신학교에 몰려들기 시작했습니다. 경기도의 경우, 조현초등학교, 이우학교, 남한산초등학교, 덕양중학교, 장곡중학교, 홍덕고등학교 등의 학교는 학교 방문을 오는 사람들이 너무 많아서 단위학교 일상에 지장이 있을 정도입니다. 장곡중학교는 외부 손님들이 학교에 올 수 있는 스케줄과 홍보를 전담하고 있는 주무관을 따로 두고 있을 정도입니다. 한 번은 저

도 남한산초등학교에 방문을 하려고 했는데, 무산된 적이 있었습니다. 워낙 많은 손님들이 찾아오니 단위학교 교육과정 운영에 지장이 초래될 것을 우려했기 때문입니다.

혁신학교의 핵심 철학 중 하나를 경기도교육청에서는 국제성으로 설정하였습니다. 국제성의 의미는 여러 가지가 있겠지만, 저는 우리나라에서도 세계에 자랑할만한 학교가 있다는 점을 알리겠다는 의지가 내포되어 있다고 생각합니다. 서머힐, 발도르프, 프레네 등 외국의 학교를 배우러 우리들이 얼마나 많이 해외에 나갑니까? 하지만, 외국의 사례는 문화적 맥락과 제도적 배경에 차이가 있기 때문에 우수한 사례를 우리나라에 바로 적용하기 어렵습니다. 무엇보다 '우리나라에서는 자랑할만한 학교가 그렇게 없을까?' 하는 생각이 들 수밖에 없지요. 아직까지는 혁신학교 중에서 전세계적으로 자랑할만한 수준이다고 말하기는 어렵겠지만, 적어도 10년 이상의 혁신을 향한 치열한 고민과 시도가 축적된다면 10년 뒤에는 자랑할만한 학교가 나올 수 있지 않을까요?

## 왜 이러한 현상이 나타났을까?

우선은 교사들에게 주목할 필요가 있습니다. 많은 학부모들은 공교육의 문제를 생각할 때 교사를 먼저 떠올립니다. 사회적으로 공교육의 책무성을 강조할수록 교사의 어깨에 짐이 더해질 수밖에 없습니다. 그 과정에서 적지 않은 학부모들은 교사에 대해서 분노하기도 합니다. 시대의 변화된 상황에 교사들이 따라오지 못한다면서 갑갑해합니다. 교사보다 학원 강사를 더욱 신뢰하다든지, 교사의 체벌은 막으면서 학원 강사의 체벌을 용인하는 모습은 실추된 공교육의 모습을 보여주는 것이겠지요. 그런데 교사들도 어찌보면 일종의 피해자입니다. 물론, 개인에 따라 나태함을 보여주는 교사도 분명히 존재할 겁니다. 그러나 교사들 역시 나름 피해자입니다. 관료주의의 구조 속에서 교사들의 자율적 공간은 매우 제약되어 있습니다. 자율적 공간이 없다는 사실은 곧 교사의 기획이 아닌 상부 기관의 지침과 교장 교감 선생님의 지시를 중시함을 의미합니다. 이 과정에서 교사들은 고민하기 보다 지시를 따르는 하급 관료로 전락하게 됩니다. 교사들의 자존감은 땅에 떨어질 수 밖에 없습니다. "선생님의 노력으로 단위학교에서 변화를 만들어낸 사례가 있습니까?" 이 질문에 대해서 대답을 자신있게 할 수 있는 교사가 몇이나 되겠습니까? 혁신학교는 자존감이 바닥인 교사들이 더 이상 이렇게 살 수 없다고 선언한 교사들이 모여서 새로운 교사의 삶을 열기 시작한 겁니다. 어떤 교사들은 혁신학교를 기피합니다. 일이 배가 되기 때문입니다. 혁신학교 예산이 주어졌다고 가정해보십시오. 예산을 쓴다는 행위를 일로 생각하면 일이 두배로 많아지게 됩니다. 이런 피곤한 학교에 누가 가려고 하겠습니까? 그런데 이런 피곤한 학교에서 피곤함을 마다하지 않는 교사들이 있습니다. 혁신학교인 이리부송초등학교 최한성 선생님이 페이스 북에 올린 글입니다.

"드디어 이리부송초등학교가 혁신학교에 도전합니다. 선생님들의 동의를 얻기까지 한학기 동안 참으로 많은 소통과 진통을 겪었습니다. 계획서 제출이 금요일까지라서 밤늦게까지 일하고 학교에서도 온통 그 생각뿐입니다. 그런데 기분이 참 좋습니다. 이틀 남았습니다. 오늘도 늦게 잘 듯 합니다. 최근 2주동안은 지금까지의 교직생활 중 가장 긴박하고 많은 일을 하고 있습니다. 입술도 불어텄습니다. 우리학교 한 선생님이 분주한 나를 보며 지나가 듯 말을 건넵니다. "샘은 그래도 행복하죠?", "그럼요." 정말 행복합니다. 녹슬어 없어지지 않고, 닳아 없어지는 기분. 교사는 자신의 신념으로 일할 때 무서운 에너지가 나옵니다."

최한성 선생님은 왜 이렇게 피곤하게 살까요? 교사의 본연의 모습과 참된 삶의 모습을 복원하고 싶은 욕구 때문이 아닐까요? 밤늦게까지 혁신학교 계획서를 준비하느라 잠을 조금 밖에 못 잤지만 행복하다고 고백하고 있습니다. 피곤함으로 입술이 불어텄는데도 그는 여전히 에너지가 넘칩니다. 교사의 피곤함은 신체가 아닌 정신으로부터 시작됩니다. 자신이 꿈 꾸던 일을 학교를 통해 실현할 수 있다면 그 피곤함은 피곤함이 아니게 됩니다. 이 과정에서 교사의 자존감이 살아나게 되지요.

아래의 인터뷰는 덕양중학교에 자녀를 보내는 학부모 인터뷰 내용입니다. 이 학부모는 혁신학교의 철학과 가치, 비전 등에 관해서는 잘 모르는 것 같았습니다. 우선 이 학부모는 주변 학부모의 평판에 따라서 자녀의 학교를 선택하였음을 알 수 있습니다. 그런데, 이 학부모는 좋은 학교에 대한 기준을 거창한 것에서 찾지 않고 있습니다. 단순합니다. 아이가 학교에 다니는 것을 즐거워한다는 점입니다. 그리고 아이를 만족하게 만드는 다양한 프로그램이 존재한다는 것이죠. 이러한 모습은 어찌보면 평범한 학부모들의 소박한 바램일지 모릅니다. 혁신학교가 가진 거창한 교육적 의미는 학부모의 입장에서 부차적일 수밖에 없습니다. 그러나 아이가 학교에 다니는 것을 즐거워하고 행복해 한다면 학부모님은 그 학교를 기꺼이 선택하고 싶어 하는 겁니다.

> 저는 주변 사람 말 듣고 보냈어요. 솔직히 원래는 이 학교를 별로 선호하지 않았는데, 주변에서 여러 프로그램 얘기를 해서 보내게 됐어요. 이 학교가 시내와 떨어져있기 때문에 부모 입장에서는 시내로 보내고 싶은 생각이 들죠. 그런데 막상 이 학교에 와보니 일반학교에서 접해 보지 못한 다양한 프로그램이 있어서 좋았어요. 그런 프로그램을 통해 아이가 만족해하니깐 저도 만족스러워요. 혁신학교 뭔지는 잘 모르겠어요. 처음에는 잘 몰랐는데 아이가 너무 즐거워하고요. 아침만 되면 학교에 빨리 가고 싶어 해요.
>
> — 덕양중학교 학부모 인터뷰

아래의 인터뷰는 월문초등학교의 한 학부모님의 바램입니다. 이 학부모님은 수업과 교육과정 등에 관심을 상당히 많이 가지고 있는 것을 볼 수 있습니다. 아울러 단위학교의 수업에서 어떤 점이 부족하기 때문에 이 부분을 어떻게 극복했으면 좋겠다는 생각까지 가지고 있음을 알 수 있습니다. 이러한 모습은 학부모님들의 수준이 결코 낮지 않으며 자녀에게 최적의 음식을 제공하고 싶은 엄마의 심정이 학교 교육과정과 수업에도 적용되고 있음을 알 수 있습니다. 단순히 공부를 잘 시켜서 성적을 높여 달라는 요구가 아닙니다. 교육과정과 수업의 차별화를 분명히 요구하고 있음을 알 수 있습니다. 그런데 그것을 위해서 학부모의 참여가 필요하고, 단위학교의 열린 자세가 더욱 필요하다는 것을 인식하고 있음을 알 수 있습니다. 또한 우수한 학교 사례까지 이미 공유하고 있음을 알 수 있습니다. 사정이 이러함에도 불구하고 단위학교가 이러한 학부모들의 요구를 전문가가 아니라는 이유로 반영하지 않는다면 어떻게 될까요? 공교육의 위기가 찾아올 가능성이 높습니다.

저희는 혁신학교 하면서 물론 한 걸음 한 걸음 나아가야 하지만 계속 졸업하는 아이들을 보면 안타까운 거예요. 물론 저학년들은 혁신학교의 모든 것을 경험하면서 행복한 학교생활을 보내겠지만 지금 시작하고 1, 2년 뒤에 졸업하는 아이들은 가시적인 것, 체험적인 것 외에는 정서적인 변화 없이 아이들이 손가락으로 빠져 나가는 듯한 느낌이 들어서 물론 장기적인 변화가 필요하지만 가깝게 보살피는 것이 필요하다는 것이 느껴졌는데 거기의 핵심 키워드는 교사와 학부모 간의 소통인 것 같아요. 저희가 수업 바깥에 있으니까 수업이 객관적으로 잘 보여요. 선생님들은 수업 안에 있으니까 수업이나 학급 분위기에 대한 민감도가 떨어진다고 하나? 저희가 혁신학교를 공부하고 여러 학교를 탐방을 다니고 설명을 들으면서, 예를 들어서 이우중학교나 남한산초등학교의 경우에 교과과정 소위원회 같은 게 있더라고요. 전반적으로 큰 틀에서는 체험형 수업이 잘 이루어지고 있는데 우리는 수업이 가장 중요한 부분이라고 생각하거든요. 체험을 안가도 내적인 체험이 있을 수 있고 수업 안에서 아이들이 보살펴지는 것을 가장 원하는데 혁신학교에 몸담고 있는 선생님들이 지금 업무도 과중하고 수업을 어떻게 바꿔 나가야 하는지에 대한 노하우도 부족하시고 그래서 교육청이 하셔야할 거 같아요. 물론 선생님들도 스터디를 많이 하셔야 하지만 지원도 많아져야하고 저희는 안타까운 거예요 학부모가 수업 참관도 해보고 수업 보조도 하고 보람교사도 하고 자기 반에 들어가지 않고 다른 반에 들어가서 보조를 하는데 교과를 잘 알아야 학부모가 선생님들 이해하기 쉽잖아요. 그리고 요즘은 다양한 전문적인 직업도 있고 공부를 많이 하신 부모님들도 있어서 교사들이 말하는 교사의 전문성에 물음표가 던져질 때가 많아요. 그런 거를 '너는 학부모고 나는 교사다.' 이러한 관계 말고 우리 아이들을 위하여 함께 공감을 나눠야 할 거 같아요. 그런 것에 대한 구체적인 교육청의 도움이 있었으면 좋겠어요. 우리가 지금 학부모 차원에서 교과과정 소위를 만들어서 함께 논의하고 싶다고 하면 선생님들이 듣지 않으시는데, 정책이 있다면 누구나 할 수 있지 않을까요?

- 월문초등학교 학부모

민주화 시대를 거친 학부모님들은 치열한 입시 경쟁의 교육을 거쳐왔습니다. 그런데 그 과정에서 자신이 받아온 교육에 대한 한계를 잘 인식하고 있습니다. 그렇기 때문에 자신이 받아온 교육을 도돌이 표 방식으로 반복하고 싶지 않은 겁니다. 학부모님들은 학교를 볼 때 시설이 좋냐 안 좋냐를 보기보다는 우리 아이의 삶을 성숙시키는데, 행복하게 만드는데 단위학교 교육과정과 수업, 교사와 학생의 관계 맺는 방식이 어느 정도 기여할 수 있느냐를 따지기 시작했습니다. 이 러한 학부모님들의 요구는 매우 정당한 것입니다. 물론 무한 경쟁 시 대에 불안을 이유로 입시 위주의 교육을 중시하는 학부모님들도 분 명히 존재합니다. 하지만 그런 요구가 전면적인 학부모님들의 요구 는 아닙니다. 어찌보면 건강한 요구이고, 그 소박한 요구에 대해서 혁신학교가 민감하게 반응하고 있는 것이 아닐까요?

# 3 혁신학교에 대한 오해는?

혁신은 완료형이 아니라 진행형입니다. 조직이 존재하는 한 계속 진행되어야 할 일이기 때문입니다. 학교는 용광로입니다. 다양한 배경과 특성을 가진 교사들이 학교라는 용광로를 통해 새로운 교육적 결과를 만들어내기 때문입니다.

 ## 도대체 혁신학교가 뭐예요?

가끔씩 사람들로부터 듣는 이야기입니다. 참여정부 시절 '혁신'이라는 용어가 많이 사용되었지만 뚜렷한 성과를 내지 못하다보니 용어에 대해서 부정적인 생각을 가진 분들이 의외로 많았습니다. 그럼에도 불구하고 '혁신'이라는 용어는 여전히 많이 사용되고 있습니다. 개혁이라는 말은 너무 큰 개념이고, 변화라는 용어는 다소 싱겁죠. 혁신이라는 말은 단위 조직을 바꾸는데 적합한 용어라고 생각합니다. 무조건 잘하고 있다고 칭찬하면서 안주하기보다 무엇이 문제인가를 돌아보면서 조직에 변화를 만들기 위한 끊임없는 제도적 · 문화적 · 실천적 · 의식적 노력을 저는 혁신이라고 정의내리고 싶습니다. 어찌보면 혁신은 완료형이 아니라 진행형입니다. 조직이 존재하는데 계속 진행되어야 할 일이기 때문입니다.

혁신학교에 대해서 많은 사람들이 관심을 기울이기 시작했습니다. 처음에는 혁신학교에 대해서 생소해 하시던 분들도 많았으나 지금은 학부모들 사이에서도 혁신학교로 자녀를 보내고 싶어하는 분들이 적지 않습니다. 페이스북이나 트위터에도 혁신학교에 관한 논의가 종종 일어납니다. 저는 페이스북을 통해 혁신학교에서 근무하는 교사들과 소통을 자주 합니다. 이 페이스북에서 혁신학교의 실천과 고민 등이 자유롭게 논의되는 모습을 종종 볼 수 있습니다. 심지어는 대안학교를 보내려고 고민하던 분들도 혁신학교가 생기면서 자녀의 진학을 수정하는 일도 있습니다. 그러나 혁신학교에 관한 관심이 높아지는 만큼 몇 가지 오해도 있습니다. 그 오해를 이번 장에서 함께 생각해봤으면 좋겠습니다.

 ## 혁신학교는 전교조 선생님 학교 아닌가요?

'혁신학교' = '전교조 선생님이 많은 학교'로 인식하는 경향이 있습니다. 이러한 질문은 우리에게 많은 것을 생각하게 만듭니다. 이 질문은 누군가가 혁신학교를 공격하기 위해 만들어낸 교묘한 프레임 내지는 의도적인 프레임이라고 생각합니다. 우선은 '전교조는 나쁜가?'라는 질문을 우리들 스스로에게 해봐야겠지요. 우리 사회는 어찌보면 전교조에 대한 빚을 지고 있다고 생각합니다. 일제시대와 군사독재의 시대를 거치면서 한국의 교육은 많은 모순과 왜곡을 가지면서 기형적인 모습을 갖게 되었습니다. 양심을 가진 교사들이라면 그 시대의 모순을 경험하면서 또는 가르치면서 고통스러워 하지 않을 수 없었습니다. 교사가 학생들에게 지식과 기능을 전달하는 배달자로서의 역할이 아니라 시대와 삶을 가르쳐야 할 책임을 지녔다면 당연히

아이들과 교사들이 살고 있는 시대에 대해서 아파하지 않을 수 없습니다. 그 모순에 대해서 용기를 내었던 분들이 전교조 선생님들이었다고 생각합니다. 1,500여 명의 교사들이 해직을 당하면서 전교조를 지켰던 것이죠. 전교조 출범 당시부터 상당수의 한국 언론들은 교사가 어떻게 노동자냐는 문제제기를 했었고, 끊임없이 공격을 했었죠. 물론, 전교조가 무결점의 조직이 아니기 때문에 정책적인 판단에서 오류도 있었을 겁니다. 또한, 시민단체와 달리 노조의 성격을 지니고 있기 때문에 교사의 이익을 대변하는 이익 집단으로서의 성격도 가질 수밖에 없습니다. 이 과정에서 학부모의 요구와 교사의 요구가 충돌을 일으킬 수 있는 지점이 있다고 생각합니다. 이는 다원화된 사회에서 어찌보면 지극히 당연한 모습일 수밖에 없습니다. 앞으로 교사회, 학생회, 학부모회의 법제화를 통해서 학교운영위원회의 조정과 의결 기능은 더욱 강화되어야 한다고 생각합니다. 그런 점에서 일부 보수언론이 전교조에 대해서 지나치게 공격적으로 대하는 모습은 바람직하지 않다고 생각합니다. 물론 언론으로서 비판 기능은 중요합니다만 필요 이상으로 전교조를 적대시하고 있다는 생각을 지우기 힘듭니다. 그런 점에서 '혁신학교 = 전교조 학교 아닌가요?'라는 질문은 우리 사회가 안고 있는 복잡한 의식적인 지형을 보여주고 있다고 생각합니다. 사실, 혁신학교에 대해서 보수 언론들은 거의 보도를 안하고 있습니다. 내심 불편하기 때문이죠.

이러한 인식도 어느 정도 근거를 가지고 있습니다. 혁신학교 중에서 성과를 내고 있는 학교를 보면 내부형 교장 공모제 학교가 많습니다. 내부형 교장공모제는 15년 이상의 교육 경력을 가진 평교사가 공모 방식을 통해 4년 간 교장을 할 수 있는 제도를 의미합니다. 그 동안 이 제도에 대해서 교원단체총연합회(교총)는 반대를 해왔었습니다. 그러다보니 이 제도에 교총 출신의 교사들이 선뜻 지원하지 않았던 면도 있었습니다. 남한산초등학교, 조현초등학교, 보평초등학교 등은 사실 전교조 조합원들이 학교에 들어가서 학교를 일구는데 주도했었지요. 그렇다고 해서 이 학교에 전교조 조합원들만 있는 것은 아닙니다. 학교 정보공시제에 따라 각 학교별로 교원의 소속 단체 비율이 나와 있습니다.  역량있는 전교조 교사가 있는 학교에서 성과를 낸 사실을 우리는 부인하기 힘듭니다. 사실 학부모의 입장을 생각해 보면 교사가 어느 단체의 회원이냐는 전혀 중요한 사실이 아닙니다. 저 역시 학부모입니다만, 담임 교사나 교과 교사의 소속 교원 단체에 대해서는 전혀 궁금하지도 않고, 알 필요도 없다고 생각합니다. 중요한 부분은 '내 아이에게 좋은 교육을 시킬 수 있는 열정과 자질, 전문성을 갖추고 있느냐?'입니다. 아무튼 몇몇 열성있는 전교조 교사들이 공교육에서 학교를 변화시킬 수 있는 그 가능성을 제시하였습니다. 이러한 모습을 보면서 많은 교사들이 신선한 자극을 받았고, 우리도 한 번 해보자는 운동이 확산되기 시작했습니다.

　학교는 용광로입니다. 다양한 배경과 특성을 가진 교사들이 학교라는 용광로를 통해 새로운 교육적 결과물이 산출되어야 합니다. 아이들에게 좋은 수업을 하고, 교사 학습 공동체를 구축하고, 교육과정을 다양화하고 특성화하자는 대의명분을 어느 교사가 거부할 수 있

을까요?

　우리나라 교사들의 자존감은 OECD국가 사이에서 최하위 수준입니다. 단위학교에서 무엇인가를 교사들이 성취해본 경험이 거의 없기 때문입니다. 이러한 현실에 대해서 그냥 개탄할 것인가 아니면 그런 현실을 바꾸기 위해 노력할 것인가? 저는 후자로 생각하는 교사들이 혁신학교에 많이 모였을 뿐이라고 생각합니다. 다만, 그 변화 가능성의 모델을 전교조 교사들이 앞장 서서 보여 주었다 생각합니다.

## 혁신학교는 일종의 대안학교인가요?

혁신학교는 분명히 대안학교가 아닙니다. 대안학교는 인가형과 비인가형이 있습니다. 혁신학교는 공립학교의 범주에 속해 있기 때문에 대안학교와는 분류 체계 자체가 다릅니다. 다만, 대안학교 중에도 특성화 학교의 형태로 공교육이라는 제도권 내에 들어와있는 학교가 있습니다. 분당의 이우학교가 대표적인 예입니다. 이우학교도 혁신학교입니다. 대안학교의 인가형 중에서 특성화 학교의 경우 교육감이나 교육청의 판단에 의해 혁신학교와 결합할 수는 있습니다. 비인가형 대안학교는 국가수준의 교육과정을 이수하지 않아도 상관이 없습니다. 나름 자신들이 철학과 관점에 입각한 교육과정을 구성할 수 있습니다. 그러나 혁신학교는 공교육의 범주에 속해 있기 때문에 국가가 제시한 교육과정을 거부할 수는 없습니다. 쉽게 말해 우리 동네

이우학교 공개수업, 제안수업비평, 사회교과포럼(왼쪽부터 시계방향 순서)

에서 흔히 볼 수 있는 일반학교와 크게 다르지 않습니다.

그러나 최근들어 단위학교의 자율성을 부여하는 추세입니다. 그 자율성을 최대한 활용할 수 있는 학교를 자율학교라고 합니다. 혁신학교가 자율학교로 지정받는다면 인사권과 교육과정 편성권 등에서 보다 많은 자율권을 가질 수 있습니다. 특히, 창의적 체험 활동의 경우, 단위학교의 의지에 따라서 얼마든지 대안학교 수준의 교육 프로그램을 기획 및 운영할 수 있습니다. 사실, 현재의 교육과정에서도 단위학교에서 희망한다면 특색 교과를 만들 수 있습니다. 지금도 학교에 따라서 뮤지컬반, 예체능반, 문예창작반 등을 정규 교과에서 운

영하기도 합니다. 단위학교에서 심화 내지는 교양 과목을 개설하고, 이를 위해 교육운영계획서, 교재 등을 만들어서 교육청의 심의를 받으면 됩니다. 하지만 그렇게 하지 않습니다. 우선은 입시에 도움이 되지 않기 때문입니다. 시험에도 나오지않는 과목을 굳이 단위학교에서 가르칠 이유가 있느냐는 시각이 있습니다. 집중이수제 등으로 인해 기존에 있는 교과목도 못 가르치는 판에 심화과목과 교양과목을 가르치기란 더욱 어려울 겁니다.

또 하나는 교사 스스로가 별도의 교과목을 개설할 수 있는 전문성과 역량을 갖추었느냐의 문제가 있습니다. 대안학교는 자유로이 학생들에게 필요한 교육과정을 구성하지만 공교육은 그렇지 못합니다. 하지만 혁신학교 역시 늘 좋은 교육을 꿈꿉니다. 그 과정에서 대안학교의 장점을 얼마든지 접목할 수 있습니다. 학부모님의 입장에서는 혁신학교에서 아이들의 삶에 도움을 주는 교육이 이루어지고 있다면 굳이 무리해서 대안학교로 보낼 필요성을 느끼지 못할 것입니다. 사실 경기도에서 혁신학교의 모델 중 하나는 이우학교입니다. 이우학교라는 대안학교의 모델이 공교육에 파급 효과를 미쳤다고 볼 수 있습니다. 대안교육과 공교육 간에 접점이 있고, 그 접점에 혁신학교가 있다고도 볼 수 있습니다. 왜냐하면 문제의식은 유사하기 때문입니다. 공교육의 한계와 문제점에 대해서 혁신학교, 대안학교 모두 인식을 하고 있습니다. 다만, 대안학교는 공교육 밖에서 해법을 찾는 것이고, 혁신학교는 공교육 안에서 해법을 찾고 있을 뿐입니다.

# 혁신교육지구와 혁신학교는 어떤 차이가 있나요?

혁신교육지구는 경기도교육청에서 실시하고 있는 사업입니다. 혁신학교가 성공을 하려면 사실 초·중·고 연계 교육이 중요합니다. 혁신학교로 알려진 고등학교에서 학부모님들을 만나보면 이런 교육을 초등학교와 중학교부터 받았으면 좋겠다는 말씀을 종종 하십니다. 초등학교에서 아무리 좋은 교육을 받아도 중·고등학교 교육이 시원찮으면 그 효과는 반감되겠지요. 또 하나는 확산 효과입니다. 혁신학교에 대해서 이런 저런 자랑을 하면 어떤 분들은 다음과 같이 말합니다.

"선생님께서 말씀하시는 혁신학교의 좋은 모습은 어찌보면 모든 학교에서 당연히 실시해야할 일 아닌가요?"

"이렇게 혁신학교의 좋은 모습을 왜 다른 학교에서는 안하는 겁니까?"

이러한 학부모님들의 질문에 대해 저는 딱히 답할 말씀이 없습니다. 아울러, 왜 모든 학교가 혁신학교처럼 못하는가에 대해서 제 스스로도 책임을 느끼지 않을 수 없습니다. 한 가지 분명한 사실은 혁신학교는 일반학교에 영향력을 미쳐서 한국의 공교육의 질을 한 단계 높여보겠다는 목적을 가진 학교라는 점입니다. "모든 학교가 죽어가고 있는데, 우리 학교 하나만 잘되면 무엇을 하는가?" 혁신학교는 이 질문을 풀어가야 할 숙명을 지니고 있습니다. 이른바 운동적 관점

에서 혁신학교를 바라봐야 합니다. 예전에 제가 논문을 쓰기 위해서 한국협동학습연구회를 2년 참여관찰을 한 적이 있었습니다. 대부분의 교사들은 협동학습연구회에 회원 가입을 한 뒤에 2~3년 정도 지나면 모임을 떠납니다. 왜냐하면 협동학습에 대해서 2~3년이면 충분히 배우기 때문입니다. 하지만 협동학습에 대해서 상당한 내공을 가진 교사들임에도 불구하고 모임을 떠나지 않고 계속 참여하는 교사들이 있었습니다. 김덕경 선생님께 제가 그 질문을 던졌습니다. 그분의 답변은 다음과 같았습니다.

"처음에는 저의 부족함과 갈급함을 채우기 위해 이 모임에 나왔습니다. 하지만 모임을 통해 저는 많은 성장을 했습니다. 모임을 통해 얻은 그 배움을 이제는 나누어 주려고 합니다. 이제는 저의 필요가 아닌 또 다른 사람의 필요를 채우는 사람이 되고자 합니다."

그 분의 답변을 들으면서 리더란 무엇인가를 고민하지 않을 수 없었습니다. 나의 필요가 아닌 타인의 필요를 채우기 위해 노력하는 사람이 리더가 아닐까요? 학교도 마찬가지입니다. "우리학교가 이런저런 프로그램을 통해서 성과를 냈다."는 자랑을 넘어서 인근 지역의 학교와 도움을 요청하는 학교에 기꺼이 도움을 주려는 마음을 가져야 합니다. 그런 모습이 함께 성장하는 학교의 모습이 아닐까요?

혁신교육지구는 혁신교육에 관심이 있는 지자체와 교육청이 연계하여 지역의 학교 혁신을 위한 공동 프로젝트 사업입니다. 기존에도 지자체가 단위학교에 예산을 지원해주는 경우가 많았습니다만 주로 시설비에 국한된 경우가 많았습니다. 시설비가 가장 가시적 효과가 크기 때문입니다. 그러나 이제는 하드웨어보다는 소프트웨어가 더욱 중요한 때입니다. 시설 투자도 필요하지만 교육 프로그램과 계획이 먼저 세워지고 이를 위한 시설 투자가 뒷받침되어야 효과가 커집니다. 도서관 시설을 지어주는 것도 중요하지만 그 도서관 장서는 단위 학교의 수업과 의미 있게 연계되어야 합니다. 사서선생님과 교과목 교사가 연계하여 학생들을 위한 양질의 프로그램을 진행해야 합니다. 가능하면 학교 도서관을 마을 주민들이 함께 이용하면 좋겠지요. 도서관 한켠에 북카페를 마련해주어 차 한 잔 마시면서 주민들과 학부모가 소통하는 공간으로 만들어주어도 좋을 겁니다. 사교육을 많이 받는 지역이라면 사교육 경감 프로젝트를 가동해야겠지요. 보조교사를 교사의 수업 중에 투입하여 수업을 잘 따라오지 못하는 학생들에게 맞춤형 지도를 구상할 수 있을 겁니다. 학교 사회 복지사, 상담사 등을 지자체의 예산으로 고용한다면 학교 교육의 질은 더욱 높아질 수 있겠지요.

이처럼 혁신교육지구는 혁신학교의 확장 개념으로 보면 됩니다. 다만, 혁신교육지구 사업도 지역에 따라 편차가 존재하고 있습니다. 혁신교육지구 내에 교육적으로 의미가 있는 성과를 내고 있는 혁신학교의 존재 여부가 사업 성공의 관건이 되기도 합니다. 단순히 돈잔치로 끝나는 혹은 사업을 위한 사업에 그치지 않기 위해서는 치밀한 기획이 필요합니다. 지자체와 교육지원청 간 소통과 유대가 사업 성공의 관건이라 할 수 있습니다.

## 혁신학교는 연구시범학교인가요?

혁신학교에 관한 가장 큰 오해 중 하나는 연구시범학교로 인식한다는 점입니다. 연구시범학교란 교과부나 교육청에서 특정 정책을 단위학교에 시범적으로 적용해 보고 정책의 타당성을 검토하기 위한 목적으로 사업을 진행하는 학교를 의미합니다. 연구시범학교에 대한 단위학교의 경쟁률은 비교적 치열합니다. 연구시범학교는 교원 승진 관련 가산점을 받을 수 있기 때문입니다.

연구시범학교는 기본적으로 특정 프로그램을 단위학교에 적용합니다. 특정 프로그램의 효과가 어떻게 나타났는가를 전후 비교하게 됩니다. 연구 시범학교는 단일 프로그램의 성격을 지니고 있습니다. 반면에 혁신학교는 단일 프로그램이 아닌 전면적인 학교 혁신 프로젝트입니다. 연구시범학교는 대체적으로 1년을 기준으로 적용됩니다만, 혁신학교는 최소 4년 이상 적용됩니다. 그런 점에서 혁신학교는 연구 시범학교와 그 성격에서 큰 차이를 보이고 있습니다. 다만 혁신학교임에도 불구하고 내부 구성원은 물론 외부의 평가도 좋지 못한 학교도 존재하고 있는데, 이런 학교들일수록 혁신학교를 연구시범학교 수준으로 이해하고 있다는 공통점이 있습니다. 혁신학교는 프로그램이 아닌 학교의 문화 자체를 바꾸는 일입니다. 의사 소통 구조를 강화해야 하고, 교사들의 역동적이고 자발적인 참여를 끌어내야 합니다. 그 자발성과 역동성을 바탕으로 교육과정, 수업, 평가에 대한 혁신이 만들어지죠.

## 혁신학교는 배움의 공동체 학교인가요?

배움의 공동체 운동은 일본의 사토마나부 교수가 원조입니다. 『수업이 바뀌면 학교가 바뀐다』는 그의 저서에 배움의 공동체 운동이 무엇인가를 설명하고 있습니다. 일본도 우리나라처럼 교사들의 고립적인 문화가 강한 모양입니다. 그는 학교를 바꾸기 위해서는 동료성 구축이 중요하다고 생각했고, 이를 위해서 교사들이 자신의 수업을 공개하면서 동료 교사들과 수업에 대해서 함께 이야기하는 과정을 중시했습니다. 이때 교사들은 서로의 수업에 대해서 비판하기보다는 학생의 배움이 어디에서 일어났는가에 대해서 집중합니다. 사토마나부 교수는 경청의 중요성이라든지 학생의 응답에 대한 교사들의 세밀한 반응과 해석 등을 중시했습니다. 사토마나부는 그동안 교사들의 수업 연구회의 형식적 운영을 극복할 수 있는 방안을 잘 제시했습니다. 아울러, 좋은 수업이 무엇인가에 대해서 시사점을 제시했다고 볼 수 있습니다. 이러한 사토마나부 교수의 생각을 우리나라에서도 적극적으로 받아들인 학교가 있습니다. 이우학교라든지 장곡중학교가 대표적인 예입니다. 공교롭게도 이러한 학교가 혁신학교입니다. 혁신학교의 성공적인 모델로 알려진 학교가 배움의 공동체 운동을 전개하다보니 '혁신학교 = 배움의 공동체'로 인식하는 경향이 있습니다.

저는 사토마나부 교수의 문제의식에 대해서 적극적으로 공감합니다. 아울러 그의 문제의식을 우리나라 학교들이 충분히 받아들일 필요가 있다고 생각합니다. 일부에서는 사토마나부 교수의 배움의 공

덕양중학교 연구모임

동체 운동에 대해서 우려하는 분들도 있습니다. '일본의 맥락과 한국의 맥락이 다른데 너무 기계적으로 적용하는 것은 아닌가?' 하는 우려가 분명히 존재합니다. 실제로 어떤 학교를 가보니 배움의 공동체에서 일반적으로 적용하는 ㄷ자형으로 학생 좌석을 배치해 놓고는 수업은 예전과 같은 강의식 수업을 진행하더군요. 학생들은 거의 목디스크 걸리기 직전이더군요. 사토마나부 교수의 문제의식과 철학, 가치는 빠진 상태에서 외형만 가져오는 방식은 위험할 수 있다고 생각합니다. 또한, 배움의 공동체 운동이 우리나라에서 제대로 적용된 지 얼마되지 않고 대한민국의 학교 중에 이 운동을 적용하는 학교는 수십개에 불과하다는 점에서 지나치게 가혹한 비판은 타당하지 않다

고 생각합니다. 마땅한 해결책이 없는 학교라면 배움의 공동체 운동
을 통해 교직 문화와 수업을 바꾸는 일을 시도할 필요가 있다고 생각
합니다. 하지만, 단위학교 교사 학습 공동체의 토착화라든지 학생들
의 상호작용에 입각한 교수 - 학습법이라든지 협력적이고 개방적인
교직문화 형성은 굳이 배움의 공동체가 아니어도 단위학교를 혁신하
는데 매우 필수적인 일이라고 생각합니다. 따라서 교사 학습 동아리
를 구축하고, 서로의 수업을 개방하고, 학생의 협력적인 문화를 만들
어가는 과정은 배움의 공동체 운동의 방식을 적용함과 상관없이 혁
신학교에서는 매우 필수적인 일로 봐야 합니다.

저는 배움의 공동체 운동은 혁신학교를 만들어가는데 좋은 동력
을 만들어갈 수 있다고 생각합니다. 하지만 혁신학교는 배움의 공동
체 운동에 머무르지는 않는다고 생각합니다. 배움의 공동체 자체가
목적이 아니라 그것을 바탕으로 교육과정 혁신으로 이어져야겠지요.
아울러, 학교의 혁신 모형과 모델은 다양하다는 점에서 배움의 공동
체 운동을 채택하는 혁신학교가 많은 것은 사실이지만 '배움의 공동
체 운동 = 혁신학교'는 아니라고 생각합니다. 그러나 배움의 공동체
운동을 채택하든 채택하지 않든 수업이 삶과 유의미하게 연결되어야
한다든지 교사들의 협력적이고 개방적인 문화 형성이 매우 중요하다
는 사토마나부의 문제의식은 좋은 혁신학교를 만들어 가는데 좋은
이론적 기반을 만들어 주고 있습니다. 그런 맥락에서 배움의 공동체
운동을 혁신학교에서 적극 활용하되 지나치게 기계적으로 적용하기
보다는 단위학교의 상황과 특색에 맞는 방식으로 적용해야 하고, 이

미 적용하고 있는 학교에서는 창조적 변용 내지는 토착화에 기반한 적용을 염두에 둘 필요가 있다고 생각합니다.

## 혁신학교도 열린교육처럼 실패하는 것은 아닌가요?

우리나라도 한때 열린교육이 열풍을 일으켰던 적이 있었습니다. 미국에서도 1967~1973년경 열린교육이 지배한 적이 있었습니다. 그 흐름이 우리나라에서도 뒤늦게 나타났지요. 열린교육은 아동관, 지식관, 교육방법 등에서 기존의 전통적인 방법과 대척점에 서 있습니다. 김숙희(1997)는 열린교육의 특성을 다음과 같이 설명하고 있습니다.

첫째, 긍정적인 자아 개념을 바탕으로 한 바람직한 인간 모형 제시. 둘째, 학습자를 존중하고 학습과정에서의 민주화 추구. 셋째, 자아 개념의 긍정적 형성. 넷째, 아동의 다양성과 창의성을 위한 교육. 다섯째, 교육과정의 통합적 운영. 여섯째, 정의적 특성. 이런 맥락에서 보면 열린교육이 단순한 교수 방법론이 아닌 교육철학적 특성을 지니고 있습니다. 루소라든지 듀이 등의 영향을 받은 운동으로 볼 수 있습니다. 그러나 우리나라에서는 열린교육이 이러한 철학에 대한 이해가 없이 적용되면서 단순한 교수 방법론적 차원으로 이해되었습니다. 이 과정에서 적지 않은 혼선이 있었습니다. 초기의 자발적인 운동의 흐름이 교육청이나 교과부의 관주도로 바뀌면서 그 의미가 많이 퇴색했습니다. 열린교육은 그 의미가 매우 큰 운동임에도 불구하고 몇 년 간의 바람으로 그쳤다는 한계를 지니고 있습니다. 그런 점에서 실패로 규정하는 사람들이 많습니다. 혁신학교 역시 열린교육이 몇 년의 바람으로 사그러진 것처럼 그럴 것으로 보는 사람들이 있습니다.

저는 열린교육운동과 혁신학교 운동은 다음의 공통점과 차이점을 가지고 있다고 생각합니다. 열린교육과 혁신학교 운동은 한국 교육이 바뀌어야 한다는 위기 의식을 가졌다는 점에서 공통점을 지녔다고 생각합니다. 그러나 같은 운동은 아닙니다. 열린교육이 가진 문제의식과 철학을 계승한 면이 있지만 혁신학교 운동은 다소 차별화된 면이 있습니다. 우선 열린교육이 다소 초등 중심의 적용이었다면 혁신학교 운동은 초·중·고를 아우르는 운동입니다. 열린교육이 적용될 때 다소 교수학습 방법론 차원에 국한된 면이 있었습니다. 그러나 혁신학교 운동은 학교를 총체적으로 바꾼다는 점에서 광범위한 특성을 지니고 있습니다. 열린교육에 비해 혁신학교 운동은 교장의 리더십 등을 강조한 특성이 있습니다. 혁신학교의 조건 역시 열린교육이 적용될 때에 비해서 좋아졌습니다. 과거의 획일화된 평가 방식에서 벗어나야 한다는 사회적 인식이 높아졌기 때문입니다. 점수 위주의 선발 관행을 타파하기 위한 노력을 정부와 대학에서부터 시작하고 있습니다. 입학사정관제에 관한 사회적 논란도 많습니다만 입학사정관제는 기존의 점주 위주의 선발 관행을 다소 벗어나기 위한 흐름의 일환으로 해석할 수도 있습니다.

| | 열린교육 | 혁신학교운동 |
|---|---|---|
| 공통점 | ●한국교육의 병폐와 모순을 극복하지 않으면 안된다는 위기의식이 내재해 있음<br>●열린교육의 경우, 바꾸어야 할 닫힌 교육 내용이 있었듯, 혁신학교 운동 역시 바꾸어야 할 혁신의 대상이 존재함.<br>●교수 학습 방법론에서 학생과 교사, 학생과 학생 간 상호작용을 강조함<br>●아래로부터의 운동과 위로부터의 운동이 함께 혼재되어 있음 | |
| 차이점 | ●초등중심의 운동 | ●초·중·고를 아우르는 운동 |
| | ●교수 학습 방법론에 초점이 맞추어졌다는 점에서 단위학교의 부분적 운동 | ●교육과정, 수업 혁신, 교직문화, 학생문화, 의사소통구조, 행정지원체제, 지역네트워크 구축 등을 포괄한 단위학교의 전면적 운동 |
| | ●수업 혁신의 경우 교사 개인의 노력 차원에 그칠 가능성이 있고, 교사를 지원할 수 있는 환경이 충분히 구축되지 않았음 | ●수업을 혁신할 수 있는 학교의 행정 구조와 환경, 교장 리더십을 함께 연동하였음(예: 교사 업무 경감 방안 연동) |
| | ●시범학교의 형식으로 진행 | ●시범학교보다는 더욱 강력한 자율학교 형식으로 진행 |
| | ●단위학교에서 교사의 지지 없이 시범학교를 명목으로 일방적 진행(자발성이 배제된 채 사업 추진 경향) | ●단위학교 내 구성원들의 합의 없이 원천적으로 사업 추진 불가(단위학교의 자발성이 핵심) |
| | ●1~2년 중심 플랜 | ●4년 중심 플랜 |
| | ●열린교육대로 하면 입시 성과가 나지 않을 것에 대한 학부모와 지역 사회의 비판 | ●좋은 교육에 대한 학부모 의식이 많이 성숙되었으며, 입학사정관제도나 자기주도학습 전형 등이 도입되면서 교육과정과 수업, 프로그램이 차별화될 때 오히려 입시에서 유리해질 수 있음.<br>●진로교육의 중요성이 더욱 강조되면서 학생에게 다양한 체험과 경험을 부여하는 것이 중요하다는 인식 확산<br>●학부모와 지역사회가 혁신학교에 대한 강력한 후원자가 되고 있음. |

# 4 혁신학교를 다니면 학력이 떨어지나요?

혁신학교에서 나타난 비밀 중 하나는 해가 갈수록 이 학교에 들어온 학생들의 학업수준이 높아진다는 점입니다. 특목고나 명문대학 진학을 목표로 하지 않았음에도 불구하고 학습을 왜 하는지 동기와 욕구를 찾도록 도와주기 때문입니다.

##  선발효과보다는 학교효과를 중시하는 혁신학교

"아이들 놀리는 학교 아닌가요?"

가끔씩 학부모들로부터 받는 질문입니다. 창조는 여유와 놀이에서 나온다는 점에서 저는 노는 것을 나쁘게 생각하지는 않습니다. 잘 노는 아이들이 나중에 공부도 잘할 수 있지 않을까요? 이 질문에 대해서 저는 적극적으로 방어할 생각은 별로 없습니다.

"혁신학교를 다니면 학력이 떨어지나요?"

이 질문에 대해서는 적극적으로 방어를 해야겠군요. 우선 혁신학교는 선발효과보다는 학교효과를 중시하는 학교라는 사실을 강조하고 싶습니다. 공부 잘하는 학생들을 뽑아서 생색내기보다는 학생이 어떤 상태이든 그 학생에 필요한 진단을 토대로 처방을 내려야겠지요. 그런 학교가 진짜 학교 아닐까요?

혁신학교에서 나타난 비밀 중 하나는 해가 갈수록 이 학교에 들어온 학생들의 학업수준이 높아진다는 점입니다. 특목고라든지 명문대학을 목표로 하지 않았음에도 불구하고, 학생들에게 공부를 엄청나게 시키지 않음에도 불구하고, 왜 이러한 일이 벌어질까요?

　예를 들면 안산 광덕고등학교의 경우, 비평준화지역에서 신설학교이고, 지역도 시내에서 다소 떨어져 있습니다. 안성의 창조고등학교 역시 신설고등학교로서 불리한 조건을 가지고 있었습니다. 그런데 불과 1~2년 사이에 어떤 일이 벌어졌을까요? 경쟁률도 높아졌을 뿐만 아니라 지망하는 학생들의 성적 수준도 갑자기 높아졌습니다. 용인 흥덕고등학교는 어땠을까요? 초기에는 학생 수를 채우지 못했습니다. 불과 2년 사이에 어떤 일이 벌어졌을까요? 경쟁률도 높아졌고, 지망하는 학생들의 성적 수준도 높아졌습니다. 도대체 이 세 학교에는 어떤 일이 벌어진 것일까요?

　주변에서 듣는 이야기를 통해서 혁신학교의 의미를 알게 되요. 첫 번째로 요즘 주변 옆에 있는 중학교 선생님들이 뭐라고 하냐하면, 중학교에서 이렇게 말썽부리던 아이들이 고등학교 가서 분명히 적응하기 어려웠을텐데 아이들이 우리학교에서는 즐겁게 학교를 다니고, 그런 아이들이 말썽 안 피우고 다닌다는게 주변 반응이고요. 두 번째는 우리학교 옆에서 명문학교라고 커트라인 높은 학교로 갔는데, 다시 우리학교로 돌아오고자 하는 것. 이유가 여러 가지가 있겠지만 부적응이죠. 그 부모가 하는 말이요. 우리학교를 다시 오고 싶어하는 첫 번째 이유가, 선생님들이 너무 좋다는 이유를 들었다는 겁니다. 우리학교에 다니는 아이들 중에서 중학교 때는 뭐라고 할까요 눈빛이 정말 안 좋고 거칠고 했던 애들이, 우리학교에 와서 눈빛이 달라졌다는 거예요. 같은 동네 사람이 그것을 보고서, 아! 이 학교는 정말로 선생님들이 노력한다는 이야기가 거짓말이 아니란 걸 알고서는 보내야겠다. 이 말을 듣고서는 이게 바로 혁신

학교구나! 사실 선생님들도 굉장히 힘들어 하세요. 본질적인 것, 가르치는 것을 잘해야 하는데, 예전에는 그 부분에 형식적으로 넘어갔던 것이 많이 있는데, 저희들이 혁신학교를 하면서 가장 중시하는게 아이들과 소통하고, 선생님들이 수업을 잘 준비하는 거죠.

- 창조고등학교 교감선생님 인터뷰 중-

학력(學歷)이 높다고 해서 학력(學力)이 높은 것은 아닙니다. 사실 구구단을 몰라도 학생들은 엉덩이만 책상에 붙이고 있으면 졸업은 할 수 있습니다. 우리나라 교육과정에는 유급제도라든지 pass/fail 제도가 없기 때문입니다. 이때 학력(學力)을 무엇으로 규정할 것인가는 간단한 문제는 아닙니다. 중간고사와 기말고사 시험 문제를 잘 치는 사람이 학력이 높을까요? 우리나라에 학력은 사실 시험 점수를 의미했습니다. 이런 생각은 인간자본론과 부합합니다. 왜 기업들은 많이 배운 사람은 직원 채용 시 선호했을까요? 한마디로 많이 배운 사람이 생산성을 높인다고 생각했기 때문입니다. 그러다보니 초졸과 중졸, 중졸과 고졸, 고졸과 대졸간 임금 격차가 발생했습니다. 여기서 우리는 다음과 같은 질문이 가능해집니다. 정말로 고졸자가 대졸자보다 생산성이 낮은 것일까요? 많이 배운 사람은 정말 일을 잘 할까요? 이것은 "학교에서 모범생이 사회에서도 모범생이 될 가능성이 정말 높은가?"라는 질문과 유사합니다.

상식적으로 보면 학교다닐 때 공부를 잘했다고 사회에서도 부나 명예, 권력, 행복을 성취한다고 보기는 어렵습니다. 학창 시절 공부를 잘 했던 친구가 사회에서도 잘 살고 있고, 공부를 못했던 친구가 사회에서 못 살고 있나요? 부분적으로 옳은 면이 있겠지만 학교의 논리와 사회의 논리가 다른 면은 있어 보입니다.

## 기업과 대학이 요구하는 인재

저는 고3 담임을 하면서 이런 면을 종종 봅니다. 반에서 1등을 한 A학생은 너무 얌전하여 자신을 거의 표현하지 않습니다. 반에서 2등을 한 B학생은 성격도 활발하고 자기 표현을 잘 합니다. 공교롭게도 같은 대학교 같은 학과를 썼습니다. 수시모집이었습니다. 객관적인 점수는 B학생이 낮았지만 막상 뚜껑을 열어보니 B학생이 합격을 했더군요. 실제 이런 현상은 지금 각 대학에서 너무나도 많이 벌어지고 있습니다. 단순히 성적만으로는 학생의 잠재 가능성을 파악하기 어렵다는 생각을 대학들도 하기 시작했습니다.

기업들은 어떨까요? 기업들도 마찬가지입니다. 명문대학생만을 선호하는 시대는 서서히 막을 내리고 있다고 저는 확신합니다. 최근 기업들의 입사 시험을 보면 상당히 많은 것을 요구하고 있습니다. 무엇보다 자기소개서를 중시합니다. 여기에 면접을 중시합니다. 자기소개서는 자신이 살아온 삶을 스토리로 풀어냄을 의미합니다. 어떤 사람이든지 30분 정도 대화를 나누어보면 그 사람의 대략적인 자질과 인생관, 태도를 어느 정도 파악할 수 있습니다. 서류전형에 적혀 있는 출신대학으로 당락이 결정되는 시대는 지나가고 있음을 의미합

니다.

이처럼 대학과 기업들의 인재상은 바뀌고 있습니다. 그러면 어떤 인재상일까요? 단순히 공부만 잘하는 사람일까요? 기업들은 연구직을 뽑지 않는 한 단순히 공부 벌레를 선호하지 않을 것입니다. 독자 여러분이 기업의 CEO라면 어떤 사람을 채용하고 싶습니까? 무조건 학점이 높은 사람일까요? 출신 대학일까요?

대한상공회의소(2008)는 100대 기업이 요구하는 인재상을 다음과 같이 밝힌 바 있습니다.

〈표1〉 100대 기업이 요구하는 인재상

| 인재상의 역량 | 주요 키워드 |
|---|---|
| 창의성 | 창조, 인식전환, 상상력, 가치창출, 새로운 아이디어 등 |
| 전문성 | 전문 지식, 전문기술, 자기개발, 프로정신, 핵심역량 등 |
| 도전정신 | 진취, 적극, 신념, 의지, 긍정적 사고, 위험 감수 등 |
| 도덕성 | 정직, 인간미, 신뢰, 매너, 직업윤리, 투명성, 기본충실 등 |
| 팀워크 | 상호협력, 배려, 공유, 화합, 상호존중, 조직 마인드 등 |
| 글로벌 역량 | 외국어, 개방성, 문화적 이해, 국제 감각 등 |
| 열정 | 승부근성, 몰입, 끈기, 최선, 강한 의지, 기업가 정신 등 |
| 주인의식 | 오너십, 책임의식, 자율, 리더십, 사명감. 솔선수범 등 |
| 실행력 | 행동 우선, 추진력, 실천, 실천적 성취 등 |

물론, 기업들이 요구하는 인재상이 우리 교육이 추구하는 인재상과 정확하게 맞아 떨어진다고 보기 어렵습니다. 예컨대, 우리 교육에서는 비판적 사고력을 중시하는데 기업들이 요구하는 인재상에는 이 내용을 별로 원하지 않는 것 같습니다. 기업에 들어와서 비판을 하기

보다는 순응적 인재를 요구하겠지요, 그러면서도 창의적 인재를 요구하는 아이러니가 느껴집니다. 그럼에도 불구하고 위 표에서 우리는 기업들이 단순히 공부만 잘하는 사람을 요구하지 않음을 알 수 있습니다. 한 마디로 우리 기업에 필요한 사람을 원하고, 같이 일을 잘할 수 있는 사람을 원하는 겁니다.

그런데도 많은 학생들은 공부를 잘 하는 사람을 기업들이 원한다고 착각하지요. 이러한 모순을 극복하기 위해서는 학교 교육이 바로 서야 합니다. 학교 교육은 제대로 된 인간을 길러내야 합니다. 좋은 인간이 학교 교육을 통해서 길러진다면 그는 조직 생활도 사회 생활도 잘 해낼 가능성이 높지 않을까요?

## 핵심역량 교육을 지향하는 혁신학교

우리의 학교 교육을 한번 돌이켜봅시다. 학교 성적이 높은 학생이 협동 능력, 토론 능력, 발표 능력, 문제해결 능력, 창의력, 실천력이 뛰어나다고 볼 수 있을까요? 시험 성적은 높은지 모르겠지만 자신의 삶에 주어진 문제를 제대로 해결하는 능력은 뛰어나지 않을 수 있습니다. 이런 맥락에서 우리는 참된 학업 성취에 대해서 고민하지 않을 수 없습니다. 참된 학업 성취는 학교에서 배운 내용이 자신의 삶에서 누수되지 않고 그대로 삶으로 이어지고 도움을 주어야 합니다. 그런 점에서 보면 우리의 평가 체제는 큰 문제가 있지요.

제가 성균관대학교 사범대학 학생들을 가르친 적이 있었습니다. 한 대학생이 수업 중 토론을 하다가 이런 말을 하더군요. "학창 시절 제2 외국어로 중국어를 배웠지만 중국인과 대화 한 마디 못합니다. 체육을 배웠지만 잘하는 종목이 없어요. 음악을 배웠지만 다룰 수 있는 악기가 없습니다. 국어를 배웠지만 시 한 편 못씁니다. 저는 학창 시절 무엇을 배운 것일까요?" 참으로 뼈아픈 지적이 아닐 수 없습니다.

우리가 말로만 듣는 PISA 시험도 우리가 생각하는 지식 암기형 문제는 아닙니다. 주어진 문제 상황을 어떻게 해결할 수 있는가를 측정하는 시험입니다. 이른바 역량이라는 개념이 이 시험에서 상당히 많이 강조됩니다.

우리나라에서도 핵심역량 교육과정을 구성한 사례가 있습니다. 서정초등학교가 대표적인 예입니다. 이 부분은 교육과정 부분(p.104)에서 상세히 다시 다루겠습니다. 핵심역량 교육과정은 특정 교과를 가르치기 이전에 특정 교과를 가르쳤을 때 학생들의 어떤 능력을 길러낼 것인가를 먼저 설정합니다. 그리고 그러한 능력을 개발하는데 최적화된 자료와 방법을 모색합니다. 앞서 제시한 성균관대학교 사범대 학생의 고백은 우리 교육이 학생들의 역량을 제대로 기르지 못한 채 시험 성적 산출용으로 교과목을 배웠기 때문에 나타난 현상입니다.

남한산초등학교와 보평초등학교를 보면 기초학력미달 학생이 거의 없는 것으로 나타나고 있습니다. 이 학교에서는 교육과정에서부터 학생들의 기초를 다지기 위한 시간이 확보되어 있습니다. 2009학

년도 수능 언어-수학-외국어 1등급 비율을 살펴본 결과 이우고등학교
는 언어와 외국어 영역에서 전국 100위권 이내에 들기도 했습니다.

　이러한 결과가 나타난 이유는 무엇일까요? 혁신학교의 특성을 먼
저 살펴봐야 합니다. 혁신학교는 우선 즐거운 수업, 재미있는 학습
을 추구합니다. 교사들의 일방적인 강의식 수업을 지양합니다. 물론
과목과 교과 내용 특성상 강의식 수업이 필요할 때도 있지만, 대체로
협동학습 등 참여중심 수업을 지향합니다. 교사를 통해서 학생의 배
움이 일어나기도 하지만 학생과 학생 간 상호작용을 통하여 배움이
일어난다고 보고 있습니다. 대체로 학생들의 과목 흥미도라든지 교
과에 대한 효능감 등은 학업 성취의 중요한 요인이 됩니다. 한마디
로 과목에 대한 공포감으로는 배움이 일어나지 않는다는 겁니다. 혁
신학교에서는 교사들이 수업에 대해서 서로 연구를 합니다. 어떤 수
업에서 학생의 배움이 잘 일어났고, 어떤 수업에서 학생의 배움이 잘
일어나지 않았는가를 관찰하지요. 이를 위해서 교사들이 서로의 수
업을 공개하고 이를 바탕으로 교사들끼리 대화를 나누는 과정은 서
로의 발전을 위해서 매우 유익합니다. 이른바 협력적인 교직 문화 내
지는 동료성 구축이 수업을 바꾸는데 매우 중요함을 우리는 알 수 있
습니다.

　또한 혁신학교는 학습부진학생 대책 프로그램을 가지고 있습니다.
N+1제라고 해서 학생들의 수준차가 많이 나는 영어와 수학 교과의
경우, 만약 3개반이라고 가정하면 여기에 교사를 한명 더 투입하여 4
개 반으로 만듭니다. 이렇게 되면 학급당 학생수가 줄어들겠지요. 개

덕양중학교 청소년 성장프로그램

별화 지도 가능성을 높이게 됩니다. 특히, 학생의 성적이 낮은 학생들에게는 한 수업에 교사가 2명이 투입되기도 합니다. 대학생 멘토링 프로그램은 워낙 보편화되어 있습니다. 덕양중학교가 대학생 멘토링 프로그램을 체계적으로 시도하고 있습니다. 단순히 교과만 가르치는 방식을 넘어서서 학생들의 진로와 상담에도 도움을 주는 방식을 적용하고 있습니다. 덕양중학교는 심지어 인근 지역의 군부대 장병들도 멘토로 활용하고 있습니다. 군부대 장병들 중에도 우수한 엘리트들이 얼마나 많이 있습니까? 그들도 학생들을 도와주는 교사로 활용할 수 있습니다.

혁신학교를 보면 학업성취도가 높지 않은 학생들이 많습니다. 이들을 학습부진학생으로 부르지요. 어떤 선생님은 이들을 '찬찬 배움이'로 규정하자고 하더군요. 천천히 배울 뿐이라는 겁니다. 저는 학교의 철학이 중요하다고 생각합니다. 많은 학교에서는 우수한 학생들을 집중적으로 길러내서 특목고라든지 명문대학교에 보냈다는 사실을 홍보합니다. 입소문을 빨리 내서 더욱 우수한 학생들이 몰려들기를 바랍니다. 해마다 입시철이 되면 학교마다 앞을 다투어 특목고 합격 내지는 명문대 합격을 자랑하기 바쁩니다. 그러나 더욱 중요한 사실은 배움의 기준에 모든 학생 내지는 대부분의 학생들이 도달하도록 돕는 것입니다. 보평초등학교라든지 조현초등학교에서 학습에 관한 기초를 다지는 시간을 강화하는 프로그램도 이런 맥락에서 이해할 수 있습니다. 혁신학교에서 학습부진학생 비율이 1년 내지는 2년 안에 대폭 줄어드는 것을 흔히 볼 수 있습니다.

그것이 가능한 이유 중 하나는 학습을 왜 해야하는지를 고민하게 만들기 때문입니다. 자아 찾기 프로그램 내지는 자존감 향상 프로그램을 혁신학교에서는 많이 실시합니다. 이 과정에서 자기를 돌아보면서 궁극적으로 진로 교육으로 이어지게 됩니다. 결국 꿈과 비전을 가질 때 학생들은 책을 보게 되고, 공부를 하게 됩니다. 이러한 방법은 상당한 시간이 걸리지만 가장 확실한 길입니다. 내가 누구인가를 알게되고 고민하게 될 때 학생들은 스스로 공부하기 시작합니다.

혁신학교에서는 앞으로 초·중·고 연계교육이 강화될 것입니다. 초등학교를 혁신학교로 나온 학생이라면 인근의 혁신중학교와 혁신고등학교를 찾을 가능성이 있습니다. 혁신학교가 교육과정과 수업에서 차별화되어 있다면 대학교에서 이 학생들을 선호할 가능성이 있

습니다. 무엇보다 핵심역량을 기르는 수업과 교육과정이 초·중·고 교육과정에서 지속적으로 이루어진다면 학생의 성장은 더욱 잘 이루어지게 될 것입니다.

혁신학교를 보면 체험활동이 활성화되어 있습니다. 소풍과 수학여행도 형식에 그치기보다는 의미를 살리기 위해서 고민합니다. 교사의 기획을 중시합니다. 이를 위한 충분한 논의가 이루어집니다. 체험은 의미와 결합될 때 죽은 체험이 아닌 살아있는 체험이 됩니다. 체험을 위한 체험보다는 의미와 결합된 체험이 중요합니다. 학생들은 체험을 통해 지식을 변환해야 합니다. 몸으로 느끼는 지식을 점점 고차원적 사고력으로 발전시켜야겠지요. 다양한 것을 체험한 학생들이 특정 영역에 대한 관심과 흥미를 느끼게 됩니다. 학습이론의 관점에서 보면 매우 타당합니다. 이러한 체험을 바탕으로 점점 학생들의 추상화 능력과 고급 사고력을 길러야 합니다. 이 과정에서 학생들은 자연스럽게 자신의 진로를 고민하게 됩니다. 광덕고등학교는 '길따라 사람속으로'(1학년 대상 여행체험 프로그램), '꿈따라 세상속으로'(2학년 대상 직업 체험 프로그램), '끼따라 학과 속으로'(3학년 대상 적성탐색, 진로체험 프로그램)를 운영하고 있습니다. 학생들이 여행코스나 체험코스, 진로코스를 찾기 위해 직접 자료를 탐색하고, 계획을 세우고, 체험 현장으로 나섭니다.

"바다에 대한 지식이 너무 천박하다는 걸 느꼈다. 이번 기회에 바다의 소중함을 몸소 느낀 것 같다. 바다가 나에게 준 소박함은 잊고 바다가 나에게 준 것이라기보단 내가 자연의 바다에서 대단한 걸 얻

광덕고등학교 길따라 사람속으로 프로그램

었다고 생각했다. 이번 '꿈따라 세상속으로'에 다녀와서 나는 바다의 생소함이 아니라 바다가 우리에게 준 대단함과 우리가 직업에 대한 생각보다 물리적, 정신적 철학을 얻을 수 있었고, 좋은 경험과 지식을 쌓고 느꼈다. 직업 체험 학습을 통해 '물고기, 그냥 잡으면 되지.'라는 생각에서 '아! 물고기 한 마리 잡는 것에도 어부의 정성과 힘이 들어가 있구나!'라는 것을 느꼈다. 어부, 해녀 이런 직업을 가진 분들을 우리가 하찮게 보면 안 된다. 태안에서 조개 캐시는 몇 분의 할머니를 보았다. 몇 십분 동안 허리 한번 안 펴시고 묵묵히 조개를 캐시는 모습을, 우리는 그것을 보았을 때 하찮은 직업이 아니라고 느꼈다. 사람들이 바다 직업에 관한 편견을 바꿔야 한다고 생각했다."[1]

혁신학교를 보면 독서교육이 매우 중시됩니다. 많은 학교를 보면 독서 교육 시간이 운영됩니다. 아침 20분 독서 활동이 대표적인 예입니다. 혁신학교는 이 활동을 교육과정과 연계합니다. 교과마다 필독서를 설정합니다. 학생들은 필독서를 읽고 그 내용으로 수업을 합니다. 때로는 저자를 만나기도 합니다. 학교에서는 책을 몇 십권씩 구

---

1. 광덕고(2011). 따라체험활동보고서. p.86 인용. 광덕고등학교

입합니다. 모든 학생들이 수업 때 활용할 수 있도록 말입니다. 학생들이 각 교과에서 정해준 필독서를 읽는다고 가정하면 대략 30~50권 이상의 책을 읽고 졸업하는 셈입니다. 요즘처럼 책을 읽지 않는 학생들이 혁신학교를 졸업할 때 몇 십권을 책을 깊이있게 읽었다고 가정해보십시오. 놀라운 변화가 나타납니다. 단순히 책을 읽은 것에 그치지 않고, 그 내용으로 글을 쓰고, 토론을 합니다. 자연스럽게 수행평가 체제에도 변화가 나타납니다. 교사들은 교과서를 벗어난 수업이 가능해집니다. 교육과정 재구성이 자연스럽게 이루어지지요. 만약 평가 체제가 필독서 중심으로 구성된다면 사교육은 결합되기 어려워집니다. 사교육은 시험 체제가 표준화될 때 대비하는데 용이하기 때문입니다.

## 삶으로 적용할 수 있는 지식을 배우는 혁신학교

지식의 성격이 바뀌고 있습니다. 이론적 학습이 아닌 경험적 학습이 강조되고 있습니다. 물론 경험이 모든 학습의 근본은 아닙니다. 하지만 적절한 경험은 곧 유의미한 배움이 일어나는데 도움을 줍니다. 그런 점에서 배움이 가장 잘 일어나는 학습에 대해서 이제 단위학교는 고민을 해야 합니다. 그런 고민을 앞서서 하고 있는 학교가 혁신학교라고 생각합니다. 더 이상 암기풀이식 교육 및 주입식 교육은 안 된다는 사실에 대부분의 사람들은 공감합니다. 혁신학교는 기존의 학력보다는 넓은 학력의 개념을 채택하고 있습니다. 시험 문제 풀이를 위한 지식이 아닌 삶으로 적용할 수 있는 지식이며 실천할 수 있는 지식을 의미합니다. 어찌 보면 지식보다는 지성이라는 개념이 더 적합하겠네요.

가르침이 있다고 해서 배움이 일어나는 것은 아닙니다. 배움은 가르침이 없이도 일어날 수 있습니다. 그러나 가르침은 배움이 일어나게 하는데 도움을 주죠. 배움은 교사가 학생에게 특정 지식을 전달하는 교수 내지는 전달 모형과는 달라야 합니다.

배움은 자기 스스로도 일어날 수 있지만, 또래 사이, 또는 교사와 학생 사이 상호작용을 통해서 일어날 수 있습니다(상호작용성).

배움은 사회적 과정입니다. 공동체를 통한 학습이 더욱 효과적이기 때문입니다(공동체성).

배움은 지식의 객관주의에 입각한 실증주의 모델과는 다른 차원의 접근을 합니다. 배움 자체를 복잡한 과정으로 인식하고 있습니다(복잡성).

배움은 지식과 인간의 삶의 분리를 원하지 않습니다. 오히려 지식과 삶의 일치성을 지향합니다. 그런 점에서 메마른 지식이 아닌 감성을 통한 지식의 내면화와 실천성 등을 동시에 요구합니다(감성성과 일치성).

배움은 지식의 분절성보다는 통합성을 중시합니다. 인간의 편의로 구성된 지식의 분과 체계에 대해서 그것을 바람직한 것으로 보지 않습니다. 배움은 교과의 융합성 내지는 통합성을 지향합니다. 혁신학

교에서는 교과간 통합 학습 내지는 주제 통합 학습을 중시합니다. 교사들의 협력 모델은 곧 교육과정 구성으로 이어지기 때문입니다(통합성).

배움은 지식의 추상성과 실용성을 결합합니다. 써 먹는 지식만을 최고로 보지 않습니다. 비판적 사고력이라든지 통찰력을 중시합니다. 하지만 삶에 적용되는 지식을 중시합니다. 지나치게 추상화된 지식은 학생의 흥미를 잃어버리게 할 수 있습니다. 이른바 주지주의 교육의 폐해가 여기서 드러납니다. 실용성은 자칫 배움의 기능화 내지는 시장성에 의한 왜곡을 가져올 수 있습니다. 실용성은 학생의 경험과 일상생활을 배움의 요소로 적극 활용함을 의미합니다. 그러나 그것만으로 그치지 않습니다. 토론과 논의, 글쓰기, 숙고의 과정을 거쳐 추상화의 과정으로 이어져야 합니다. 궁극적으로는 추상화시킨 자료와 지식을 이해하면서 지식을 재구성할 수 있어야 합니다(추상성과 실용성의 조화).

배움은 경험과 지식의 연계성을 중시합니다. 배움은 경험 내지는 자신의 일상 세계와 연계될 때 효과적으로 일어납니다. 즉, 의미 발견을 지향합니다. 배움은 어떤 정보와 지식 체계와 마주치는 것이고, 그 내용을 자신의 삶과 연계시키는 과정을 포함합니다(연계성). 다만, 성인의 학습 과정에서 이루어지는 능동적인 학습이 아동이나 청소년에게도 그대로 적용할 수 있을 것인가는 의문입니다. 실제 학교 현장에서는 배움의 의미를 찾지 못하는 학생이 적지 않습니다. 내버려두면 한없이 배움을 찾지 않죠. 이러한 배움으로부터 도주 현상의 책임을 전적으로 학생에게 돌릴 수는 없습니다. 배움이 일어날 수 있는 수업을 구성하지 못한 부분에 대해서 교사들의 자각과 노력이 있어야 합니다. 그럼에도 불구하고, 아동과 청소년이 과연 학습에 대해서 능동적이었는가에 대해서는 논의의 여지가 있지요. 이런 맥락에서 교사는 수업 장면에서 학생들로 하여금 배움의 욕구를 자극하기 위한 노력을 해야 합니다. 혁신학교는 배움에 대한 자극을 어떤 지점에서 일어나게 할 것인가를 끊임없이 고민하는 학교입니다. 그리고 좋은 수업에 대해서 고민을 하지요. 개인적인 고민이 아니라 공동체를 통한 고민이 일어납니다. 이런 점에서 배움의 과정에서 교사의 역할은 매우 중요합니다.

이와같이 지식, 학력, 배움, 수업에 관해서 우리가 고민을 해보면 혁신학교는 결코 경쟁력이 떨어지는 수업을 하지 않습니다. 시대의 변화를 읽고 그에 걸맞은 수업이 진행되고 있고, 이 과정에서 학생들의 역량이 길러진다고 볼 수 있습니다. 물론 문제풀이 수업을 별로 안하니까 당장 성적이 오르지 않을 수 있습니다. 하지만 토론하고 글을 많이 써보고, 동료들과 협동을 해보고, 의미 있는 체험을 많이 해보고, 진로에 대한 관점을 가진 학생이라면 학부모님은 전혀 불안해할 이유가 없습니다. 기존의 암기식 학습과 문제풀이 학습을 반복해야 한다고 믿는 학부모님들이 오히려 불안감을 느낄 것입니다. 시대가 바뀌었기 때문입니다.

인쇄술이 들어오기 전에 사자생이라는 직업이 있었다고 합니다. 책을 수기로 옮겨 적는 직업입니다. 인쇄술이 들어오면서 이 직업은

설 자리가 없어졌습니다. 시대의 변화를 읽지 않으면 지식의 사자생
이 될 수 있습니다.

# 5 사교육비가 많이 절감되나요?

사교육은 일종의 항생제와 유사합니다. 시험을 앞두고 책상에 앉아서 스스로 필요한 것을 점검하고 복습해야 할 때에도 학원에 가는 학생들을 자주 만났습니다. 학원에 중독된 학생들은 스스로 학습하는 것을 불안하게 느낍니다. 사교육을 통한 학습의 효과는 시간이 갈수록 더욱 떨어지게 됩니다.

##  사교육의 후유증과 선행학습

혁신학교에 대해서 갖는 부모님들의 불안감 중 하나는 '우리 아이의 학력이 떨어지는 것은 아닐까?'입니다. 우리나라 학생 10명 중 8~9명은 사교육을 받고 있습니다. 혁신학교가 혁신교육의 가치를 제대로 구현한다면 사교육을 완전히 없앨 수는 없겠지만 충분히 줄일 수 있다고 생각합니다. 사교육은 사실 간단한 문제가 아닙니다. 우리나라에서 교육은 신분 상승의 문제와 연결이 됩니다. 교육이 갖는 그 자체의 의미보다는 무엇을 위한 수단으로 여겨졌습니다. 출세 내지는 생존을 위한 도구로 교육을 바라봤던 겁니다. 그러한 모습은 그 뿌리가 상당히 깊죠. 조선 시대만 해도 관학은 점차 쇠퇴하고 사학이 융성하였습니다. 훈구파와 사림파간에 어떤 과거제도를 도입할 것인가를 놓고 치열한 경쟁을 했고, 심지어는 사화까지 벌어졌습니다. 정기적으로 보는 식년시와 부정기적으로 보는 별시의 경우, 식년시는 지방유생이 많이 합격했고, 별시는 서울 유생들이 많이 합격을 했습니다. 정기적으로 보는 시험은 지방 유생들이 충분하게 대비할 수 있지만 부정기적인 시험은 지방유생들이 불리할 수밖에 없었습니다.

당시 교통 상황을 감안해본다면 시험을 본다는 사실을 늦게 알았기 때문에 지방 유생에게 불리할 수밖에 없었겠지요. 이 당시에 과거시험에 합격을 하면 개인의 영광을 넘어 가문의 영광으로 인식했습니다. 3대 안으로 과거시험에 합격한 사람이 나오지 않으면 그 가문은 몰락할 수밖에 없었습니다. 향촌사회에서 양반 행세라도 하려면 생원과 진사 시험에 합격을 해야했습니다. 이처럼 조선시대의 교육도 따지고보면 '안빈낙도(安貧樂道)' 속에서 낭만적으로 공부했다고 보기 어렵습니다. 생존을 위해서 공부를 했던 측면이 강했습니다.

이러한 역사적 배경 속에서 일제시대 때 경성제국대학(서울대학교의 전신) 출신들이 우리 사회의 엘리트로 자리 잡게 됩니다. 조선시대에서 과거제도란 결국 양반들의 몫이었습니다. 하지만 일제는 구학문을 인정하지 않았습니다. 새로운 출세의 방식을 만들었는데, 과거시험에서 경성제국대학으로 바뀌었습니다. 이때 찢어지게 가난한 어느 집 아무개가 열심히 공부해서 경성제국대학을 가더니 군수가 되어 금의환향합니다. '개천에서 용났다'는 말은 이럴 때 사용되었을 겁니다.

산업화 시대에 우리 사회에서는 학력에 따른 임금 차이가 분명히 존재했습니다. 취업과 승진의 차이가 컸지요. 이 과정에서 가난해서 공부를 못했던 많은 분들은 공부에 한을 갖게 되었고, 결국 '나는 대학을 못갔지만 너는 가야 한다.'는 생각을 부모님들이 갖게 되었지요. 그러다보니 고등학생 졸업자들의 82% 이상이 대학을 가는 상황이 만들어졌습니다.

교육에 대한 경쟁은 곧 좋은 대학에 들어가기 위한 경쟁이 되었습니다. 명문대학을 나오는 것이 자녀의 삶을 보장해준다고 생각하기 때문입니다. 이러한 의식은 공교육만으로는 안되고 그 이상의 교육을 요구하게 됩니다. 이 과정에서 사교육은 증폭될 수밖에 없지요. 한마디로 자녀의 대학 진학을 위해 부모가 총력전을 펼치게 되고 결국 부모 대리전 양상을 보이게 됩니다.

물론 사교육을 현실적으로 완전히 무시할 수도 없고, 악으로 규정할 수도 없습니다. 공교육이 갖지 못한 장점을 가지고 있기 때문에 사교육에 매력을 느끼는 부모와 학생이 현실적으로 존재합니다. 교사가 학부모를 불러서 "아이 성적이 낮으니깐 어느 학원을 보내봐라."고 공공연히 말하는 부끄러운 현실을 보면, 사교육의 증가는 공교육이 부실화된 것에도 책임이 있습니다. 아무리 좋은 교육을 시켜도 사교육을 받는 사람들은 받겠지만, 사교육 없이는 공교육을 따라갈 수 없다는 학부모님들의 푸념에 대해서 무시할 수 없습니다. 저역시도 사교육의 문제점이라든지 역기능에 대해서 강의를 하면서 부모님을 만나봤습니다만, 부모님들은 제 강의 내용에 대해서 공감하면서도 공교육이 갖는 한계가 너무 크다는 말씀을 많이 하십니다. 수업에서 가르치지도 않은 내용을 버젓이 시험문제에 출제하기도 합니다. 동점자가 많아지면 상위권 학생들의 변별력이 떨어진다는 이유로 선행학습을 하지 않으면 풀기 어려운 문제를 내기도 합니다. 공교육이 사교육을 조장하는 부분도 우리는 뼈아프게 봐야 합니다.

## 효과가 없는 사교육 선행학습

그럼에도 불구하고 사교육에 대해서 우리는 냉정하게 바라봐야 할 부분이 있다고 생각합니다. 사교육 중에서도 학원의 효과에 대해서 살펴보겠습니다.

학원의 효과에 대해서 먼저 살펴보죠. 사교육 효과에 관한 연구물들이 제법 나와 있습니다. 우천식·김태일 외(2004)의 연구는 고려대, 서울대, 연세대, 이화여자대학교 1,085명을 대상으로 사교육 유형별 기간, 시간, 비용 등 고교 시절 사교육 변수가 대학 학점에 어떤 영향을 미치는가를 밝혀냈습니다. 연구에서는 사교육을 받지 않은 학생들이 받은 학생보다 수능 점수는 물론 대학교 학점이 높게 나타났습니다. 특히, 고3 때 사교육을 받은 학생들은 점수가 떨어지는 것으로 나타났습니다. 이종태 외(2002)의 연구에서는 2001학년도 1학기 성적과 2000년도 종합성적, 가정배경, 선행정도, 학습태도 및 학습전략의 관계를 분석했습니다. 그 결과 국어, 영어, 수학과목에서 현재 성적을 가장 잘 예측해주는 변인으로 전년도 성적과 학습태도가 나타났고, 선행학습 변인은 통계적으로 유의미하게 나타나지 않았습니다. 이 연구는 선행학습의 효과를 맹신하는 일반인들의 통념과 배치되는 연구 결과를 제시했다고 볼 수 있습니다.

김기헌(2007)은 한국청소년패널조사(KYPS)의 초등패널자료와 중등패널 자료를 이용하여 사교육이 청소년들의 학업성취, 고교진학,

학업스트레스 등에 미치는 효과에 대해서 회귀분석을 통해서 밝혀냈습니다. 학업성적 모형을 분석한 결과, 학업성적에 대한 사교육의 영향력은 초등학교 4학년 때에도 나타나고 있으며, 중학교 2학년때 가장 크며 분명하게 확인할 수 있었습니다. 그러나 고등학교 1학년이 되었을 때 그 영향력이 감소하고 사교육 참여 여부를 독립변수로 투입했을 때 통계적으로 의미가 없는 것으로 나타났습니다. 이는 사교육의 효과가 장기적으로 볼 때 사라진다는 것을 의미합니다. 또한, 사교육을 3과목 이상 받고 있는 학생들은 1~2과목만 받거나 사교육을 받지 않는 학생들에 비해서 높은 스트레스를 받고 있는 것으로 나타났습니다.

김성천 · 신철균(2011)의 연구에서는 서울과 경기 9개 인문계 고등학교 1학년 430명을 대상으로 한 설문지를 통해서 선행학습 관련 항목과 6월 전국연합학력평가 수학 백분위 점수(종속변인)를 결합하여 분석을 실시하였습니다. 연구 결과 초기 모델에서는 선행학습이 수학 학업성취도에 유의미한 변인으로 작용하였으나, 가정적 배경과 수학에 관한 학습 태도 변인, 전년도 학업성취 수준 등을 함께 투입하였을 때, 통계적으로 유의미한 변인으로 작용하지 않았습니다. 즉, 선행학습 효과가 그리 크지 않았다는 겁니다. 이 연구에서는 과목에 대한 자신감이라든지 과목을 즐거워하는 마음, 전년도 학습 수준이 학업성취를 결정하는데 매우 중요하다고 밝히고 있습니다. 전년도 학습 수준은 곧 기초가 튼튼해야 함을 의미합니다. 이 연구에서는 과도한 선행학습은 오히려 학교 수업을 소홀하게 만들 수 있다고 말합니다. 이처럼 사교육의 문제 중 하나는 '구경하는 학습'을 하게 만들 수 있습니다.

왜 이러한 연구 결과가 발생했을까요? 제가 일반계 고등학교에서 담임을 할 때 보면, 중간고사와 기말고사를 앞두고 학원을 가는 학생들을 자주 만났습니다. 사실 시험을 앞두고는 책상에 앉아서 스스로 중요하다고 생각되는 내용을 복습해야 합니다. 중요한 내용을 반복하고, 모르는 내용에 대해서 다시 점검을 해봐야합니다. 그런데, 학원에 중독된 학생들은 이러한 과정에 대해서 불안감을 느낍니다. 다시 학원을 나가서 강사의 강의를 들으면서 학습을 합니다.

결국 학원에 의존한 학생일수록 '스스로 공부하는 법'을 잘 모를 가능성이 높습니다. 한마디로 '구경하는 공부'를 하는 셈입니다. 쉽게 예를 들면 축구를 잘하고 싶으면 운동장으로 나가서 공을 직접 차봐야 합니다. 박지성 선수가 축구하는 장면을 구경한다고 본인이 축구를 잘하지는 않습니다.

## 배움과 참여가 중심이 되는 혁신학교

다음에 제시된 그림의 상단처럼 가장 효과적인 학습 방법은 학습의 즉각적 활용, 다른 사람을 가르치기입니다. 효과가 가장 낮은 학습방법은 강의입니다. 학원 수업은 기본적으로 강의 중심이기 때문에 독서, 실험, 토론, 연습, 다른 사람에게 가르쳐주기 등의 다양한 방식에

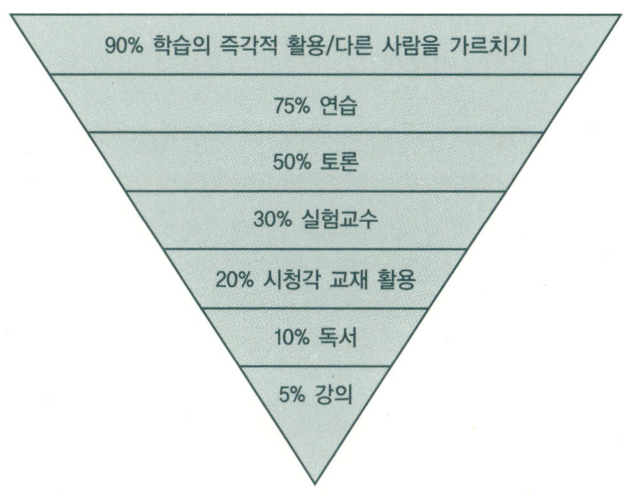


비해 효과가 가장 떨어지는 학습법으로 학원 수업이 진행되고 있는 것입니다.

그렇다면 혁신학교들은 어떨까요? 혁신학교의 강점은 수업 방법의 차별화에서 드러날 수 있습니다. 혁신학교는 전달모형보다는 참여 중심 수업을 지향하고 있습니다. 이른바 배움중심수업이 제대로 구현된다면 학생들에게 문제 풀이식 수업을 강요하지 않아도 깊이있는 학습이 가능해집니다. 그런 면에서 탁월한 어떤 강사의 강의에 의존하는 학습은 자칫하면 독이 될 수 있습니다. 차라리 공부한 것을 친구나 부모님께 설명해보는 것이 더 효과적입니다. 인지정교화이론에 의하면 사람은 배운 내용을 누군가에 말을 해보면서 머릿속에서

정리를 더욱 잘하게 되고, 학습이 제대로 일어난다고 보고 있습니다. 혁신학교는 학생과 학생 사이 배움이 일어나도록 유도합니다. 교사가 학생들에게 지식을 죽처럼 갈아서 먹여주는 수업을 혁신학교에서는 별로 좋아하지 않습니다.

그런 점에서 사교육은 일종의 스테로이드제나 항생제와 유사합니다. 이 약들은 당장 병을 낫게 하는 데 효과적이지만, 장기적으로는 본인의 면역력을 떨어뜨리죠. 사교육은 단기적으로 학생의 학업성적을 올리는 데 도움이 되는 것 같지만, 장기적으로는 학생의 자기주도적 학습능력과 복습능력을 떨어뜨립니다.

교육시민단체 '사교육걱정없는세상'이 민주당 김춘진 의원실과 함께 서울 강남·목동·중계 지역과 경기 평촌·분당·일산 지역에 속한 중학교 2, 3학년 학생 5,068명을 대상으로 사교육 실태 조사(2010년 9월)를 실시했습니다. 중학생들에게 학원 수강 후 귀가 시간을 물어봤는데, 중학생 10명 중 6명은 밤 9시 넘어 집에 들어간다고 응답했습니다. 또한 10명 중 3.5명이 주중 하루 평균 4시간 이상을 학원 강의에 투자하고 있는 것으로 나타났습니다. 이 학생들에게 공부는 어떤 의미로 다가올까요? 스트레스, 지겨움, 어쩔 수 없이 하는 일로 받아들이지 않겠습니까? 학생들이 공부에 대한 공포감을 가질 가능성이 높습니다. 카톨릭대 성기선 교수의 논문을 보니 사교육 시간보다는 학습에 대한 즐거움이 학업성취도에 영향을 미치는 중요 변인임을 밝힌 바 있습니다.

최근에 발표된 많은 연구보고에서는 기본적으로 독서를 많이 한

학생들일수록 장기적으로 학습력이 향상될 가능성이 높다고 이야기하고 있습니다. 이러한 면들은 혁신학교에서 독서와 연계된 교육과정을 많이 추구하게 하였습니다. 교과 내용과 연계된 독서를 통해 심화학습을 진행합니다. 혁신학교는 피상적인 지식이 아닌 맥락과 의미를 파악할 수 있는 지식을 추구합니다. 많은 지식을 피상적으로 알기보다 지식을 발견하는 법, 지식을 통해 생각하는 법을 배우게 됩니다. 프로젝트 학습이라든지 토론 수업을 중시하는 이유가 여기에 있습니다. 많이 배우기보다는 하나를 배우더라도 제대로 배우는 방식을 선호합니다. 혁신학교를 보면 필독서를 많이 정합니다. 도서관을 중요시하지요. 대부분의 학교에서도 아침 독서 시간을 줍니다. 혁신학교는 그 차원을 넘어서 독서와 정규 교과를 연계합니다. 책을 읽어서 평가를 잘 받을 수 있습니다. 적어도 혁신학교를 졸업하려면 책 몇 십 권을 읽게 만드는 거죠. 책을 읽고 저자를 만나기도 합니다. 책과 관련한 여행을 떠날 수도 있습니다. 홍덕고등학교는 인문학 캠프를 개최하기도 합니다. 판검사, 변호사가 되어도 인문학 소양이 없다면 좋은 교육을 받았다고 말할 수 없습니다. 생각 없이 기능만 익힌 사람의 위험성을 우리는 종종 보곤 합니다. 철학 없는 정치인, 관료, 연예인, 공무원, 교사, 과학자 등은 스스로는 물론 우리 사회를 불행하게 만들 수 있습니다.

혁신학교에서 교육과정과 수업이 제대로 진행된다면 사교육이 따라붙기 힘든 내신 시스템이 구축됩니다. 표준화된 내용을 기출 문제 중심으로 접근한다면 사교육은 따라붙을 수밖에 없습니다. 그런

데 학교마다 교사마다 교과서 이외의 내용을 가지고 깊이 있게 들어
가고, 평가 내용과 방식에 차이가 존재한다면 사교육이 따라붙기 힘
들어집니다. 교과서와 문제집을 가지고 수업을 해야 사교육이 대비
할 수 있는데, 문제집과 상관없는 필독서 몇 권을 정해주고, 그 내용
을 가지고 수업중에 토론하고 활용하여 평가가 나가는 경우 사교육
은 속수무책일 수밖에 없습니다. 사교육이 특정 학교에만 대비한다
는 것은 학원 운영의 효율성 차원에서 볼 때 쉽지 않은 일입니다.

많은 학교에서 범하는 오류가 사교육을 잡겠다는 이유로 방과 후
수업을 많이 시킵니다. 저는 근본적으로 정규 수업에서 승부를 걸어
야 한다고 생각합니다. 방과 후 수업에 집중하느라 정규 수업이 부실
해지면 안됩니다. 방과 후 수업은 지역사회 네트워크를 통해 얼마든
지 더 좋은 콘텐츠로 채울 수 있습니다.

## 학부모들의 참여로 사교육 불안감은 사라집니다

사교육을 줄이기 위해서는 학부모님의 의식 변화가 대단히 중요합니
다. 사교육을 받게 만드는 주체는 대부분 이웃입니다. 한마디로 옆집
아주머니의 말 한마디에 우리의 신념이 무너지고 불안한 마음을 갖
게 됩니다. 혼자서 사교육을 안시키려고 해도, 주변에서 받아버리면
불안감은 더욱 증폭될 수밖에 없지요.

그러면 어떻게 해야겠습니까? 학부모님의 학습 커뮤니티가 필요

합니다. 자기주도학습법, 독서, 진로교육 등에 관해서 충분히 정보를 공유하고 배울 필요가 있지요. 사실 진로교육에 관한 관점만 가져도 학부모님들의 불안감은 상당히 줄어듭니다. 혁신학교를 보면 부모님 교육 프로그램을 중시합니다. 부모님부터 먼저 사교육에 대한 이해, 진로교육의 중요성, 변화하는 대입 전형 제도의 특성을 알게 되면 양적으로 많이 교육시킨다고 다 좋은 것은 아니라는 사실을 깨달아야 합니다. 홍덕고등학교, 덕양중학교, 광덕고등학교, 보평중학교, 서정초등학교 등의 특성을 보면 학부모 아카데미를 활성화시키고 있습니다. 부모님을 위한 교육 프로그램이 존재하고, 이 과정에서 서로의 생각과 철학을 공유합니다.

최근 입시 흐름을 보면 입학사정관제가 강화되고 있습니다. 아래의 표는 입학사정관제 학생 선발 규모가 해마다 늘고 있음을 보여주고 있습니다.

〈표 1〉 입학사정관제 학생 선발 규모

| 구분 | 대학수 | 모집인원(계) | 정부지원 대학 | | 독자실시 대학 | |
|---|---|---|---|---|---|---|
| | | | 모집인원(명) | 비율(%) | 모집인원(명) | 비율(%) |
| 2009학년도 | 40 | 4,476 | 4,476 | 100 | | |
| 2010학년도 | 86 | 21,392 | 17,599 | 82.3 | 3,793 | 17.7 |
| 2011학년도 | 126 | 34,408 | 27,415 | 79.7 | 6,993 | 20.3 |

※ 자료출처: 대학교육협의회 보도자료 2010년 8월 13일자

입학사정관은 수능 점수가 아닌 내신 성적과 함께 자기소개서 및 생활기록부, 면접 등을 중시하게 됩니다. 결국 학생이 학교를 다니면

서 어떤 삶을 살았고, 어떤 변화가 일어났으며, 어떤 특성이 있는가를 입학사정관들이 면밀히 살핍니다. 물론, 입학사정관제는 양날의 칼입니다. 잘 활용하면 한국 교육이 고질적인 병폐를 해결할 수도 있고, 잘못 사용하면 교육문제를 더욱 심화시킬 수 있습니다. 일부 대학을 제외하고는 나름 입학사정관제의 도입 취지에 충실하기 위해서 노력하는 것으로 평가됩니다.

혁신학교의 콘텐츠는 입학사정관제도에 결코 불리하지 않습니다. 다양한 교육과정과 역동적인 수업, 풍부한 체험활동과 독서활동, 진로교육이 결합된다면 입시에도 경쟁력이 생길 수 있습니다. 이러한 입시 제도의 변화는 문제풀이식 교육의 한계를 우리 모두가 공감하고 있기 때문이라고 생각합니다.

스마트 시대가 원하는 인재상에 대해서 고민해야 합니다. 앞으로 대학과 기업들은 사교육에 찌든 학생보다는 마음껏 토론하고, 많이 체험하고, 책을 많이 읽은 학생을 원하고 있습니다. 저학년에서 고학년으로 갈수록, 상급학교로 갈수록 스토리가 많은 학생을 원합니다. 공부를 잘하는 어떤 학생이 고3이 되어서 입시철을 앞두고 선생님께 이런 말을 했습니다. "이럴 줄 알았으면 가출이라도 한 번 할 걸 그랬어요."

학교와 집, 학원만 오간 학생에게 어떤 스토리가 있겠습니까? 더구나 이 학생이 다닌 학교는 공부를 잘하는 학생들만 모인 학교로서 오로지 입시 중심 교육만 받았습니다. 요즈음 특목고도 그렇고 대학도 그렇고, 기업들도 자기소개서를 요구합니다. 이 자기소개서에 쓸 말이 없는 학생들이 많습니다. 한마디로 스토리가 없는 아이들이 많지

요. 그런데 혁신학교는 교육과정이 차별화되었고, 학생들에게 의미 있는 체험을 제공하기 위해서 노력합니다. 그 과정에서 학생들은 놀라운 경험의 성장을 이루게 되지요. 혁신학교는 학생들에게 자기만의 이야기거리를 만들어주는 학교라고 생각합니다. 그런 점에서 혁신학교는 사교육에 관한 걱정을 어느 정도 덜 수 있습니다.

사교육에 대한 불안감 해소는 결국 진로교육에 대한 관점을 가질 때 가능해집니다. 한급간 높은 대학을 가는 것보다 학생의 진로와 적성에 맞는 학과를 가는 것이 중요하다는 생각을 가져야 합니다. 얼마나 많은 학생들이 대학을 가서도 반수를 합니다. 재수나 삼수를 하거나 편입을 꿈꾸는 학생들도 많습니다. 대학을 가기 전에 하고 싶은 일이 무엇이고, 어떤 삶을 살기를 원하는가를 생각해야 합니다. 그러한 생각을 학교에서 할 수는 없을까요? 그 생각이 가능해지기 위해서는 교육과정 자체가 삶과 연결되어야 합니다. 그 삶에 도움을 주기 위한 학교의 계획을 우리는 교육과정이라고 말할 수 있겠지요.

혁신학교를 보면 동아리 활동을 강조합니다. 한 사람이 하나의 악기 정도를 다루어야 한다는 생각을 합니다. 형식적인 체험활동이 아닌 삶에 스파크가 일어나게 만드는 체험활동을 중시합니다. 진로 영역을 개척하기 위해서 많은 사람들을 만나보게 됩니다. 독서활동과 자기주도학습을 중시합니다. 수업에는 토론과 활동, 참여 과정이 포함되어 있습니다. 일부 대학에서는 혁신학교에 대해서 벌써 관심을 기울이기 시작했습니다. 학교 이름이 아니라 학교가 추구하는 가치와 철학, 교육과정과 수업, 평가에 주목하기 시작한 겁니다.

# 6 혁신학교의 교육과정은 일반학교랑 무엇이 다른가요?

대부분 혁신학교들은 필요에 따라 부분적인 주제통합 교육과정을 운영하고 있습니다. 서정초등학교는 핵심역량을 배양하기 위해 몇 가지 주제로 교육과정을 완전히 통합한 사례입니다. 창의력 구현을 위해 '토요 전일제 체험학습', '과정 중심 상시 평가와 서술 논술형 평가', 문제해결 능력을 위해 '협동문제 해결학습', 의사소통능력을 위해 '독서논술 토론 교육', '학년 다모임' 등을 운영합니다. 보평초등학교는 아이들이 생생한 체험을 통해 배우는 것을 중시합니다. 보평초등학교의 다빈치 프로젝트는 아뜰리에 학습, 주제통합학습, 자유 탐구학습을 통해 아이들을 통합적 인간으로 기르는 노력을 하고 있습니다.

 ## 교육과정에 질문걸기

학부모들에게 혁신학교 교육과정을 소개하려니 난감해 집니다. 많은 사람들이 혁신학교 교육과정을 특정한 교육 프로그램으로 이해하는 경향이 있기 때문입니다. 이런 오해를 불식시키기 위해서는 교육과정 자체에 대한 이야기를 꺼내야 하는데, 그리 만만한 주제가 아니어서 걱정이 됩니다. 사람들에게 "교육과정이 뭐라고 생각하십니까?"라고 여쭤보면 "교육과정은 시간표가 아닐까요?", "교육과정은 교과서를 순서대로 가르치는 것 아니에요?", "학교에서 실시하는 학교행사 아닌가요?" 등 제 각각 답변이 들어옵니다.

많은 사람들이 교육과정이 중요하다고 말합니다. 그러나 정작 교육과정에 대해 여쭤보면 의외로 많은 사람들이 잘 모릅니다. 학부모님들은 물론이고 심지어 교육과정에 대해 잘 알고 계시려니 하는 분들도 피상적인 이해로만 그치는 경우를 자주 경험했습니다. 이런 현상은 교육과정에 대한 정의나 개념을 교육학자마다 다르게 말하고 있는 것도 한몫하고 있다고 생각합니다. 그래서 혁신학교와 일반학교의 교육과정의 차이점을 소개하기 전에 먼저 교육과정이 무엇인지를 짚고 넘어가는 것이 좋을 것 같습니다. 비록 조금은 딱딱한 얘기가 될 수 있을지 모르겠지만, 교육과정 자체에 대한 이야기를 통해 혁신학교 교육과정을 더 잘 이해할 수 있을 거라 여겨집니다. 그러고 나서 혁신학교 교육과정을 일반학교와 비교하여 말씀드리고자 합니다.

초임교사 시절, 수업은 늘 실패의 연속이었습니다. 입에 거품을 물고 목이 터져라 열심히 설명을 했건만, 아이들은 눈만 껌뻑 껌뻑할 뿐 영 알아듣는 기색이 아니었습니다. 답답한 마음에 "무슨 말인지 이해가 갑니까?"라는 질문만 남발했고, 아이들은 그때마다 기다렸다는 듯이 "네" 하고 우렁차게 소리쳐 주었습니다. 개별적으로 물어보면 역시나 '꽝'이었습니다. 이런 일이 반복되다보니 안타깝기도 하고, 짜증도 나고, 나중에는 화까지 나더군요. 문제는 역시 선생인 저에게 있었습니다. 대학교 때 쓰던 말을 초등학교 4학년 아이들 수준에 맞추지 않고 그냥 막 사용하니 아이들이 알아들을 수 없었던 거지요.

그러다가 문뜩 '난 왜 이걸 죽으라고 가르치고 있는 거지?'라는 질문을 스스로 던져보게 되었습니다. 아무 생각 없이 교과서 내용을 전달하고자 애쓰던 제가 이 질문을 하는 순간 갑자기 머리가 띵해지면서 순간적으로 현기증이 밀려왔습니다. 저에겐 이때부터 교육과정에 대한 인식이 싹트기 시작했다고 볼 수 있습니다.

정신 차리고 곰곰이 다시 자문해 보았습니다. 난 왜 이걸 가르치고 있지? 교과서에 나오고 시험에 나오니 가르치는 걸까? 그럼, 왜 교과서와 시험에는 이런 걸 내지? 이게 과연 사회에서도 필요한 걸까? 학교 우등생이 사회 우등생도 아니라면서! 내가 가르치는 국어, 영어,

수학, 사회, 과학, 음악, 미술, 체육 등이 진짜로 중요하기는 한 걸까? 교과서 말고 다른 걸 가르치면 안 되는 것일까? 지금 생각해 보면, 이런 일련의 질문 뭉치들이 나를 때리면서 교육과정에 대한 인식이 점점 자라왔다고 볼 수 있습니다.

한편 이런 식의 생각은 일상생활에서도 자연스럽게 일어났습니다. 다큐멘터리에 나오는 오지마을 사람들은 아이들에게 무엇을 가르치려고 애쓰는지 유심히 보게 되었습니다. 그것을 에스키모들의 경우와 비교도 해보구요. 외국의 아이들하고 우리 아이들이 배우는 내용이 왜 다른지 의문을 품기도 했습니다. 그러면서 학교에서는 뭘 가르쳐야 하는지, 학생들 입장에선 뭘 배워야 하는지를 고민하게 되었습니다. 그러다가 제가 대학원에서 교육과정을 전공하면서 이런 생각들이 교육과정의 핵심적인 질문임을 알았습니다. 즉 '학교에서는 무엇을 가르쳐야 하는가? 학교에서 가르쳐야 할 가장 가치 있는 것은 무엇인가?'입니다. 이러한 질문에 대해서 대략 세 가지 해결방안이 제시되고 있습니다.

첫째, 학교에서는 인류가 남긴 문화유산 중에서 가장 가치 있는 것만을 골라 다음 세대에 전달하는 것이 좋다는 입장입니다. 소위 고전을 가르치자는 것이죠.

둘째, 현 사회에서 필요로 하는 것을 학교에서 가르쳐야 한다는 입장입니다. 사회가 변할 때 마다 학교에서 가르치는 내용도 마땅히 달라야 한다는 겁니다.

셋째, 아이들의 필요를 받아들여 가르치자는 입장입니다. 아이들의 소질과 잠재력을 최대한 펼칠 수 있도록 옆에서 조력하는 방식으로 학교교육의 내용이 구성되어야 한다는 겁니다.

학부모님들은 어떤 주장이 맘에 드시는지요? 우리 아이들이 어떤 내용을 배웠으면 하시나요? 그리고 혁신학교 교육과정은 어떤 주장을 더 많이 반영했을까요? 현재 혁신학교를 포함한 일반학교 교육과정은 위에서 제시한 세 가지 주장 모두 어느 정도 반영하였을 겁니다. 그러나 학교에 따라서 무게 중심추가 다른 것도 사실입니다. 특히 혁신학교는 셋째 주장을 많이 반영한 교육과정이라고 볼 수 있습니다. 이오덕 선생님이 이런 말씀을 하셨습니다. "아이들에게 무언가를 가르치려고 하지 마세요. 아이들은 우리가 이미 잃어버린 것들을 아직 가지고 있습니다. 우리가 할 일은 그 씨앗이 자랄 수 있도록 도와주는 것입니다." 교육적 감식안을 이야기했던 아이즈너라는 사람은 "아동과 만나기 전에 어떻게 교육목표가 설정될 수 있는가? 그건 폭력이다."라고 말하는 것도 셋째 주장과 같은 맥락에서 이해할 수 있습니다.

그럼, 교육과정이라는 말은 도대체 언제부터 사용한 말일까요? 교육과정이라는 말이 회자되기 시작한 시점은 다른 교육 용어와는 달리 그리 오래된 말은 아닙니다. 이제 100년 정도의 역사를 지녔으니까요. 보비트 교수가 1910년 시카고 대학교에서 '교육과정'이라는 명칭의 강좌를 개설한 시점을 기준으로 보면 그렇습니다. 사실 보비트의 교육과정에 대한 생각은 간단합니다. 보비트는 사회가 원하는 인간상인 '이상적인 어른(ideal adult)'을 정해 놓고, 학생들이 장차 이상적인 어른

이 되기 위해서는 어떤 내용을 배워야 하는지를 분석하고 그것을 교육과정으로 만들었습니다. 한마디로 보비트는 학교에서 학생들에게 가르칠 것은 이상적인 어른이 되는데 필요한 것들이라고 생각했습니다.

교육과정이라는 공식명칭이 붙여진 역사는 100년 정도 됩니다만, 교육과정 개념은 아주 오래전으로 거슬러 올라가게 됩니다. 문헌을 찾아보면 고대 그리스의 소피스트들도 교육과정을 갖고 있었습니다. 고대 그리스 시대에는 말 잘하는 사람이 최고였나 봅니다. 그래서 소피스트들은 젊은 부자 청년들을 대상으로 돈을 두둑이 받아가며 대중 앞에서 말을 잘할 수 있는 방법을 가르쳐 주었습니다. 요즘처럼 분명히 족집게 강사들도 있었을 테고, 개인과외 및 스타 강사들도 존재했을 겁니다. 조선시대에도 과거시험 응시자들을 위해 단기간에 속성으로 비법을 가르쳐주는 과외선생이 있었다고 합니다. 하여튼 소피스트들은 자연스럽게 웅변술을 전파하기 위한 내용과 방법을 개발하고 자신만의 노하우를 담은 교육과정을 갖게 됩니다. 이런 식으로 본다면 교육과정 역사는 100년이 아니라 수천 년은 더 될지 싶습니다. 플라톤도 국가론에서 국가수준의 교육과정 개념을 말하고 있고, 동양으로 눈을 돌려보면 주희까지 거슬러 올라갑니다. 우리나라 서당교육에서도 나름의 교육과정 개념이 들어있음을 알 수 있을 겁니다. 선비를 만들기 위해 천자문을 시작으로 동몽선습, 사자소학, 소학, 사서삼경을 배우는 것만 보아도 교육과정이라는 말만 사용하지 않았지 나름의 교육과정이 존재하고 있었음을 확인할 수 있습니다.

# 교육과정 파고들기

이제 교육과정을 좀 더 본격적으로 파고 들어가 보겠습니다. 교육과정(敎育課程)은 교육의 과정(敎育의 過程, the process of education)은 아닙니다. 교육과정은 교육학 전문용어라 할 수 있습니다. 교육과정이라는 말은 영어의 커리큘럼(curriculum)을 우리말로 번역한 것입니다. 커리큘럼은 경주마의 경주로를 뜻하는 라틴어의 쿠레레(currere)에서 유래된 말입니다. 그러나 교육과정에 대한 정의는 시대마다 변해 왔습니다. 커리큘럼 어의만을 놓고 보면, 교육과정은 학교에서 가르치는 교과서 또는 매일 가르치기 위하여 부과된 일정의 교수요강, 교수요목 내지 학습지도 요령을 의미했습니다. 이렇게 미리 정해진 코스 또는 계획이라는 정의는 1970년대에 이르기까지 교육과정의 정설을 차지해 왔습니다. 그러다가 점차 학생이 '학교에서 경험하는 모든 것'을 교육과정으로 보는 사람들도 생겨나게 됩니다.

저는 교육과정을 설명할 때 이해를 돕기 위해 건축물의 설계도에 비유하곤 합니다. 좋은 건축물은 설계도부터 좋습니다. 설계도가 좋다고 반드시 좋은 건축물이 완성되는 것은 아니지만, 좋은 설계도 없이 훌륭한 건축물을 바랄 수는 없을 겁니다. 마찬가지로 성공적인 학교는 그 학교만의 탄탄한 교육 청사진이 있기 마련입니다. 제 개인적인 소견이고 정확하게 맞아 떨어지는 비유는 아니지만, 저는 일종의 교육 설계도를 교육과정이라 소개하고 싶습니다. 단위 학교 교육 설

계도인 학교 교육과정은 학생들을 어떤 인간으로 기르고 싶다는 목적을 정하고, 그에 따른 교육내용과 방법, 평가방식까지도 적어 놓고 있습니다.

교육과정은 먼저 나라에서 국가교육과정이라는 것을 만듭니다. 요즘은 '2009 개정교육과정'이라고 합니다. 이를 토대로 시도교육청에서 교육과정을 만들고 지역교육청, 단위학교, 학급 교육과정까지 작성하게 되어 있습니다. 이런 점에서 교육계에 있는 사람들은 교육과정이 교육의 핵이라고 말합니다. 교사들은 교과서를 가르치는 사람이 아니라, 교육과정을 실현시키는 사람이라고 봐야 할 겁니다. 그러나 우리나라 대부분의 사람들은 학교에서 학생들이 교과서를 배운다고 생각합니다. 틀린 생각은 아니지만, 꼭 맞는 것도 아닙니다. 교과서는 교육과정을 실현시키기 위한 참고자료일 뿐입니다. 물론 학교에서 교과서의 지위가 너무 커서 오히려 교육과정이 숨어버리는 현상까지 나타나는 안타까운 현실이긴 합니다. 제가 학생이었을 때 교과서를 가지고 가지 않으면, 선생님들은 "군인이 총을 지참하지 않고 전쟁터에 나가는 것 봤냐"고 하시면서 혼을 내시던 기억이 납니다.

저는 교육과정을 교육설계도라고 설명했지만, 요즘은 교육과정을 아주 다양한 관점으로 보는 사람들이 많아 일일이 다 소개를 못할 정도입니다. 교육과정의 관점이 다양한 이유는 결국 교육을 바라보는 안목이 다르기 때문입니다. 교육과정을 이해하는 방식과 관점의 차이는 학생들이 학교에서 공부하는 내용과 방법, 목적까지 달라지게 합니다. 교육과정은 교육에 대한 철학과 관점이 고스란히 녹아있어 누가 만드느냐에 따라 확연히 달라질 수밖에 없는 겁니다. 새로운 학교, 특성화된 학교는 결국 그 학교의 교육과정이 다르다는 것을 얘기하는 겁니다.

## 혁신학교와 일반학교 교육과정 비교하기

### ■ 혁신학교 교육과정은 그 성격에서 차이가 납니다

일반학교와 혁신학교의 차이점은 바로 교육과정에 있다고 봐야 합니다. 사람들은 혁신학교 교육과정은 일반학교와 달리 무슨 특별한 교육 프로그램이 있을 거라고 기대합니다. 물론 나름의 독특한 프로그램이 없는 것은 아니지만 그런 식으로 이해하는 것은 곤란합니다. 혁신학교가 유명세를 타자 많은 분들이 혁신학교를 탐방하게 됩니다. 그런데 학교로 돌아가서는 교육과정에 대한 고민을 통해 새로운 교육과정을 꿈꾸고 기획하는 일을 해야 하는데, 색다르거나 유명한 프로그램을 베끼거나 추종하여 껍데기만 있고 알맹이가 부실한 교육과정을 만드는 학교도 있습니다. 그래서 '무늬만 혁신학교', '짝퉁 혁신학교'도 생겨나게 되는 법입니다.

혁신학교 교육과정은 일반학교 교육과정과 성격을 달리 한다고 보는 것이 타당합니다. 다시 말하면 교육과정의 교육철학적 배경이 다르다고 보시면 됩니다. 저는 이를 설명하기 위해서 교육과정을 '도로'와 '길'에 비유하고 싶습니다. 앞에서 말했듯이 교육과정은 어원상 경

주마가 달리는 경주로라고 합니다. 제 소신은 우리 아이들이 도로가 아닌 길을 걸어가야 한다는 생각을 갖고 있습니다. 누군가 영국의 동네 학교 정문에 이런 글귀를 보았다고 합니다. "교육은 경주가 아니라, 긴 여행 같은 곳(where education is a journey, not a race)" 저와 비슷한 생각이 아닐 수 없습니다.

혁신학교 교육과정의 성격을 보면 확실히 도로보다는 길에 가깝습니다. 혁신학교에서는 아이들을 '끌고 가는' 교육이 아니라, 학생들의 소질과 잠재력을 '끄집어내는' 교육을 지향합니다. '끌고 가는' 교육은 표준을 정해놓고 '다름'을 '같게' 만드는 교육입니다. 반면 '끄집어내는' 교육은 개인의 다름이 조정과 수정의 대상이 아닌 존중받고 키워야 할 소중한 자산이 됩니다. 일반학교의 많은 교사들이 자신을 교육자라고 생각하지 학습의 조력자라고 여기지 않습니다. 그러나 혁신학교의 교사들은 과감히 아이들에게 주도권을 주고 자신은 학습의 조력자 역할을 자처하는 경우를 많이 봤습니다. 이런 모든 현상은 바로 교육관의 차이에서 오는 것입니다. 당연히 교육과정 역시 교육관의 차이에 따라 다르게 이해할 수밖에 없을 겁니다. 제가 교육과정을 길과 도로에 비유하여 쓴 글을 읽으시고, 학부모님들은 자녀들이 어느 쪽으로 가길 원하는지 생각해 보시길 바랍니다.


난 지독한 '길치'다. 그 화려한(?) 전력은 어려서부터 지금까지 무수히 많다. 한번은 동서울에서 여주까지 자가용으로 무려 8시간이나 헤맨 끔찍한 경험도 있다. 나처럼 서울에 있는 각종 대교란 대교를 하루에 그렇게 많이 왔다 갔다 한 사람도 없을 것이다. 오죽하면 견인차를 부를 생각까지 했겠는가! 무더운 여름날, 저녁에 출발하여 기름도 간당간당하여 에어컨을 끄고 새벽에 도착했으니 한마디로 완전히 녹초가 되어 돌아온 셈이다. 난 이때 거의 모든 주유소가 24시간 영업을 하지 않는다는 것을 처음 알았다. 새벽이 되어서야 겨우 휘발유를 급유할 수 있었다. 내비게이션을 달기 전에는 아내나 아들 녀석도 나랑 차를 같이 타는 것에 슬슬 겁을 냈다. 지금도 집 드나들듯이 다니는 교육청을 내비게이션을 찍고 간다고 하면 다들 웃고 만다.

나는 자전거를 좋아한다. 적당한 속도로 변하는 풍광을 즐기면서 '길'을 갈 수 있기 때문이다. 물론 길을 걷는 것도 좋아한다. 나는 '도로'보다는 '길'을 좋아한다. 산을 감싸지 못하고 두 동강 내어 인공적이고 규격화된 회색 아스팔트 도로보다는 제주 올레길, 지리산·북한산 둘레길, 북촌 골목길, 바다가 보이는 산비탈길 등 그 모습이 다양하고 자연스럽게 생겨난 길을 좋아한다. 질주와 추월, 충돌과 속도 경쟁이 있는 도로보다는 때론 홀로, 때론 손잡고 천천히 갈 수 있는 길이 좋다. 자동차만 다니는 폐쇄적인 도로보다는 사람과 동물, 자전거와 경운기 등 제약을 두지 않는 열린 길이 좋다. 규칙에 어긋나면 위험한 도로보다는 가고 싶으면 가고, 쉬고 싶으면 쉬고, 다시 뒤돌아서 갈 수 있는 자유로운 길이 좋다. 단지 편리하다는 이유로 긴장감과 삭막함, 피곤함과 섬뜩함을 감수해야 하는 도로보다는 느리고 불편하지만 자연과의 교감으로 영혼을 적셔주고 유유자적할 수 있는 흙길이 좋다. 종착지를 향해 빨리 안전하게 벗어나고자 하는 도로보다는 가는 것 자체가 즐거움이자 목적일 수 있는 길이 좋다. 전진을 위한 수단으로서 백미러를 봐야 하는 도로보다는 눈을 지그시 감고 자신의 삶을 반추할 수 있는 길

이 좋다.

　학교에서 아이들과 교육과정(꾸레레)이라는 길을 가면서 난 도로보다는 길을 가길 즐겨한다. 왜냐하면 교육과정의 최종 종착지에서 얻고자 하는 열매인 '자율성과 창의성'은 도로보다는 길을 걸어야만 맛볼 수 있을 것 같아서다.


　오늘날 우리 아이들이 가고 있는 일반학교 교육과정은 길보다는 도로에 가까운 특성을 지니고 있습니다. 도로와 마찬가지로 정규속도인 진도가 있고, 온갖 규칙과 일정한 코스가 있습니다. 서로 손잡고 가기 보다는 남보다 빨리 가길 원하고, 도로에서 이탈하는 학업중단 학생도 엄청 많은 것이 사실입니다. 또한 도로의 종착지인 입시성공이라는 뚜렷한 목적이 있는 상황에서 꿈 많은 학창시절은 미래를 위한 담보기간으로 전락하고 마는 것이 현실입니다.

　혁신학교 교육과정은 도로에 가까운 교육과정에 내몰리고 있는 학생들에게 길로서의 교육과정을 마련하고 선생과 아이들이 함께 가자고 하는 셈입니다. 길로서의 교육과정은 아이들을 계획된 길로 내모는 교육이 아니라, 아이들이 스스로 길을 찾아 가며, 꿈을 꾸며, 학창시절이 행복할 수 있음을 보여주고 있는 것입니다. 혹시 교보빌딩에 걸려있는 현수막 문구를 보신 적이 있는지요? '한 사람이 온다는 건 실은 어마어마한 일이다. 한 사람의 일생이 오기 때문이다.' 아마도 길로서의 교육과정에 마음이 가는 사람들은 이 문구를 보고 그냥 지나치지 않을 겁니다. 틀림없이 가던 길을 멈추고 한참을 음미할 것으로 생각합니다.

■ 혁신학교에선 교육과정에 승부를 겁니다

일반학교에서는 교육과정이 아무리 중요하다고 해도 별 신경을 쓰지 않는 것이 현실입니다. 언젠가 제가 교육청에서 7차 교육과정에 관한 강의를 했던 적이 있었습니다. 그때 한 선생님이 쉬는 시간에 이렇게 말씀하시더군요. "오선생, 난 6차고 7차고 다 필요 없어. 난 내 차로 갈거야." 7차 교육과정 강사로 나섰던 저는 그분께 아무 말도 하지 못하고 웃고만 말았습니다. 아무리 교육과정이 바뀌어도 학교 교사들은 예전 방식대로 행하는 것이 사실이기 때문입니다. 요즘은 이런 말로 대신할 수 있을 겁니다. '2007년, 2009년 개정 교육과정 다 필요 없어! 난 내 연식으로 간다!'

농담 반, 진담 반으로 연예인들은 '악플보다 무서운 것은 무플'이라고 합니다. 사랑의 반대가 미움보다는 무관심이라는 말과 비슷한 격입니다. 사실 일반 학교현장에서 '교육과정에 대한 무플 현상과 무관심'은 심각한 상황입니다. 왜 이런 현상이 일어나는 걸까요? 이와 관련하여 일반학교 교육과정의 불편한 진실을 말씀드리겠습니다.

가장 먼저, 학교에서는 교육과정을 대신하는 위력적이고 실제적인 것이 존재하기 때문입니다. 교육과정이 학교교육활동의 총체적인 설계도라고 하지만, 교사들에게는 시간표, 주간학습안내, 시수표, 진도표와 같은 좁은 의미의 커리큘럼이 교육과정의 핵심이자 실제로 작용하고 있는 것입니다. 이런 현상은 하루아침에 이뤄진 것이 아닙니다. 예전부터 학교는 그래 왔었고, 교육청도 운영일수와 시수표나 점검하면서 지도감독을 했던 것이 사실이기 때문입니다. 시수개념의

교육과정은 우리나라 초등학교 모습을 '일란성 다 쌍생아'와 같이 획일화, 표준화 시키는 결과를 초래했습니다. 또한 살아 꿈틀거리는 생동감 있는 교육과정이 아닌 딱딱하게 굳어있는 교육과정으로 만들어 버렸습니다. 시수 개념의 교육과정이 자리 잡게 된 원인은 단위학교 교육과정까지 스며들지 못하는 정책들도 한 몫 하고 있습니다. 또한 거시적 교육과정 정책 연구에 집중하는 학자들, 총론 수준에서 틀만 얘기하는 연수들, 교육과정 운영 성과물로만 넘쳐나는 각종 연구대회들, 학교에서 교육과정에 대해 제대로 된 컨설팅을 받지 못하는 상황 등은 단위학교에서 교육과정에 대해 심각한 고민을 통한 개발보다는 기존 교육과정을 '답습' 하게 되는 주원인으로 꼽을 수 있습니다.

다음으로 교육과정이 '캐비닛 속 교육과정'으로 전락하여 영향력을 발휘하지 못하기 때문입니다. 예전이나 지금이나 교육과정은 소수 부장교사들의 전유물입니다. 아니 그들에게 떠넘겨진 일거리라 할 수 있습니다. 학생과 학부모, 대부분의 교사들 역시 교육과정에서 소외된 사람들입니다. 교육과정에 대해 소통이 되고 의견이 반영되어야 관심을 갖게 되는 법입니다. 또한 관심이 있으면 참여도 하게 되는데, 현재로선 몇몇 학교를 제외하곤 문서로 된 교육과정을 만들어 내기 바쁠 뿐, 함께 만들어 가고 소통하는 교육과정은 당위적으로만 존재할 뿐입니다.

단위 학교 교육과정은 특별한 일이 아니고선 '포맷'하지 않습니다. 연구부장 혼자서 전체 교육과정을 새로 작성할 엄두를 내지 못하는 거죠. 당연히 작년 교육과정이 기준이 되고, 출발점이 될 수밖에 없습니다. 신설학교는 새롭게 교육과정을 작성할 법도 하지만, 다른 지역의 우수 교육과정을 '다운'하여 '각색'하는 것이 보편적인 현상입니다. 소수 부장교사들의 일거리로 전락한, 그렇지만 엄청난 부담감으로 작용하는 교육과정을 제대로 작성하려면 일은 끝이 없어지기 때문입니다. 기초자료 조사부터 그에 따른 실행계획을 소수 몇 사람에게 작성하라는 얘기는 적당히 형식과 내용만 갖추라는 얘기입니다. 결국 문서 따로, 실제 따로, 목표와 실행이 별개인 '따로 국밥식'의 학교 교육과정으로 전락하게 될 수밖에 없게 됩니다. 이런 상황에서 교육과정의 중요성을 강조하면 할수록 학교현장의 회의와 냉소적인 반응은 강화됩니다.

실제로 통용되는 교육과정이 아닌 누군가에게 '보여주기' 위한 교육과정을 위해서는 눈에 띄는 특색사업이나 역점사업, 특별활동이나 재량활동 면에서는 신경을 쓰나, 학교 교육활동의 대부분을 차지하고 있는 교과 교육과정 방침이나 재구성 등에 관해서는 손을 대지 않고 구색만 맞출 뿐입니다. 때론 학교관리자들의 개인적인 의견이 수시로 강요되면 교육과정은 더욱 더 실제와 멀어지게 됩니다.

일반교사들에게는 '귀찮고 성가신 존재로서의 교육과정', 교육과정을 주도적으로 작성해야하는 보직교사(교무부장이나 연구부장)에게는 엄두가 나지 않는 일거리로서 '적당히 포기하고 포장'하는 것이 교육과정이라고 얘기하면 너무 심한 말일까요? 이렇게 일반학교에서는 서글프게도 교육과정이 찬밥 신세를 면치 못하고 있습니다.

그러나 혁신학교에서의 교육과정은 나와는 상관없는 문서가 아니라 학교구성원들이 함께 존재하는 이유가 됩니다. 혁신학교에 있는 사람들은 어디서 뚝 떨어져 나온 사람들이 아닙니다. 교장도, 교사도 일반 공립학교에 계시던 분들입니다. 그러나 이 분들은 학생들을 도로로 내몰고, 교육과정이 아닌 관행에 기댄 학교에서 자기 삶을 살기 힘들어했던 사람들입니다. 그러니 혁신학교 사람들은 자기뿐만 아니라 학생들까지도 존재론적인 삶을 가능하게 하는 교육과정을 만들고 다듬는 일에 심혈을 기울입니다. 교육과정은 당연히 모두가 함께 만듭니다. 일반학교에선 2월은 뒤숭숭한 달입니다. 교육과정에 대한 얘기는 몇몇 학교 관리자들이 언제까지 모두 완성해 놓으라는 독촉이 있을 뿐 선생님들은 딴 생각에 사로잡혀 있기 일쑤입니다. 즉 교사들은 학년배정과 업무배정에 신경이 곤두서 있을 뿐입니다. 그러나 혁신학교에서의 2월은 교사들이 교육과정 때문에 바쁘게 움직입니다. 경기교육(2011 봄호)에 실려 있는 월문초등학교 최복락 교사와 인창초 이은주 교사가 2월에 교육과정을 작성한 인터뷰 내용을 보겠습니다.

정현주 : 선생님, 오랜만이에요. 지난 2월은 잘 지내셨나요? 어떻게 지냈는지 얘기 좀 들려 주세요.

최복락 : 혁신학교 2년만 있어 봐요, 여유 있어 보이잖아요?(웃음) 이젠 서로 협의해서 함께 해 나갈 선생님들도 있으니까 룰루랄라죠. 우리 아이들도 작년 아이들 그대로니까 서로 마음이 편한 거고요. 작년 2월에 발령받아 갔을 때는 할 일이

어머어마한 상태인데 아무것도 준비할 수 없었어요. 교육
과정을 의논한 사람도 적고. 게다가 그 전 선생님이 교육과
정을 다 짜둔 거예요. 그냥 들어가서 적응하고 다시 조금씩
바꾸어 나가고. 그러니까 연수 다녀 온 것 외엔 별 일이 없
었죠. 하지만 올해 2월은 달랐어요. 학교로 올 선생님들과
준비하고 서로 토론해서 교육과정 큰 틀을 잡고 세부 내용
도 구상했지요. 지금 현재 거의 그 틀대로 갔어요. 처음에
는 욕심껏 이런저런 잡다한 것들이 너무 많았지만 가지치
기를 잘해서 나름 본질에 충실한 교육과정을 만들었죠.

이은주 : 우린 발령 나자마자 다음 날 바로 모였어요. 공개적으로
학년 배정을 한 거죠. 새로 들어온 사람들의 자리를 공란으
로 남긴 문서를 서로 들여다보면서 어디에 들어가야 할지
의논했지요. 6개 학년을 저,중,고로 나누어 작은 학교 시스
템으로 운영하기로 하고 각 작은 학교 단위마다 팀장을 두
는 것으로 구성 계획을 짰어요. 해야 할 일을 서로 의논하
고 교장 선생님과도 의사소통이 잘 되니 생가보다 잘 진행
되어 나갔죠. 어려운 점도 있었어요. 학년교육과정 짜는 데
우리 팀 선생님들은 자꾸 나만 바라보고… 나라고 뭐 아냐
고!(웃음) 마음과 열정만 있지 우리는 다 같이 처음 시작하
는 거잖아요? 그래도 어떻게든 서로 토론해서 앞으로 뭘 어
떻게 할지 계획을 세워 놨으니까 기분이 좋아요. 수업시간
을 블록으로 설계한 것에 대해서 벌써 학교가 달라졌다고
아이들이 좋아하는 거예요. 쉬는 시간이 긴 게 너무 좋다
는 거예요.(웃음) 1학년 아가들은 그게 바뀐 것인 줄 모르
고 원래 그런 줄 알지요.(웃음) 아직도 토론이 더 필요한 부

분이 있긴 해요. 평가에 대한 것이에요. 교사마다 중요시하는 기준이 다르잖아요? 그런데 3월에 성급하게 평가 기준을 만들어야 하니 어떻게 잘 맞춰요? 3월에는 기준을 만들 때 융통성을 더 두는 것이 필요해요. 토론 시간도 더 많이 가져야 할 것 같아요. 동학년이 일관성 있게 맞추어야 하니까요.

혁신학교 교사들은 일반학교에 근무하면서도 교육과정에 대한 문제의식을 갖고 있었을 겁니다. 그러나 학교 교육과정만큼은 혼자서 뭘 어떻게 할 수 있는 부분이 아닙니다. 나름대로 학급 교육과정을 편성해서 독자적으로 운영해 볼 수는 있지만, 그것도 모난 돌이 정 맞듯이 견제의 대상이 되는 경험을 많이 하게 됩니다. 혁신학교 선생님들은 잠자는 체념보다 꿈꾸는 이상이 좋아서 혁신학교로 모인 분들입니다. 이들은 어제보다 아름다워지려는 몸부림의 열정을 혁신학교에서 쏟고 계신다고 생각합니다. 학교라는 곳은 교사들의 열정을 담는 자루와 같습니다. 개별 교사들의 열정은 흩어지지만, 학교라는 자루에 교사들의 열정이 모아지면 학교는 일어서게 됩니다. 혁신학교 교육과정은, 선생님들이 함께 모여 교육관을 나누고 교육 목적을 정하고 그에 따른 교육내용을 설계하고 실현하는 방식에 대해 고민한 끝에 태어납니다.

물론 교사들이 함께 모여 토론하고 고민하며 교육활동을 기획하는 행위는 특별한 것이 아닙니다. 교육과정에 총력을 기울이는 것은 학교에 있는 사람이라면 당연히 해야 할 일입니다. 그러나 앞에서 이야

기했지만, 교육과정에 심혈을 기울이지 못한 일반적인 교육적 상황
은 혁신학교에서 교육과정에 승부를 거는 행위가 특별하게 보이도록
만듭니다. 답답한 현실이 아닐 수 없습니다. 교육과정을 통해 교육의
본질을 추구하려는 혁신학교는 새로운 무언가를 시도하고 있는 것이
아니라 당연히 해야 할 일을 하고 있을 뿐입니다. 다만 눈여겨 볼 점
은 혁신학교의 교육과정을 만들어 가는 사람들은 교육과정에 대해
함께 고민하고 연구하면서 교육과정에 개안(開眼)한 사람들로 변모
하고 있다는 점만은 분명해 보입니다.

　또한 혁신학교 교육과정은 학교 구성원들이 함께 만들어 간다는데
주목할 필요가 있습니다. 혁신학교에 계시는 선생님들이라고 교육
과정에 대해 특수훈련(?)을 받은 분들도 아닐 겁니다. 이은주 선생님
의 말마따나 "나라고 뭐 아냐고!(웃음) 마음과 열정만 있지 우리는 다
같이 처음 시작하는 거잖아요?" 하지만 그런 분들이 함께 모여 토론
하고 고민하면서 어떻게든 만들어가는 교육과정은 한 개인이 아니라
집단지성의 힘을 모은 겁니다.　알피 콘이 쓴 『경쟁에 반대한다』라
는 책에 이런 글귀가 나옵니다. "면접자 : 네 명이 짝을 이루어 공부
하면 무엇이 좋을까? 저스틴(10세) : 네 개의 뇌를 가질 수 있다는 거
죠" 말 1마리는 2톤을 끈다고 합니다. 그런데 말 2마리는 24톤을 끈
다고 하네요. 결국 12배의 시너지 효과를 낸다는 말입니다. 집단지
성의 놀라운 힘을 보여주는 예가 아닐 수 없습니다. 혁신학교 교육과
정의 강점은 학교구성원들이 집단지성의 힘을 모아 교육과정에 승부
수를 띄우는 그 자체로서 인정해야 할 것 같습니다.

■ 혁신학교에선 교육과정의 새로운 시도가 보입니다

이 글을 읽고 계시는 학부모님들 중 성격이 급한 분들은 "도대체 혁신학교 교육과정은 구체적으로 어떤 거냐?"라면서 보다 구체적으로 알고 싶어 할 겁니다. 그래서 혁신학교 교육과정의 몇몇 특별한 모습을 알려드리고자 합니다. 혁신학교 교육과정은 혁신학교마다 다 다릅니다. 물론 혁신학교들끼리 교육활동의 일정한 패턴을 이루고 있는 것은 사실이지만, 그렇다고 혁신학교가 비슷한 프로그램을 실시하는 학교를 뜻하는 것은 아닙니다. 제가 혁신학교 평가위원으로서 또는 개별 연구차 혁신학교를 탐방하고 발견한 점은 혁신학교 교육과정은 일반학교에서 발견하기 힘든 새로운 시도들이 있다는 점입니다. 여기서 말하는 새로운 시도는 일반학교와 비교해서 그렇다는 말입니다. 현재 혁신학교의 교육과정은 유럽의 공동체 학교에서 영감을 받았다고 할 수 있습니다. 독일의 헬레네랑에 학교, 발도로프 학교, 프랑스의 프레네 학교, 스위스 바젤의 슈타이너 학교 등입니다. 최근에는 일본의 '배움의 공동체'에도 영향을 받은 몇몇 혁신학교들도 있습니다. 특히 독일의 헬레네랑에 학교에서 실시한 교육과정 아이디어(학교 안의 작은 학교, 통합교과적 프로젝트 수업, 주기별 집중수업, 블록수업) 등은 혁신학교에 많은 영향을 미쳤다고 볼 수 있습니다. 그러나 성공적인 혁신학교는 외국의 학교교육과정 모형을 그대로 접목시킨 것은 아닙니다. 혁신학교 교육과정은 우리 학교 문화에 대한 문제의식과 학교와 지역 사회 환경과 교육에 대한 근원적 성찰과 고민 속에서 생겨났다고 할 수 있습니다.

이제 본격적으로 혁신학교 교육과정을 일반학교 교육과정과 비교하여 들여다보기로 하겠습니다. 가장 먼저 초등학교 아이들이 학교에 와서 일주일 동안 어떤 틀에 의해 공부하는지를 비교해 보겠습니다. 초등 일반학교에서는 월요일 아침 애국조회로 시작하는 경우가 많습니다. 다른 날은 학교나 학급에서 정한 아침교육활동을 합니다. 주로 독서나, 한자쓰기 등이 주를 이룹니다. 그리고 9시쯤 1교시를 시작하여 점심시간까지 오전수업을 하고 점심시간 후 오후 수업을 진행하는 경우가 많습니다. 그러나 대부분 혁신학교는 블록제 수업을 진행하고 있습니다. 블록제 수업은 교과를 통합하여 수업을 진행하기 때문에 생겨난 것입니다. 1교시와 2교시를 합쳐놓았기 때문에 중간에 20분의 자연스런 중간휴식시간이 나옵니다. 일반학교의 쉬는 시간은 10분입니다. 주로 떠들고 장난치거나 화장실을 다녀오는 시간으로 소비하게 됩니다. 제가 혁신학교를 다녀보니 아이들은 블록제로 인해 생긴 중간휴식시간을 아주 좋아합니다. 중간휴식시간은 사막의 오아시스 같은 역할을 하는 듯 했습니다. 비가 몹시 오던 7월에 양평의 혁신학교인 조현초등학교를 방문했습니다. 중간휴식시간을 중간놀이시간이라고 하더군요. 제가 자세히 관찰해 보았습니다. 아이들은 삼삼오오 모여서 과학상자를 하기도 하고, 어떤 아이는 달팽이 관찰을 하느라 삼매경에 빠졌습니다. 아이들마다 도형쌓기, 스티커 놀이, 장난감 갖고 놀기, 그룹으로 모여 놀기 등 아주 다양한 모습이 연출되더군요. 모두들 열심히 놀 줄로 알았는데, 어떤 여학생은 수학책을 펼쳐놓고 공부를 하고 있더군요. 왜 놀지 않느냐고 물어보

니, 자신은 수학공부가 뒤처져서 중간놀이 시간에 공부한다고 얘기하더군요. 초등학교 4학년 아이에게서 이런 답을 듣고 내심 많이 놀랐습니다. 비가 오지 않으면 남자 아이들에겐 운동장에서 축구하는 것이 가장 인기가 있다고 합니다. 불록수업에 관해서는 다른 장에서 설명 드리겠습니다. 이해를 돕기 위해 다음에 나오는 일반학교와 혁신학교의 주간 교육활동 계획표를 비교해 보시길 바랍니다.

### 혁신학교 주간교육활동계획표(서정초)

| 구분 | 시작 | 끝 | 시간 | 월 | 화 | 수 | 목 | 금 | 토 |
|---|---|---|---|---|---|---|---|---|---|
| 아침열기 | 08:40 | 09:00 | 20′ | 몸과 마음 풀고 다스리기 | | | | | |
| 아침독서 | 09: 00 | 09:10 | 10′ | 10분 독서 | | | | | |
| 1블럭 | 09:10 | 10:30 | 80′ | 국어／수학 학습(80분) | | | | | 온종일 체험 학습 |
| 중간 휴식 | 10:30 | 10:50 | 20′ | 동아리 및 놀이 | | | | | |
| 2블럭 | 10:50 | 12:10 | 80′ | 사회／과학／영어 학습 | | | | 교과<br>특활<br>(다모임) | |
| 점심시간 | 12:10 | 13:10 | 60′ | 즐 거 운 점 심! | | | | | |
| 3블럭 | 13:10 | 14:30 | 80′ | 체육／음악／미술／실과 학습 | | | | 학교 동아리 | |
| 청소, 휴식 | 14:30 | 14:50 | 20′ | 청소 활동 및 휴식 | | | | | |
| 자유활동 | 14:50 | 16:30 | 100′ | 특기적성 활동 및 자율 동아리 활동 | | | | | |
| 교사 돌아보기 | 16:20 | 16:30 | 10′ | 방과후학교 및 자율 동아리 활동<br>달적이 기록시간, 동학년 교사 협의시간 | | | | | |

**일반학교 주간 교육활동 계획표**

| 일과 | 구분 | 시 각 | | 시 간 | 요 일 | | | | | | 비 고 |
|---|---|---|---|---|---|---|---|---|---|---|---|
| | | 시 | 종 | | 월 | 화 | 수 | 목 | 금 | 토 | |
| 오전 | 조회 | 08:40 | 08:50 | 10′ | | | | | | | 청소당번 활동 |
| | 아침 독서시간 | 08:50 | 09:00 | 10′ | 조회 | 독서 | 독서 | 독서 | 독서 | 독서 | |
| 교과활동 | 1 교시 | 09:00 | 09:40 | 40′ | | | | | | | |
| | 2 교시 | 09:50 | 10:30 | 40′ | | | | | | | |
| | 3 교시 | 10:40 | 11:20 | 40′ | | | | | | | |
| | 4 교시 | 11:30 | 12:10 | 40′ | | | | | | | |
| | 점 심 | 12:10 | 13:00 | 50′ | | | | | | | |
| | 5 교시 | 13:00 | 13:40 | 40′ | | | | | | | |
| | 6 교시 | 13:50 | 14:30 | 40′ | | | | | 클럽 활동 | | |
| 오후 | 학급종례 청소지도 | 14:30 | 15:10 | 40′ | | | | 어린 이회 | | | 전교어린이회 (14:50-15:30) |
| | 특기적성 | 14:40 | 15:40 | 60′ | ♣ | ♣ | ♣ | ♣ | ♣ | | |
| 교사시간 | 교재연구 업무처리 | 15:40 | 16:40 | 60′ | | | | | | | 동학년회의 (금) |
| | 직원 회의 및연수 | 16:00 | 16:40 | 40′ | 직원 회의 | | | 기획 위원회 | 동학년 회의 | | 직원 종례 (월) |
| | 교실정리 | 16:30 | 16:40 | 10′ | | | | | | | |

혁신학교 주간 교육활동 계획표를 보면 토요일에 온종일 체험학습, 다모임과 동아리 활동 등 함께 모여 체험하는 교육이 많은 것이 특징입니다. 경기교육(2011 봄호)에 실려 있는 보평초등학교 교육과정을 소개하는 글을 읽어 보시면 다양한 교육과정 기획 및 운영하는 모습을 짐작할 수 있을 겁니다.

## 삶으로 체험하는 교육

보평초등학교는 교육과정을 구성할 때 아이들이 생생한 체험을 통해 배우는 것을 중시했다. 특히 다빈치 프로젝트 학습은 보평초등학교가 지향하는 이러한 교육목표를 잘 보여준다. 다빈치라는 이름에서 추측해 볼 수 있듯이, 다빈치 프로젝트는 예술가이자 과학자였던 레오나르도 다빈치처럼 아이들이 다양한 체험을 통해 통합적인 인간으로 성장하는 데 주목적을 둔다. 여기에는 아뜰리에 학습, 주제통합학습, 자유탐구학습 등이 있다.

아뜰리에 학습은 음악, 미술, 체육에서 학생들이 1인 1예기를 갖는 것을 목표로 한다. 학년별로 교육의 초점은 조금씩 다르다. 1, 2학년의 경우 점토공예, 종이접기 등을 통해 우선 흥미를 일깨우는 데 중점을 뒀고, 3, 4학년은 악기 연주나 수채화, 목공 등 보다 전문화된 교육을 받는 데 초점을 맞췄다. 5, 6학년은 이보다 한층 더 발전시켜 악기를 합주하는 것과 같이 아이들이 협동 작업을 해 볼 수 있는 일들로 프로그램을 구성했다.

주제통합학습은 한 가지 주제를 여러 과목들을 통해 통합적으로 학습하는 프로그램이다. 예를 들어 생태체험이 주제라면 국어 과목을 통해선 생태 체험의 느낌을 동시로 쓰고 사회과목을 통해선 환경 파괴의 실태를 공부하는 것이다. 실제로 3학년 학생들이 우리 고장 탐사라는 주제로 한 학습 결과물을 보면, 학생들은 사전 교육으로 성남시에 있는 재래시장의 현황을 조사한 뒤 직접 시장을 방문해 물건 가격을 조사하는 활동을 했다. 그리고 사후 교육으로 미술 시간에 재래시장 광고 포스터를 만들었다.

자유 탐구 학습은 학생들이 각자 연구하고 싶은 주제를 정해서 이름 그대로 자유롭게 탐구한다. 세계 각국의 초코파이 가격을 조사한 아이도 있었고, 백화점·마트·재래시장의 물건 가격을 비교한 아이도 있다. 한 아이는 경기도에 있는 모든 박물관을 탐방하기도 했다.

## 4학기제와 스몰스쿨제

보평초등학교의 또 다른 특징은 1년이 2학기가 아니라 4학기로 운영된다는 점이다. 보평초등학교의 1년은 봄(3.2~5.4), 여름(5.11~7.22), 가을(8.29~10.29), 겨울(11.4~이듬해 2.15)학기로 나뉜다. 학기와 학기 사이에는 짧은 방학을 가진다. 4학기제는 교육과정에 대한 점검과 피드백을 할 수 있는 주기를 줄여 아이들의 상태 변화에 수업이 보다 유연하게 적응할 수 있도록 하는 한편, 학기 중에 하기 힘든 자유탐구학습을 할 수 있도록 하려는 취지에서 도입됐다. 매학기가 끝날 때마다 통지표도 발송되기 때문에 학생 입장에선 2학기제에서와 달리 부족한 부분의 학습을 한 학기씩 미뤄두지 않고 바로 바로 보충할 수 있다는 장점도 가진다.

또한 보평초등학교는 두 학년의 교육과정을 통합해 3개의 스몰스쿨(Small school)을 운영하는 실험도 하고 있다. 1~2학년은 배움스쿨, 3~4학년은 나눔스쿨, 5~6학년은 보람스쿨로, 학교별로 스쿨장이 있다. "덩치 큰 학교가 방향을 한 번 바꾸려면 살짝 트는 데도 엄청난 시간과 노력을 필요로 한다. 그래서 일부러 학교를 작게 나눠서 학교 운영의 융통성과 탄력성을 높이려고 했다." 이 학교 혁신교육담당인 유영 교사는 이어서 덧붙였다. "또 연령별로 아이들에게 적용해야 할 교육과정과 교수학습모형이 다르기 때문에

스몰스쿨제를 운영하는 보평초등학교의 배움스쿨(1~2학년) 어린이날 작은운동회

스몰스쿨제를 운영하는 보평초등학교의 나눔스쿨(3~4학년) 아뜰리에 발표회

스몰스쿨제를 운영하는 보평초등학교의 보람스쿨(5~6학년) 미술프로젝트 수업

서로 교육과정 운영을 따로 할 필요가 있었다." 스쿨장은 실제로 기존의 교장이 가지고 있던 권한의 많은 부분을 위임 받았다. 예산권도 일부 배정받았고 인사권도 현재 논의 중에 있다.

서정초등학교의 경우에는 핵심역량을 배양하기 위해 몇 가지 주제로 교육과정을 완전히 통합한 사례입니다. 대부분의 혁신학교들은 필요에 따라 부분적인 주제통합 교육과정을 운영하고 있습니다. 그런데 서정초등학교는 학년별로 완전히 주제통합을 해서 가르치고 있습니다. 아래 표를 보시면 서정초등학교가 교육목표에 따른 핵심역량을 추출하고 그에 따른 구현사업들을 어떻게 기술하고 있는지 알 수 있습니다.

### 교육목표와 핵심역량 배양을 위한 구현사업

| 교육목표 | 핵심역량 | 구현사업 |
| --- | --- | --- |
| 협력과 나눔으로 배움을 즐기는 어린이 | 창의력 | 토요 전일제 체험학습, 과정 중심 상시 평가와 서술 논술형 평가 |
| | 문제해결능력 | 주제중심 학년 교육과정 재구성 운영, 블록제 수업, 협동문제 해결학습, 학습자 배움 중심 수업 만들기 |
| | 의사소통능력 | 독서논술 토론 교육, 학년 다모임 |
| | 정보처리능력 | e-PBL 수업, 블랜디드 러닝, 영어교육방송 활용 학습 |
| | 자기주도적 학습력 | 스스로 배움 공책, 자기주도적 장기과제 해결 학습, 상호작용이 살아 있는 학생 생활 통지, 학부모 상담 주간 |
| | 기초학습능력 | 수학 연산 단계형 프로그램, 수학 캠프, 영어 학습 동아리, 영어 캠프, 영어 도서실 운영 |
| 존중과 배려로 더불어 살아가는 어린이 | 자기관리능력 | 자아가치 교육, 자율문화급식, 예절교육, 자기개발프로그램(SDP) |
| | 시민의식 | 나눔과 봉사 체험, 알뜰 나눔 바자회 |
| | 범지구적 소양 | 외국어 교육 강화, 세계 시민성 교육 |
| | 진로의식 | 진로적성 및 학습력 검사, 직업 체험학습 |
| | 대인관계 능력 | 학생 다모임 |
| 문화예술과 생태 감수성이 풍부한 어린이 | 문화예술 감수성 | 서정 글우물 예술제, 재능 기부에 의한 상설 문화 예술 동아리 운영 |
| | 생태 감수성 | 학년별 생태 체험학습, 목공교육, 옥상 텃밭 가꾸기 (도시농업교육) |

주제통합 교육과정을 운영하고 있는 서정초등학교 이우영 교장선생님과 면담한 내용을 보면 서정초등학교의 주제통합 교육과정을 추진하게 된 배경이 잘 나타나 있습니다.

우리 선생님들이 전 학년 주제 중심으로 통합교육과정으로 재구성했어요. 저희 학교의 핵심이 수업과 교육과정 중심이거든요. 이제까지 우리 선생님들이 교과서의 내용을 단순히 전달하는 것에 그치지 말고 교육과정 전문가가 되기 위해서는 재구성해야 한다. 예전에도 재구성 다 했어요. '열린교육'할 때도. 하지만 그때는 몇몇 특별한 분 모아다가 교육청이 장학자료로 만들어서 보급하기 위해서 한거죠. 그런데 선생님들은 자기가 짜지 않으면 내 것이 아니에요. 우리학교가 이번에 전체 다 구성했다는 의미는 뭐냐하면 공교육 사회에서 의미가 있다고 보거든요. 그동안 사립학교 같은 경우, 부속 같은 경우에는 연구학교로서 했었어요. 근데 일반 공립학교에, 그것도 도시에 있는 학교가 선생님들 전원이 학년교육과정을 집단사고를 통해서 한 것은 처음으로 보거든요. 남한산초등학교도 했습니다. 거기는 이미 교육과정 전문가가 자기 학년 했어요. 근데 여기는 섞여 있단 말이에요. 일반 선생님들 섞여 있어요. 초빙해서 오신 분들도 있고. 섞여 있는데 동학년 하나가 집단 사고를 통해서 학년 교육과정을 재구성하면서 내 교육과정이 되는 거예요. 올해 3월 지나서 주제중심으로 싹 바꿨거든요. 그것을 하는데 작년보다 훨씬 자신감이 보이더라고. 학급을 경영하는 자세가 되어 있어요. 신규 선생님들 6분이 오셨는데. 말이 신규지 처음이잖아요. 정신을 못 차렸었어요. 작년에 하고나서 눈이 반짝반짝 해졌어요.

위 과정을 통해 서정초등학교는 주제중심통합 교육과정을 운영하고, 학부모님들께도 미리 공지를 한다고 합니다. 서정초등학교 서우철 선생님께서 2011학년도 1학기 핵심역량 기반 주제중심 학년교육과정 편성 운영 내용을 소개한 자료가 있어 알려드리고자 합니다. 뒤에 나오는 첫 번째 표는 1학기 전체 주제별 편성 시수표이고, 두 번째

표는 교육과정 재구성 표입니다. 주제중심 교육과정 재구성표만 보면 관련 체험학습, 활동내용, 평가 내용까지 한 눈에 파악할 수 있을 겁니다.

보평초등학교와 서정초등학교 이외의 다른 혁신학교에서도 교육과정상의 매우 다양한 시도가 있습니다. 저는 일일이 소개하지 않으려 합니다. 왜냐하면 혁신학교 교육과정의 생명력은 프로그램에 있기보다는 새로운 기획을 함께 고민하고 도전하는데 있습니다. 저는 혁신학교 교육과정이 마음에 든다는 표현을 했지 일반학교 교육과정보다 훌륭하다고 말한 적은 없습니다. 체계적이고 의미 있는 일반학교 교육과정도 찾아보면 부지기수일 겁니다. 그럼에도 불구하고 혁신학교 교육과정을 말씀드리는 이유는 교육과정에 승부수를 띄우고 치열하게 고민하는 모습이 혁신학교에서는 보인다는 겁니다.

혁신학교 교육과정은 지금보다는 미래가 더욱 촉망받을 걸로 예상합니다. 왜냐하면 조현초등학교에 갔을 때 선생님들은 체계적으로 안정되어 가는 교육과정에 자신들이 안주할 것을 염려하는 소리를 들었기 때문입니다. 끝없이 재창조하는 교육과정이야말로 혁신학교 교육과정이 지향해야 할 상인 것 같습니다.

저는 이해를 돕기 위해 혁신학교 교육과정을 일반학교와 비교하여 소개해 드렸습니다. 한 가지 학부모님들께 간곡하게 부탁드리고 싶은 말씀은 눈에 보이는 몇몇 프로그램에 현혹되지 마시고 교육과정에 대한 바른 이해와 관점을 가지시고 혁신학교 교육과정을 바라보셨으면 하는 것입니다.

# 6학년 1학기 교육과정 편성 시수표

2011학년                                                                                                                                                                                                      서정초등학교

| 지도기간(일) | 주제통합 일반수업 | 핵심역량 | 국어 | 도덕 | 사회 | 수학 | 과학 | 실과 | 체육 | 음악 | 미술 | 외국어 | 재량 | 특활 | 계 | 관련체험학습 |
|---|---|---|---|---|---|---|---|---|---|---|---|---|---|---|---|---|
| 3월 2일~ 4월 2일 | 나 너 그리고 우리 | 자기관리능력시 민의식 의사소 통능력 | 28 | 3 | 16 | 0 | 10 | 0 | 8 | 0 | 10 | 0 | 10 | 11 | 96 | − 역사 박물관 탐사<br>− 무용이나 극 꾸미기-다모임에서 발표하기<br>　(협동심)<br>− 마을에서 캠페인 활동<br>　(연설하기-건강한 서정어린이) |
| | | | | | | 18 | | 8 | | 7 | | 11 | | | 44 | |
| 4월 4일~ 4월 30일 | 소중한 분들 | 문화예술감수성 범지구적소양 생태감수성 | 15 | 4 | 9 | 0 | 8 | 0 | 14 | 0 | 6 | 0 | 4 | 9 | 69 | − 화전 만들기<br>− 가족과 함께 운동하기-학년 저녁노을과 연관 |
| | | | | | | 18 | | 8 | | 8 | | 12 | | | 46 | |
| 5월 2일~ 6월 4일 | 지혜로운 우리민족 | 정보처리능력 자기주도학습력 문화예술감수성 | 27 | 3 | 17 | 0 | 11 | 0 | 16 | 0 | 6 | 0 | 8 | 5 | 93 | − 절기별 행사 체험하기<br>− 궁궐탐사<br>− 학년 체육행사-과거보러 한양가기<br>　(장애물 관련 운동)<br>− 습지 탐사-전통공연 감상 |
| | | | | | | 16 | | 10 | | 8 | | 13 | | | 47 | |
| 6월 6일~ 7월 2일 | 생명과 생태 | 생태감수성 문화예술감수성 자기관리능력 창의력 | 20 | 4 | 0 | 0 | 14 | 0 | 9 | 0 | 6 | 0 | 10 | 10 | 73 | − 빈그릇운동 캠페인 실시<br>− 급식실<br>− 하천탐사 및 생태지도 그리기<br>− 한강에서 학교까지 걷기체험<br>− 학교에서의 하룻밤-야영 |
| | | | | | | 17 | | 5 | | 8 | | 12 | | | 42 | |
| 7월 4일~ 7월 19일 | 진실과 거짓 | 문제해결능력 정보처리능력 의사소통능력 | 12 | 2 | 13 | 0 | 8 | 0 | 5 | 0 | 6 | 0 | 4 | 1 | 51 | − 뉴스제작-수영장 체험<br>− 마을 간판 조사 발표 |
| | | | | | | 0 | | 2 | | 3 | | 4 | | | 9 | |
| 1학기 계 | | | 102 | 16 | 55 | 69 | 51 | 33 | 52 | 34 | 34 | 52 | 36 | 36 | 570 | |
| 2학기 예정 시수 | | | 92 | 16 | 48 | 63 | 47 | 31 | 47 | 32 | 32 | 50 | 32 | 32 | 522 | |
| 총 수업 시수 | | | 194 | 32 | 103 | 132 | 98 | 64 | 99 | 66 | 66 | 102 | 68 | 68 | 1,092 | |
| 연간 기준 시수 | | | 204 | 34 | 102 | 136 | 102 | 68 | 102 | 68 | 68 | 102 | 68 | 68 | 1,122 | |

| 주제 | 핵심역량 | 과목 | 차시 | 단원 | 성취 수준 | 재구성 이유 | 활동 및 호라동내용 예시 | 차시 | 학습 목표 | 관련 교과 | 평가계획/관련영역 |
|---|---|---|---|---|---|---|---|---|---|---|---|
| 나 너 그리고 우리 (3월 2일 ~ 4월 2일) | 자기 관리 능력<br>시민 의식<br>의사 소통 능력 | 국어 | 12 | 3. 다양한 주장 (설득) | - 토의활동에 능동적으로 참여할 수 있다.(더불어 살아가는 삶 경험<br>- 논설문의 특성과 주장에 대한 근거와 적절성을 판단할 수 있다. | 학년에 새로 시작되는 지점에서 모든 서정어린이들이 시간을 가지기 위한 주제선정임. 국어시간 논설문, 연설문과 같은 주장을 담은 글을 통해 새로운 학년의 시작을 다짐해 보고 사회에선 지역간의 갈등을 조정하고 해결하는 단원을 통해 학생들 사이의 관계에 대해 다시 토의하고 결정하는 과정을 생각하였으며, 기초생활 습관지도를 위한 재량활동 시간을 통해 모두가 함께하는 공연도 준비해 보고자 한다. | 주제중심 교육과정 설명 및 협의 보완하기<br>- 마인드 맵<br>- 진단평가 | 3 | - 주제중심 교육과정 운영을 함께 협의할 수 있다. | 국어 3 |  |
|  |  | 국어 | 12 | 6. 타당한 근거 (설득) | - 문제에 대한 해결방안이 잘 드러나게 연설문 쓰기를 할 수 있다.<br>- 글에서 문장의연결관계를 이해하고 주장에 대한 근거의 연결을 파악할 수 있다. |  | 주제중심 교육과정 스스로 반성 및 평가하기<br>- 주제중심 교육과정 평가지 | 1 | - 주제중심 교육과정 운영을 스스로 반성할 수 있다. | 국어 1 | - 자기평가 |
|  |  |  | 4 | 심화 | - 주제중심 교육과정 운영을 함께 협의할 수 있다.(계획 및 반성)<br>- (진단평가 1차시) |  | 건강한 사람은 어떤 사람일까?<br>- 건강한 사람 마인드 맵 완성 발표<br>- 건강하지 못한 상황에 대한 책 읽고 토의 토론하기(친구를 잃어버리는 10가지 방법/보시베어) | 10 | - 토의활동에 능동적으로 참여할 수 있다.(더불어 살아가는 삶 경험)<br>- 논설문을 분석하고 그 특성을 이해할 수 있다.<br>- 건강한 사람에 대한 자신만의 논설문을 써 보고 평가할 수 있다. | 국어 6<br>재량 4 | - 듣기 : 토의호라동 참가모습(관찰평가)<br>◆안전교육(4)-재량 |
|  |  | 도덕 | 3 | 3. 우리 함께 지켜요 | - 법과 규칙을 준수하는 일의 중요성을 알고 이를 실천하는 태도를 기른다.(준법 정신) |  | 차이와 차별 구분하기<br>- 산과 염기의 차이점<br>- 왕따 이야기가 토의 (호르는 척)<br>- 주장하는 글쓰기 | 14 | - 주변의 용액들을 분류하고 설명하는 글을 쓸 수 있다.(산성, 염기성, 중성)<br>- 주장하는 글쓰기를 통해 주변의 차이와 차별에 대한 자신의 이야기를 발표할 수 있다. | 국어 4<br>과학 10 | - 과학 지식:산과 염기에 대한 조직적 글쓰기(자필평가)<br>◆인권교육(4)-국어 |
|  |  | 과학 | 10 | 2. 산과 염기 | - 우리 주변의 용액들이 산과 염기로 분류될 수 있다는 것을 이해할 수 있다. (산성, 염기성, 중성) |  | 공동체의 규칙에 대한 연설문 만들고 발표하기<br>- 캠페인 활동(주민회의장까지)<br>- 학년 다모임에서 발표하기<br>- 학급 다모임에서 발표하기 | 13 | - 법과 규칙을 준수하는 일의 중요성을 알고 이를 실천하는 태도를 기른다.<br>- 활동에 필요한 자료를 제작 활용할 수 있다.<br>- 문제에 대한 해결방안이 잘 드러나게 연설문 쓰기를 할 수 있다. | 도덕 1<br>국어 6<br>미술 6 | - 쓰기 : 문제에 대한 해결방안이 드러나게 글쓰기(자필평가)<br>- 말하기 : 적절한 연설문을 쓰고 말하기 (관찰평가) |
|  |  |  |  |  |  |  | 고분벽화 그리기<br>- 홍익인간에 대한 이야기 | 6 | - 고유의 문화에 대해 관심을 가지고 우리 민족의 홍익인간 정신에 대해 이야기 나눌 수 있다. | 미술 4<br>국어 2 |  |

# 7 혁신학교의 수업은 일반학교랑 어떤 차이가 있나요?

누에고치에 구멍을 살짝 뚫어 나비가 나오는데 수월하게 해 주었더니 나비가 날지 못하더라는 이야기가 있습니다. 누에고치에 구멍을 뚫어주듯이 교사가 달걀에 먼저 구멍을 뚫으면 병아리는 물 건너가고 그야말로 '계란 프라이'밖에 더 되겠습니까? 혁신학교는 삶과 앎이 통합되는 수업, 협력수업, 자기고백과 여백이 있는 수업, 공감이 있는 수업을 통해 학생이 살이 있는 수업을 만들어내고 있습니다.

 # 수업에 관한 재미있는 이야기

초등학교 교사인 저는 수업 중에 참으로 재미난 상황을 많이 경험합니다. 그런데 수업과 관련한 우스운 이야기가 인터넷에도 자주 올라오는 걸 보면 저만 그런 경험을 하는 것은 아닌 가 봅니다. 혁신학교 수업을 안내하기 전에, 머리도 식힐 겸 다음의 이야기들을 읽어보시길 바랍니다.

초등학교 '슬기로운 생활' 시험에 이런 문제를 출제하였습니다. '옆집 아주머니께서 사과를 주셨습니다. 뭐라고 인사해야 할까요?' 학생이 쓴 답은 '뭐 이런 걸 다'라고 적었답니다. 선생님이 맞았다고 동그라미 쳐 주었는지 확인할 길 없으나, 삶과 앎이 분리되어 있지 않는 공부를 추구한다면 틀린 답은 아닐 텐데 말입니다. 비슷한 유형으로 '부모님은 우리를 왜 사랑하실까요?'라는 문제를 내었더니, 어떤 학생이 '그러게 말입니다.'라고 답했다고 합니다. 아이들의 순진무구함이 묻어나는 대답이 아닐 수 없습니다. 다음의 이야기도 인터넷에서 보았는데 재미있습니다.

어느 초등학교에서 공개 수업이 있었다.

선생님 : 전에 우리가 두 개의 화분 중에서 하나는 볕이 잘 드는 창

문 옆에 두고 하나는 검은 상자에 넣은 뒤에 어떻게 되는지
살펴봤죠?
아이들 : 네!
선생님 : 그때 어느 곳에 있는 식물이 더 잘 자랐지?
아이들 : 창문 옆에 놓아 둔 거요.
선생님 : 그래, 그럼 식물이 성장하는 데 꼭 필요한 게 뭘까?
그 때 한 아이가 손을 번쩍 들더니 이렇게 대답하더군요.
"창문이요!"


이렇듯 수업상황은 성장해 나가는 학생들의 천진난만함으로 인해
어른인 교사들이 웃을 수밖에 없는 경우가 많이 생깁니다. 흔히들 어
른들끼리는 웃을 일이 별로 없어도 '아이들 때문에 웃고 산다.'는 말
이 틀린 말이 아닌 것 같습니다. 이왕 수업 얘기가 나왔으니, 제가 초
임시절에 들었던 아주 오래된 유머를 소개해 드리겠습니다.


어느 날 시골 학교에 장학사가 장학지도를 나갔다.
수업지도 차 6학년 교실에 들렀더니 마침 지구본을 가지고 수업을
하고 있었다.
한 학생에게 다가가 물었다. "애야 지구본이 왜 기울어져 있지?"
그 학생 왈 "내가 안 그랬어요?"
장학사는 선생님에게 물었다.
"선생님 지구본이 왜 기울어져 있습니까?"
그 선생님 왈, "사올 때부터 기울어져 있었습니다."
그래서 교장실에 가서 교장선생님에게

"교장선생님 교실에 아이들이 수업하는데 지구본이 기울어져 있던 데 왜 그렇습니까?, 선생님 말로는 사올 때부터 그렇다고 하는 데요."

교장 왈, "아이구! 장학사님, 국산품 다 그렇잖아요?"

## 교과서를 어떻게 볼 것인가?

우리나라에서 '수업' 하면 떠오르는 것 중 교과서를 빼놓고 상상하기가 힘들 겁니다. 우리나라에서는 왜 교과서를 중요시할까요? 교과서를 중시하는 이유는 우리나라의 정치, 사회적인 역사와 밀접한 관계가 있을 겁니다. 일제시대까지 거슬러 올라가 보겠습니다. 일제시대 때는 초등학교에 다니는 학생들이 40% 정도에 불과하고, 중학교 진학률은 5% 정도였다고 합니다. 우리나라가 해방되었을 때 글을 읽거나 쓰지 못하는 사람의 비율 즉, 문맹률이 78% 정도였습니다. 군사통치 시대 때는 국가발전계획에 발맞추어 교육 사업이 국가발전의 수단이 되었습니다. 그 이후로도 교육은 정부 주도적이었습니다. 이런 맥락에서 보면 교과서는 당연히 중시될 수밖에 없었을 겁니다. 교과서는 기본적이고 핵심적인 지식들을 효율적으로 가르칠 수 있는 중요한 도구이며, 실제로 우리나라 교육을 빨리 성장시키는데 일등공신을 한 것이 사실입니다.

그러나 교과서의 위험성도 만만찮게 많다는 것도 잊어서는 안 됩니다. 교사도 학생도 학부모도 교과서에만 매달리면 그야말로 교과서 안에 갇히게 됩니다. 교사는 교과서 진도 나가기 바쁘고, 학생들은 교과서 내용만 공부하고, 학부모는 교과서로 공부한 것을 확인하려고 할 겁니다. 저는 교과서만 가르친다는 것은 교사가 치킨 체인점을 운영하는 것과 비슷하다는 생각을 해 보았습니다. 교과서라는 재료와 지도서라는 매뉴얼을 제공받아 수업을 하는 교사와 치킨 체인점의 사장이 하는 일을 비교했을 때 별반 다르지 않기 때문입니다. 사실 체인점의 장점도 있긴 합니다. 맛은 표준이하 즉, 실패의 맛이 나오지는 않습니다. 마찬가지로 교과서도 교육의 일정 수준을 유지시켜 주는 장점이 있을 겁니다. 교과서를 통한 체인점 교육은 앞에서 얘기한 대로 다수의 학생들을 효과적으로 지도하기 위한 시대적 상황에서 필요했을 겁니다.

그러나 요즘의 시대적 상황은 문맹률이 높은 시대도 아니고, 근대 산업사회의 표준화된 인력을 필요로 하는 시대도 아닙니다. 21세기 스마트 시대에는 다양한 능력과 개성을 요구하는 시대가 도래 했습니다. 아니 이미 지나도 한참 지났다고 봅니다. 교과서만 가르치면 표준 이상을 뛰어 넘는 특별한 맛을 지닌 수업을 창출하지는 못합니다. 즉 교과서를 경전시하면 교사 이름을 단 전문적 수업을 기대하기가 어렵습니다.

이쯤 되면 그럼, 교과서를 받아놓고 어떻게 하란 말이냐고 반문할지도 모릅니다. 장자에 나오는 이야기가 약간의 도움이 될 것 같아 소개하고자 합니다.

제나라 환공이 대청 위에서 책을 읽고 있었습니다. 대청 아래에서는 70이 다 된 노인이 수레바퀴를 깎고 있었는데, 이 노인은 제환공에게 물었습니다. '왕께서는 지금 무슨 책을 읽고 계십니까?'라고 했더니 환공은 '성현의 말씀'이라고 했습니다. '그 성현이 지금 살아 계십니까?' '아니다. 이미 돌아가셨느니라.' '그렇다면 왕께서 지금 읽으시는 것은 옛사람의 찌꺼기올시다.' 그 말을 듣고 환공은 화가 나서 성현의 말씀이 찌꺼기라고 한 그 말을 납득이 되도록 설명을 못하면 죽이겠다고 합니다. 그 노인은 이렇게 설명했습니다. '저는 수레바퀴 깎는 일을 한평생 하면서 알맞게 깎는 방법을 손에 익혀서 말로는 표현을 못합니다. 저는 그것을 자식에게 가르칠 수 없어 제가 죽으면 저와 함께 무덤으로 들어갑니다. 옛 성현도 저와 마찬가지로 그 깨달은 바를 전하지 못하고 죽었을 겁니다. 그리고 그 깨달음은 성현과 함께 무덤으로 들어갔을 겁니다. 그 성현이 무덤으로 가지고 갈 수 없었던 것 그것을 글로 써 놓았을 겁니다. 그러니 그 책은 성현의 찌꺼기라 할 수 있습니다.'

노인이 그 후 어떻게 되었는지는 저는 모르겠습니다만, 한 가지 분명한 것은 우리들이 쓰고 있는 교과서도 교과서를 만든 사람들의 찌꺼기라고 봐야한다는 것입니다. 우리의 교과서를 만든 사람들이 살아있다고 해도 그 의도를 일일이 물어볼 수 는 없는 일입니다. 교과서를 통해 유추해 볼 도리밖에 없습니다. 좀 더 쉬운 방법은 교과서를 만들기 전에 그 의도를 적어놓은 교육과정을 보면 되는데, 그 교육과정이라는 것도 찌꺼기여서 그 이면을 충분히 고찰해야 하는 것은 마찬가지입니다. 교사들이 교과서 지식이라는 찌꺼기를 학생들과 함께 발효시켜 학생 자신의 유용한 지식으로 만들 것인지, 아니면 학생들이 고스란히 되받아내게끔 할 것인지를 심각하게 고민해야 할 것입니다. 일반학교에서 교사들이 교과서 수업에서 뛰쳐나오기는 쉽지 않습니다. 교과서 수업은 쉽고, 편하고, 안전해 보이니까요. 게다가 요즘은 '클릭교사'와 '다운교사'라는 말이 생길 정도로 교과서 수업을 뒷받침해주는 온라인 수업자료들이 넘쳐나기 때문입니다.

혁신학교에서는 교과서를 맹신하고 경전시하는 경우를 찾아볼 수 없습니다. 그렇다고 교과서를 무시하거나 팽개치는 현상은 더욱 찾아볼 수 없습니다. 혁신학교에서는 수업 기획 및 연구를 할 때, 그 출발점을 교과서가 아니라 교육과정으로 삼습니다. 혁신학교에서 교과서는 교육과정을 실현하기 위한 주요한 하나의 도구라는 인식이 정착되어 있습니다. 교육과정을 통합하고 재구성하는 등 다양한 시도를 전개함에 따라 수업 역시 다양하게 진행됩니다. 이런 점에서 보면 교과서는 일반학교와는 달리 혁신학교에선 별로 힘을 발휘하지 못하는 현상이 일어납니다. 한마디로 혁신학교에서는 교과서에 얽매이는 수업은 찾아보기 힘들다는 것입니다.

교사들이 수업의 전문성을 갖추려면 자기가 하고 있는 일에 대한 근본적인 질문 즉, 교육에 대한 자기철학과 수업에 대한 고민이 있어야 합니다. 자기가 가르치고 있는 일을 '왜'하고 있는지를 고민하지 않는 사람은 기계적이고 효율적인 교과서의 '지식 전달자'는 될지 모르지만 '창조적이고 전문적인' 교사가 되기는 힘들 겁니다. 혁신학교에는 교육에 대한 자기철학을 가진 교사들이 많습니다. 혁신학교 교

사들은 교과서를 '전달해야 할 지식의 총체'가 아닌 '수업목표를 달성하기 위한 좋은 도구'라는 인식과 그에 따른 실천을 꾸준히 하고 계셨습니다.

## 수업을 보는 다양한 시각

수업은 예술일까요? 기술일까요?

교직에서 많이 회자되는 말 중에 이런 말이 있습니다. '수업에는 왕도가 없다.' 한참을 생각해도 그런 것 같기도 하고, 아닌 것 같기도 합니다. 이런 아리송한 말은 아마도 수업을 '예술'로 보는 사람들의 관점에서 나온 말일 겁니다. '수업은 예술이다!' 멋있는 말임에 분명합니다. 다만 저는 수업의 예술적 측면을 강조하여 자신의 수업에 대한 폐쇄적인 태도를 견지한다거나 수업기술과 방법을 연구하는데 게을리 하는 빌미가 되어선 곤란하다는 생각이 있습니다.

수업이 예술이라면 교사는 수업을 창조하는 예술가가 됩니다. 또한 수업이 예술이라면 평가나 측정의 대상이 아닌 예술작품으로서 '비평'의 대상이 될 겁니다. 비평은 어떠한 평가기준이나 도구에 의해서가 아니라 '감식안'을 통해 이루어질 겁니다. '감식안'이라는 말은 미국의 교육학자인 아이즈너가 말한 것입니다. 아이즈너는 예술교육을 전공하여 예술 비평의 전통에 익숙한 분이었는데, '교육적 감식안'과 '교육비평'이라는 용어를 구안한 사람입니다. 아이즈너의 교육비평에 착안하여 이혁규 교수는 '수업비평'이라는 개념을 정의하고, 『수업, 비평을 만나다』란 책을 냅니다. 이 책을 보면 실제 수업을 참관하고 수업비평을 한 내용을 잘 소개하고 있습니다.

감식안이라는 말은 『TV 명품진품』이라는 프로그램을 시청해 보신 분들이라면 잘 아실 겁니다. 이 프로그램에서는 감정평가단의 눈, 즉 전문가의 감식안을 통해 진품인지 아닌지가 가려지고, 골동품의 값어치가 매겨집니다. 그러나 이 프로그램의 진짜 묘미는 값어치를 매기기 어려운 명품들이 금액으로 표시되는데 있습니다. 예술작품은 본디 돈으로 환산하기 어려운 것입니다. 예술작품은 공산품의 가격이 책정되는 것과는 전혀 다를 겁니다. 수업을 예술로 본다는 것은 수업을 일정한 잣대로 평가하거나 함부로 재단하기가 곤란하다는 뜻이니, 그야말로 수업은 왕도가 없게 되는 것입니다.

반면에 수업을 예술로 인정하지 않는 사람들도 있습니다. 즉 수업은 '기술'이고 '과학'이라고 주장하는 사람들도 있습니다. 즉 측정 또는 확인이 가능한 수업목표를 정하고 그 목표에 따라 수업할 내용을 체계적으로 조직 및 운영하고, 평가를 통하여 수업목표 달성 여부를 확인하는 등 수업의 효율성을 높여야 한다는 겁니다. 이처럼 수업에 대한 생각이 다른 이유는 사실 수업을 보는 눈의 차이라기보다는 앞에서 살펴 본 교육과정에 대한 생각의 차이, 더 나아가 교육의 목적에 대한 근본적인 철학의 상이함에서 비롯된다고 봐야 합니다.

이런 두 가지 상반된 주장 외에 수업을 보는 현실적인 측면이 강조된 관점도 있습니다. 예컨대, 공개수업이나 수업실기대회에서의 수

업은 누군가에게 잘 보여주기 위한 '쇼'라고 생각하는 사람들도 있습니다. 요즘에는 그렇지 않겠지만, 예전에 공개 수업 때 발표 순서까지 다 짜 두고, 정답까지 미리 외워 연습을 했던 시절도 있었다고 합니다. 한마디로 짜고 치는 고스톱 같은 수업 말입니다. "~에 대해 발표 해 볼 사람?" "선생님, 그 발표 할 아무개는 오늘 결석했는데요." 하는 우스갯소리가 달리 나온 게 아닐 겁니다.

아무튼 사람마다 수업을 보는 관점이 상당히 다릅니다. 별로 생각해 보지 않으셨겠지만, 학부모님들은 수업을 어떻게 생각하시는지요? 학교에서 아이들과 수업을 하는 제 경우에는 솔직히 예술이니 기술이니 하는 수업의 성격을 한가하게 논의할 여력이 없었습니다. 우리나라 교사들은 여러 개의 공을 '저글링'하는 존재입니다. 수업은 물론이고 공문, 행사추진, 각종 업무라는 공을 저글링 하고 있는 것이지요. 오죽하면 '업무 하다 짬 내서 수업 한다'는 자조 섞인 말이 나오겠습니까? 이와 같이 학교에서 교사들은 수업 때문에 바쁜 것이 아닌 다른 일이 겹쳐져서 정신이 없습니다. 학교에서 수업결손 및 수업에 집중하지 못하는 여러 요인들이 상당히 많이 존재하고 있는 것이 현실입니다.

조선일보(2011년 5월 17일자)에 보면 '교사는 잡무중'이고 '학원은 연구중'이라는 제목의 기사를 볼 수 있습니다. 이 기사에서 교사들은 수업연구 30분에 행정 처리 6시간이고, 학원은 8시간 근무에 잡무는 제로지만 대신 강의 질로 평가받고 있다고 합니다. 믿고 싶지 않지만 사실이 그렇습니다. 제가 학교 공문을 직접 조사해 보니, 제가 근무하고 있는 초등학교에 전자문서로 정식 등록된 공문만 일 년에 12,000건 정도 되더군요. 고등학교는 15,000건이 넘는 경우도 있습니다.

　저는 학교 교사로서, 교무부장과 연구부장을 맡았던 순전히 제 처지에서 바라 본 수업은 '예술'도 '기술'도 '쇼'도 아니었습니다. 그저 아이들과 함께 매 차시 해결해야 하는 '끼니'였습니다. 김훈의 소설 『칼의 노래』에서 '다가오는 한 끼의 끼니 앞에서 이전의 수많은 끼니들은 다 소용이 없다.' 는 구절이 있습니다. 저에겐 매 차시 돌아오는 수업이 전쟁터의 이순신 장군이 맞닥뜨린 끼니와 마찬가지 상황일 때가 많았습니다. 비록 지난 차시에 학생들에게 풍성하게 잘 차린 수업 밥상을 차려주었다고 해도, 지금 당장의 수업과는 무관한 것이었기 때문이었죠. 끊임없이 몰려드는 파도처럼, 꼬박꼬박 매 차시 마다 돌아오는 수업이라는 끼니를 해결하기 위해 저는 때론 무력감을 느낄 때가 많았습니다. 물론 수업을 통해 가슴 벅찬 보람을 느낄 때도 있었습니다.

　혁신학교에선 교사들이 수업에 전념할 수 있도록 하기 위해 교무실과 행정실을 통합하고, '행정전담팀'을 꾸려 교사들이 하는 각종 행정업무를 처리하는 경우를 볼 수 있습니다. 많은 혁신학교에서 이런 현상을 발견할 수 있는데, 내막을 살펴보면 수업을 직접 담당하고 있지 않는 분들의 노고가 숨어 있습니다. 혁신학교 교감선생님들은 결재만 하시는 분이 아닌, 교무보조선생님과 함께 교사들의 행정업무를 상당수 처리하고 계셨습니다. 이런 상황에서 혁신학교 교사들의

수업의 질은 향상될 수밖에 없다고 생각합니다.

## 과연 누가 수업의 달인일까요?

언젠가 이혁규 교수님을 모시고 수업비평에 관한 강의를 들은 적이 있습니다. 그때 교수님은 수업동영상을 2개 보여주셨습니다. 하나는 수업실기대회에서 1등급을 받으신 일명 '수업의 달인'이라는 선생님의 수업장면이었고, 다른 한편의 동영상은 혁신학교인 남한산초등학교의 황영동 선생님의 수업동영상이었습니다. 두 편의 동영상을 다 보고 난 후, 교수님은 그 자리에 모인 선생님들께 어느 수업이 좋은지 손을 들게 했습니다. 저는 황영동 선생님의 수업이 참으로 인상 깊고 두고두고 곱씹어 볼 좋은 수업이라 생각해서 손을 들었습니다. 그러나 의외로 참석한 교사의 절반 정도는 수업의 달인 선생님이 한 수업이 더 낫다고 손을 들더군요. 저는 여기서 수업을 보는 관점이 교사들마다 상당히 다르다는 걸 그 자리에서 새삼 확인하였습니다.

한편 저는 황영동 선생님의 수업을 보면서 많이 웃었습니다. 수업 중에 아이들하고 실랑이를 벌이는 장면까지 나올 정도였으니까요. 그러면서도 신선한 충격을 받았습니다. 하지만 수업실기대회에 나가면 바로 예선 탈락할 것 같은 수업이었습니다. 수업실기대회의 채점기준으로는 형편없는 수업이었죠. 즉 수업목표는 명시적으로 제시했는지, 동기유발이 적절한지, 학생들 질문이나 반응에 적절한 피드백을 제공했는지, 학생들 수준에 맞는 활동이나 과제를 제시했는지, 수업 중 시간배분은 적절한지 등등의 기준으로 채점하면 분명히 떨어졌을 겁니다. 황영동 선생님의 수업은 좋게 얘기하면 여백이 있는 수업이었고, 나쁘게 보면 엉성하게 조직된 것처럼 보였습니다. 분위기도 자유롭다 못해 어수선했습니다. 선생님이 좀 조용히 하고 자신의 설명을 들어보라고 해도 학생들은 자기들이 할 활동에 이미 몰두하고 있었습니다. 그래서 선생님은 수업을 이끌어나가는 사람처럼 보이지 않았고, 방향만 제시하고 조력자, 촉진자로 자리매김하고 있었습니다. 아니 더 나아가 학생들에게 존재감이 별로 없어 보였습니다. 이런 수업모습은 의도된 것임을 황영동 선생님의 수업자평에 잘 나타나 있습니다.

> 내 생각이 강할 때 아이들의 생각은 약해진다는 것이다. 때로는 약해지는 것을 넘어 생각의 싹이 죽을 수도 있다. 교사로서 어떤 신념을 가지는 것은 자유이지만 그것을 수업을 통해 아이들에게 강요하는 것이 옳은 것인지는 생각해 볼 문제라고 본다. 특히 사회과는 특정 이데올로기를 학생들에게 교육하기에 아주 적합한 교과이며 그것은 사회과가 가진 본질적인 교과 특성이기도 하다. 그렇다고 해서 사회과 수업을 통해 교사 개인의 신념을 교육하는 것이 과연 옳은 것인지는 여전히 의문으로 남는다. 그래서 난 아이들에게 상상하기를 요구했고 무수한 질문을 던졌다.
>
> — 『수업, 비평을 만나다』 p. 153.

'줄탁동시'란 말이 있습니다. 병아리가 껍질을 쪼는 것을 '줄'이라 하고, 어미 닭이 쪼는 것을 '탁'이라 하는데 이것이 함께 이루어져야 부화가 가능하다는 겁니다. 저는 누에고치에 구멍을 살짝 뚫어 나비가 나오는데 수월하게 해 주었더니 나비가 날지 못하더라는 얘기를 들었습니다. 누에고치에 구멍을 뚫어주듯이 교사가 달걀에 먼저 구멍을 뚫으면 병아리는 물 건너가고 그야말로 '계란 프라이' 밖에 더 되겠습니까? 어느 순간 우리나라 교육은 어미 닭이 쪼는 '탁'만 있고, 병아리가 껍질을 쪼는 '줄'이 사라지고 말았습니다. 우리나라의 '빨리 빨리'의 문화가 교육에도 적용된 것입니까? 사실 '빨리 빨리' 문화는 우리나라를 세계 최고의 택배문화를 만들었다고도 합니다. 우스갯소리로 우리는 '배달의 민족'이니까요. 하지만 교육에서는 한쪽의 일방적인 서두름은 결국 학생들을 '계란 프라이'로 만들어 버리는 결과를 초래합니다.

황영동 선생님의 수업 동영상은 감동 그 자체였습니다. 궁금하신 분들을 위해 수업내용을 간략하게 소개해 보겠습니다. 초등학교 사회과 수업이었습니다. 이혁규 교수는 이 수업의 비평 제목으로 '문화재에 관한 수업' 대 '문화재를 통한 수업'으로 명명했더군요. 기존의 일반적인 수업은 '문화재에 관한 수업'이라 볼 수 있습니다. 교과서에 나와 있는 문화재에 관한 지식을 어떻게 효율적으로 잘 전달할 수 있을까가 주된 관심이었습니다. 하지만 황영동 선생님의 수업은 '문화재를 통한 수업'이었습니다. 교과서를 덮어버리고 문화재에 관한 박제된 지식을 벗겨내려는 이 수업은 문화재를 통해 학생들이 맘껏 상상하고, 문화재에 얽힌 비밀을 캐낼 수 있도록 교사는 수많은 질문만을 던지고 해답은 주지 않는 방식을 취하고 있습니다. 그러니 수업이 잘 조직되어 있지 않는 것처럼 보이는 겁니다. 하지만 큰 틀에서는 그야말로 교사의 의도가 잘 조직된 수업임을 알아차릴 수 있었습니다. 구체적인 내용은 이혁규 교수의 『수업, 비평을 만나다』에 보면 수업장면이 눈에 선하게 잘 기술되어 있고, 수업비평도 기가 막히게 기술되어 있습니다.

반면 수업의 달인 선생님은 수업이 잘 조직되어 있었고, 학생들도 학습훈련이 잘 되어 있었습니다. 수업이 그야말로 일사천리로 척척 진행되었고, 자투리 시간도 알뜰하게 잘 활용되고 있었습니다. 흔히 들 '밀도 높은 수업'의 전형을 보는 듯 했습니다. 수업의 동기유발 및 교구와 매체 사용, 발문하는 법 등 수업기술이 화려했습니다. 수업조직과 기술에 대해서는 감탄을 했지만, 수업 그 자체에서 감동은 받지 못했습니다. 왜 그럴까를 생각해 보았습니다.

가장 먼저 교육에 관한 생각, 교육과정에 대한 제 생각과 맞지 않아서 일겁니다. 저는 교육과정으로서 고속도로가 아닌 길을 가길 원하니까요. 또한 몇 가지 떠오르는 생각은 황영동 선생님의 수업에서 학생들의 배움이 많이 일어났을 거라는 생각이 들어서일 겁니다. 그리고 선생님이 없는 상황에서 어느 쪽의 학생들이 스스로 공부할 수 있을까를 생각해 보면 황영동 선생님과 함께한 학생들이 그럴 거라는 생각이 들어서입니다.

사실 수업은 황영동 선생님처럼만 할 수도 없고, 매번 그렇게 해야

할 이유도 없을 겁니다. 오히려 이상적인 수업은 지식을 전달하는 수업과 지식을 탐구하는 수업 등이 잘 어우러져 조화를 이루는 것이겠지요. 황영동 선생님의 수업이 신선하게 다가오는 것은 기존의 대다수 수업이 지식전달 수업이기 때문일 겁니다. 혁신학교 수업이 일반학교와 차별성을 갖는 이유 역시, 황영동 선생님의 관점과 비슷한 수업의 실천 사례들이 일반학교가 아닌 혁신학교에서 많이 확인할 수 있기 때문일 겁니다.

최근에 EBS에서 〈우리 선생님이 달라졌어요.〉를 방영하였습니다. 학생이 사라진 수업, 관계가 고려되지 않은 수업, 교사만 바라보는 수업에서 자기고백과 여백이 있는 수업, 눈물과 공감이 있는 수업, 학생이 살아 있는 수업으로 탈바꿈되고 있는 수업을 보면서 이러한 일련의 수업혁신의 흐름들은 혁신학교의 수업과 무관하지 않다고 생각했습니다.

## 삶과 앎을 통합하는 혁신학교 수업

제가 만나 본 혁신학교 선생님들은 수업에 대한 관점이 매우 다양했습니다. 수업을 직접 들여다보아도 선생님들마다 모두들 달랐습니다. 그러나 혁신학교 수업의 한 가지 공통된 특징을 파악할 수 있었습니다. 그것은 다름 아닌 '분리'가 아닌 '통합'을 지향하는 수업을 하고 있다는 것이었습니다. 제가 혁신학교에서 관찰했던 대부분의 수

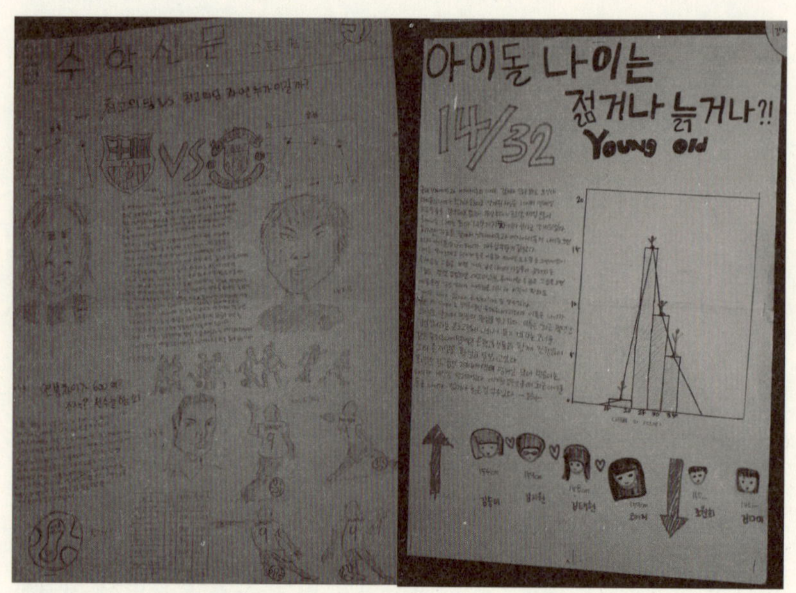

덕양중학교의 삶과 앎이 통합된 수업

업은 '삶'과 '앎'의 분리가 아니라 통합을 위해 무진 애를 쓴 모습이 역력한 것이었습니다. 즉 아는 것과 사는 것, 지식이라는 것과 실제 행하는 것, 배우는 행위와 가르치는 행위, 배울 때와 놀 때, 선생님과 아이들, 교실 안과 교실 밖 등이 구분이 가지 않을 정도로 자연스럽게 통합되어 있다는 점입니다. 일반학교의 수업은 삶이 중심이 아니라 교과서 내용을 효과적으로 전달하려는 의도이다 보니 자연스럽게 삶과 앎은 분리되는 현상이 드러납니다.

삶과 앎이 통합된 수업은 교과서가 중심이 되는 것이 아니라 삶을 중심으로 한 배움을 지향합니다. 그래서 혁신학교 선생님들은 교사가 입으로 가르치는 대로 학생들이 크지 않는다는 점을 잘 아십니다. 학생들은 교사들이 사는 대로 큰다는 것을 확신하고 있었습니다. 누

군가 자녀는 보배라는 말을 자녀들이 '보'고 '배'운다는 식으로 해석하는 것도 일리가 있다는 생각이 들더군요. 이런 점은 교직에 있는 사람이라면 모두들 공감하실 겁니다. 그래서 저도 언젠가부터 초등학교에서 아이들을 가르친다고 하지 않고 함께 생활한다고 얘기합니다. 혁신학교 선생님들은 결국 삶의 문제가 교육을 규정한다는 생각을 강하게 하고 있습니다. 혁신학교에서 가르치고 있는 지식은 적어도 학생들의 삶과 무관하게 그냥 '퍼 먹이는' 행태는 보이지 않습니다.

우리나라 학교 수업과 관련한 일반적인 현상은 '주입식 교육'입니다. 조금 더 자세히 표현하면 '암기 주입식'입니다. 수업문화를 연구한 박사논문에 보면, 우리나라 수업은 송아지가 먹기에 편하도록 잘 끓인 암죽과 같다고 해서 '암죽식 수업'이라는 표현도 합니다. 일반학교에서 암기 주입식 수업이 성행하는 이유는 모두들 잘 아시다시피 입시 때문일 겁니다.

김진경 전 청와대 교육비서관이 쓴 『미래로부터의 반란』에 보면 우리 학교는 '난쟁이를 만드는 통'이라며 안타까움을 표했더군요. 이런 점은 외국 사람들 눈에도 비켜가지 않는 가 봅니다. 세계적인 석학인 엘빈 토플러는 "한국의 학생들은 하루 15시간 동안 학교와 학원에서 미래에 필요하지 않은 지식과 존재하지도 않을 직업을 위해 시간을 낭비하고 있다."고 말했습니다. 미국의 어느 교육학자는 우리 교육을 빗대어 "학생들의 입에 소방호수를 대고 물을 먹이고 있다."는 표현을 한 적이 있습니다. 일본의 교육학자는 주입식 위주, 문제

풀이 위주의 우리 교육을 "안타는 칠 줄 아나 절대로 홈런을 치지 못하는 교육"이라고 평하기도 했습니다. 입시 방식이 다양화 되고 있고, 대졸 청년 실업문제는 점점 심각해지고 있습니다. 또한 기업에서는 학력보다는 역량을 중심으로 한 채용 추세가 확산되고 있습니다. 전체적으로 진로와 결합된 교육이라는 관점으로 접근한다면 혁신학교 교육이 더 우수하다고 말할 수 있습니다. 하여튼 제가 관찰한 혁신학교의 수업은 학생들의 삶을 위한 공부이지, 공부를 위한 공부는 아니었습니다.

혁신학교 선생님들과 대화를 나눠보면 수업을 자신의 삶의 일상이자 삶을 소비하고 있는 주된 업이라는 사실을 자각하고 있습니다. 수업에 실패하면 아이들은 물론이고 교사 자신의 삶까지도 황폐해진다는 점을 잘 알고 계십니다. 또한 수업이 학생과 교사 자신의 삶과 따로 분리해서 생각할 수 있는 것이 아니란 점을 잘 알고 있습니다. 그래서 혁신학교 수업은 학생들의 삶에 대한 깊은 이해와 통찰을 통해 통합수업, 통합수업을 담기 위한 그릇으로서의 블록타임제 등이 자연스럽게 일어나는 것입니다. 전 남한산초등학교에 근무했던 안순억 선생님의 글을 보면 혁신학교에서의 수업의 특징을 잘 알 수 있을 겁니다.


남한산초등학교는 다른 학교와 달리 '80분 블록 수업 시간제'를 운영하며 이를 매우 중요하게 생각한다. 교육 내용을 조직하는 방법에서 80분을 요구한 측면도 있고, 80분의 시간이 수업 내용과 방식을 새롭게 여는 측면도 있다. 40분 수업, 10분 쉬는 시간의 학습 골

격은 여러모로 개선할 필요가 있다는 문제의식 때문이다. 40분 수업 후에 10분 쉬는 지금의 수업 시간 배정은 근대적 지식 생산의 효율성을 근간으로 탄생한 것이다. 아이들의 학습 리듬이나 체험 활동이 중심이 아니라는 이야기이다. 이러한 시간표를 벗어나면 새로운 학습을 다양하게 열 수 있다.

물론 꼭 80분이어야 한다는 것은 아니다. 다만 기존의 불합리한 시간 배분을 아이들 중심으로 바꾸고자 할 때 현실적으로 만들 수 있는 시간 배분 방식이기 때문이다. 국어, 수학, 과학, 사회 등 인지적 사고 활동이 중요한 과목이나 미술, 영어 등 충분한 활동 시간이 필요한 과목들이 모두 여기에 해당한다. 80분의 수업 시간은 단순 지식을 전수하는 수업 방식에서 벗어나 통합적인 체험활동을 중심으로 수업을 꾸릴 수 있게 해 준다. 교사나 아이들 모두 더욱 느긋하고 여유 있게 교수학습 활동을 전개할 수 있다. 스스로 학습 계획을 설정하여 진행하는 주제 학습을 가능하게 하기도 한다.

이렇게 수업을 진행하면 교과 진도는 어떻게 감당하느냐는 질문도 뒤따른다. 해결은 간단하다. 불필요하게 수업 시간을 잡아먹는 각종 행사를 없애는 것이다. 꼭 필요하다면 시간표상으로 아예 제도화하여 운영하면 된다. 실제로 남한산초등학교에서는 수업 결손이라는 개념이 없다. 학기 초부터 지금까지 단 몇 분도 다른 사유로 수업 시간을 침해받은 적이 없다. 따라서 이 문제는 학교 전체의 문화로 접근해야 한다. 교과 내용을 적극적으로 재구성하는 교사들의 수업 준비 과정으로 극복할 수도 있다. 흩트리고 묶고 통합하는 교육과정의 개발과 운영은 학습의 구체성을 더욱 높일 뿐 아니라 교사들을 교과 진도의 부담에서 자유롭게 한다.

첫 번째 블록 수업이 끝난 10시 30분부터 11시까지 30분 동안은 아이들의 자유 놀이 시간이다. 10분 쉬는 시간 3개를 모아 놓은 것 뿐이지만 아이들은 이 시간 때문에 남한산초등학교를 아이들이 마음껏 즐겁게 놀 수 있게 하는 학교라고 생각한다.

중간 놀이 시간은 자체 동아리 활동 시간으로 쓰이기도 한다. 따라서 이 시간을 통해 학년 개념이 많이 깨진다. 놀이나 동아리 활동은 학년을 넘나드는 관계 속에서 이루어지기 때문이다. 아이들에게 놀이는 그 자체로 '삶'이고 '공부'이다. 아이들은 어른들이 짜준 교실 속 시간표 속에서만 배우고 성장하는 것이 아니다. 그들의 힘으로 놀이를 조직하고 놀 수 있는 기회를 제도적으로 제공하는 것은 그들을 더 잘 크게 한다는 것을 우리는 안다.

남한산초등학교 아이들은 교실에서만 공부하지 않는다. 뒷산, 텃밭, 지역에 흩어져 있는 역사 유적, 인근 대도시의 공연장 등이 모두 학습장이다. 수업 시간도 40분으로 고정되어 있지 않다. 계절 학교 기간에는 일주일 내내 한 주제에 대해서만 학습하기도 한다. 교사들은 자신의 학급만 가르치지 않는다. 다른 학년에 가서 가르치기도 하고, 여러 학년을 섞어서 가르치기도 하며, 외부의 전문가들이 수시로 학교에 와서 수업을 진행하기도 한다. 모두가 체험을 중심에 둔 교육과정을 운영하기 위한 다양한 방편들이다.

## 혁신학교에서는 평가관이 달라요

언젠가 홍세화선생님의 교육 강연에서 이런 말을 들은 적이 있습니다. "공부 잘하는 아이와 못하는 아이의 차이는 시험치고 나서 까먹

느냐, 시험 치기 전에 까먹느냐의 차이다." 암기주입식 수업과 그걸 확인하는 학교 시험의 허상을 찌르는 말이 아닐 수 없습니다. 이왕 말이 나왔으니 말이지, 학교 시험이라는 것이 학생들을 한줄 세우기가 목적이다 보면 점점 어려워지고 나중에는 어처구니없는 일도 생깁니다. 『김제동이 만나러 갑니다』란 책에 보면 김제동과 정호승 시인이 시험에 관한 다음과 같은 대화를 합니다.

> 김제동 : 선생님도 시가 시험지문으로 나오면 100점 못 받으시겠네요?
>
> 정호승 : 그렇죠. 시에 정답이 있겠어요? 신경림 선생께서도 당신의 시로 낸 국어 문제를 풀어보니 너무 어려우셨대요. 저도 한번 풀어보다가 몇 개 틀리는 바람에 그 다음부터는 풀 생각도 안 해요. 상상력이 풍부한 학생은 틀리는 경우가 많죠.

혁신학교에서는 다양한 평가 방식과 그에 따른 가정 통지로 인해 학부모님들이 자녀들에 대해 충분히 알 수 있는 계기가 됩니다. 혁신학교에서는 그들이 수업에 걸 맞는 평가를 개발하기 위해 무진 애를 쓰는 모습이 보입니다. 프로젝트 수업, 블록타임을 활용한 주제통합 수업, 다양한 체험활동, 탐구 수업 등이 주를 이룬 혁신학교에서 기존의 객관식 지필평가는 당연히 몸에 맞지 않는 평가 방식입니다. 혁신학교 평가 방식은 지식암기 측정이 목적이 아닌 창의성과 문제해결력이 중심인 '창의서술형 평가'를 지향합니다. 논술형, 작품이나 활동 등을 모아 놓은 포트폴리오, 결과가 아닌 과정을 중요시하는 수행평가, 교사들의 관찰에 의한 기록 등 다양한 평가를 혁신학교에서는 볼 수 있습니다. 제가 보기엔 혁신학교에서도 창의서술형 평가는 초기 단계라고 볼 수 있지만, 학교방문 결과 이 부분에 열심을 내는 혁신학교들이 많이 있음을 확인할 수 있었습니다. 이런 점은 혁신학교인 보평초등학교 서길원 교장과의 면담에서도 확인할 수 있었습니다.

> 우리 학교는 100% 서술형 평가를 하고 있습니다. 그러면서 수업의 변화가 많이 왔어요. 그 다음에 1, 2학년은 중간고사 기말고사를 폐지했어요. 내년엔 3, 4학년 평가를 폐지하려고 하는데, 왜 안했냐면 아직 교사가 평가 훈련이 안되어 있어서 훈련을 받아야 해요. 금년도 시험지가 많이 좋아졌어요. 사고력만 요구하는 것이 아니라 창의성을 요구하는 평가, 문제해결을 요구하는 평가라던가 이런 것까지, 내가 가르치지 않은 것까지 평가할 수 있도록 해야 하는데. 아직까지는 이 문제에 대한 연구개발, 교사들 훈련까지 하고 있습니다.

혁신학교에서 학부모님들에게 평가를 공지하는 방식도 일반학교와는 많이 다른 경우를 볼 수 있습니다. 서정초등학교, 대월초등학교를 비롯한 많은 혁신학교에서 일명 '달적이'라고 해서 매달 평가한 내용을 학부모님들에게 보냅니다. 일반학교에서 성적통지표는 중등의

경우에는 석차만 보게 되고, 초등에서는 석차도 성적도 나오지 않고 평가를 거의 좋은 말들로 쭉 적어놓아서 학부모님들은 별로 관심을 두지 않습니다. 오히려 긍정적인 말 속에서 조금이라도 부정적인 말이 나오면 괜스레 화가 나고 교사가 원망스럽다는 반응을 보이게 됩니다.

그래서 나이가 지긋하신 분들은 성적통지표가 예전처럼 '수우미양가'로 해 주었으면 좋겠다는 분들도 계시긴 합니다.

혁신학교에서는 일반학교와는 달리 학생의 학력을 보는 관점이 많이 다릅니다. 일반학교는 시험성적이 곧 학력이라는 관점이 지배적이지만, 혁신학교에서는 학생의 역량을 중요시합니다. 언젠가 어느 교수님으로부터 일본에서는 '인내를 가장 훌륭한 능력'으로 인정한다는 얘기를 들었습니다. 우리나라에선 '인내는 실력을 쌓기 위한 좋은 수단' 정도로 인식하는 경향이 많은데 말입니다. 우리나라 교사들이 공부를 잘 못하는 자녀를 둔 학부모님들에게 종종 이런 말로 위안을 줍니다. "○○이는 머리는 좋은데 끈기가 부족해요." 학부모님들은 이런 말에 속지 마시길 바랍니다. 우리나라 부모님들은 우리 애가 머리는 좋으니 인내심을 발휘하기만 하면 좋은 성적을 낼 수 있다는 위로와 희망을 발견합니다. 그러나 착각하지 말아야 할 것은, 머리가 나빠 공부를 못하는 경우가 거의 없다는 겁니다. 오히려 키우기 힘든 능력은 '인내'라고 볼 수 있습니다. 참고 견디는 힘은 힘들고 어려운 일을 통해서가 아니라 학생들의 자발성에 기인한 목적의식이 충분할 때 발휘되는 능력이라고 볼 수 있습니다. 한마디로 억지로 공부시키니 인내심이 생기지 않는 것입니다. 혁신학교에서는 학생들에게 교과 공부를 억지로 시킬 생각도, 그런 식의 인내심을 강요할 필요성을 못 느낍니다. 왜냐하면 스스로 즐거운 공부를 찾아서 할 수 있도록 교육과정부터 시작해서 단위차시 수업까지 세팅되기 때문입니다. 또한 우격다짐의 수업으로 시험성적은 올릴 수 있을지 몰라도 학생들의 핵심역량을 키우기 위해서는 어림도 없다는 생각을 가지고 있기 때문입니다.

## 혁신학교에서 시도되고 있는 '배움의 공동체'

혁신학교에서는 수업을 함에 있어 다양한 시도를 합니다. 일일이 다 소개는 못해 드리고 대표적으로 '배움의 공동체'를 적용하고 있는 혁신학교를 소개하고자 합니다. 사실 대다수 혁신학교에서 '배움의 공동체'를 적용하고 있지는 않습니다. 다만 몇몇 혁신학교에서 '배움의 공동체'를 선도적으로 도입하고 있을 뿐입니다. '배움의 공동체'는 철저하게 학생중심의 수업을 말합니다. 학생들이 한 시간 한 시간의 수업에서 일어나는 배움을 소중하게 생각하며, 한 사람도 소외되지 않는 배움을 지향합니다. 언론에 소개된 장곡중학교의 수업 사례를 실어 보았습니다.

장곡중학교의 수업시간은 여느 학교처럼 필기와 강의로 이뤄지지 않는다. 영어시간에 교과서는 웬만하면 들추지 않는다. 대다수 아이들이 학원에서 한 번씩은 다 훑어본 내용이라 관심을 자극할 수 없기 때문. 대신 교사들은 해당 단원의 키워드를 뽑아 완전히 새로운 교재를 만든다. 주제가 'Hero'이면 기부천사로 잘 알려진 가수 김장훈 관련 기사를 소개하고 우리 시대 영웅의 의미를 토론한다. 손가영 영어교사는 "모든 학생들이 난생 처음 보는 교재를 만들려고 공을 들인다."고 말했다. "4명이 1조가 돼 수업하는데 한 명이라도 '다 아는 내용'이라며 시큰둥하면 모르는 옆 친구들이 위축돼 배우고자 하는 의지를 놓아버리기 때문"이다.

시험문제에도 아이들의 목소리가 반영된다. 영어 단어 중 가산명사와 불가산명사를 구분하는 기준을 찾아보라는 과제를 던졌을 때 아이들이 내놓는 답은 다양하다. "형태가 일정치 않고 추상적인 단어는 불가산"이라며 학원식 정답을 외치는 아이들이 있는가 하면 "뭉크러지기 쉽고, 눈이 아닌 마음으로 볼 수 있는 단어가 불가산"이라고 독창적인 언어로 표현하는 아이도 있다. 교사는 학생들이 대답한 표현을 그대로 시험문제 보기에 넣는데, 그러면 또 다시 학생들의 수업 참여가 활발해진다.

이밖에 일부러 어려운 수준의 과제를 제시하는 것도 학생 참여를 유도하는 방법 중 하나다.

장곡중학교의 수업 개혁은 지난해 3월부터 시작됐다. 교사 52명 전원이 매주 수요일마다 모여 창의수업이 어떻게 가능할지 머리를 맞댔다. 학교는 행정 인력 3명을 배치해 교사들의 공문 업무를 줄였고 학급당 40명이 넘던 학생 수도 30명까지 줄였다. 결과는 놀라울 정도다. 가장 먼저 학생들의 반응이 달라졌다. 공부에 흥미가 없었다는 김모(16)군은 "친구들과 조별로 토론하는 협동수업에선 모르는 게 있어도 부끄럽지 않다. 공부 잘하는 애도 틀리는 모습을 보면서 나도 할 수 있다는 자신감을 얻었다.”고 말했다. 분위기만 좋은 것이 아니라 성적도 결실을 내고 있다. 수업 개혁을 시행하기 전인 2009년과 후인 2010년 국가수준학업성취도평가 결과를 비교해 보면 보통 이상 학생 비율이 64.3%에서 73.3%로 9%포인트나 상승했다. 기초학력, 기초미달 학생은 각각 3.8%, 5.2%씩 줄었다.

미심쩍어하던 학부모들도 이제는 마음을 놓는 분위기다. 학부모 정재란씨는 “엄마들 사이에서 ‘협동수업 했다가 공부 잘하는 애들만 손해 보는 것 아니냐, 입시 경쟁력이 떨어지는 것 아니냐’는 걱정이 많았지만 아이들이 좋아지는 걸 확인하니 믿음이 간다.”고 말했다. 외고 진학을 희망하는 정씨의 아이는 지난달 2년 넘게 다닌 종합반 학원을 아예 끊었다. 학교 공부만으로도 충분하다며 아이가 스스로 내린 결정이었다. 정씨는 “협동수업을 통해 잘 모르는 친구에게 차근차근 설명해주면서 아이의 배움이 더 탄탄해진 것 같다.”고 뿌듯해했다.

장곡중학교의 수업 사례는 어느 한 선생님이 수업참관을 하고 카페에 올린 글을 보면 더 자세하게 알 수 있습니다.

경기도 시흥에 있는 장곡중학교 수업참관을 다녀왔습니다. 배움의 공동체 수업이라는 형태를 모든 과목에 적용시킨 이 학교의 수업은 참으로 놀라웠습니다. 모든 학생들이 같은 공간에서 같은 배움을 하고 있는 모습을 보며 제 수업에 대해 다시 한 번 생각해 보게 되는 계기가 되었습니다. 보통 학교 수업을 하다보면 모든 학생이

혁신학교 장곡중학교는 공개수업을 지향하며 수업공개를 통하여 선생님의 성장도 일어나고 있다

저의 수업에 100% 집중하기는 매우 어려운 일이라는 것을 알게 됩니다. 참여뿐 아니라 이해까지 요구한다면 그 퍼센티지는 더욱 낮아지게 되지요. 아무리 우수한 수업기술을 가진 선생님도, 아주 유머러스한 선생님도 학생의 100% 참여를 이끌어 내기에는 힘든 것처럼 보입니다.

이번에 장곡중학교에서는 국어, 영어, 체육 수업을 공개했습니다. 문과 계열의 수업만 있어서 조금 실망스러웠지만 그래도 45분을 쪼개어 15분씩 각 학급을 돌며 수업을 참관했습니다. 한 수업을 끝까지 참관하는 것이 좋을 것 같았지만, 그래도 욕심껏 돌아보았습니다. 모든 학급에서 보이는 공통적인 면은 그것이었습니다. "학생들의 경청하는 습관" 이 놀라운 습관은 아이들에게 수업의 100% 참여를 이끌어냈습니다. 우리 아이들에게도 경청하는 교육을 시켜보면 과연 이처럼 멋진 수업들이 연출될까 하는 의문이 들긴 했지만, 수업 시작부터 끝까지 끈을 놓지 않고 집중하는 모습은 정말 경탄스러웠습니다. 수업중간 중간마다 학생들의 잘못된 대답이 나오거나 다시 한번 생각해봐야할 부분이 있을 때 선생님의 '되돌리기'하는 모습은 꼭 배움의 공동체 수업이 아니라 일반 수업에서도 도움이 될 그러한 기법이었던 거 같습니다. 사실 그 중에서도 저에게 가장 다가왔던 모습은 선생님들의 작은 목소리였습니다. 참관하는 저에게도 잘 들리지 않던 작은 목소리로 수업하시는데 아이들은 어찌 그렇게 잘 듣는지, 그만큼 집중력이 좋다는 얘기겠지요. 제가 우리 아이들에게 수업할 때는 점점 목소리가 커져서 하루가 끝날 때 즈음이면 목소리가 거의 나오지 않을 지경이 되는데, 저의 점점 커지는 목소리가 우리 아이들에게도 점점 커지는 소란스러움을 정당화시켜 주었던 게 아닐까요?

(http://cafe.daum.net/beuam-muan)


또한 혁신학교인 덕양중학교, 의정부여자중학교 등에서 '배움의 공동체'를 적극적으로 도입하고 있습니다. 일본의 교육학자인 사토 마나부 교수가 주창한 '배움의 공동체' 운동이 우리나라 교육현실에 맞는가하는 비판이 있기는 합니다. 그러나 혁신학교에 근무하시는 분들이 '배움의 공동체'에 대해 고민하는 것을 들어보면 그리 염려하지 않아도 될 것 같습니다. 덕양중학교 김영식 선생님이 페이스북에 올린 글을 읽어보면 '배움의 공동체'를 적용하면서 보완해야 할 점을 끊임없이 고민하고 실천하는 모습을 볼 수 있습니다.

수업의 울타리를 만들어야 한다는 생각을 줄곧 해왔습니다. 1학기부터 배움의 공동체 수업을 하는 중 더욱 그 필요성을 느꼈습니다. 우리 학교에서는 개학 후 바로 수업을 하지 않고 학교생활에 대해 각종 안내하는 시간을 2~3일 정도 합니다. 그 중 한 시간을 수업윤리 시간으로 잡고 아이들과 수업 이야기를 했습니다. 수업은 나에게 어떤 의미인가? 수업에의 몰입을 방해하는 것은 무엇인가? 를 함께 이야기해보고 좋은 수업의 모습을 함께 이야기해 보았습니다. 그리고 좋은 수업을 위해 교사가 지켜야 할 것과 학생이 지켜야 할 것을 각각 3가지씩 적어 내도록 했습니다. 학생들이 적은 내용을 토대로 교사―학생 각각 10가지씩 지킬 헌장을 만들어 보았습니다. 약속이나 협약보다 '다짐'이라는 표현을 써서 다른 사람을 비판하는 잣대가 아니라 내가 스스로 노력해 나가야 할 것임을 알도록 하였고, 이벤트보다는 차근차근 접근해야 할 것이라는 생각이 들어 학교 전체적인 선포식 같은 것은 하지 않았습니다. 대신 정성껏 디자인을 해서 가볍게 보지 않도록 했습니다. 디자인 선생님 한 분이 큰 도움을 주었습니다. 디자인의 컨셉은 교사와 학생이 함께 우리 교실을 지키는 울타리로서의 기능을 담도록 하였습니다.

이제 갓 혁신학교에 지정된 의정부여자중학교의 '배움의 공동체'를 살펴보아도 수업의 변화와 효과성에 대해 감지할 수 있습니다. 경기교육(2011, 봄호)에 보면, 의정부여자중학교의 수업혁신 사례가 잘 나타나 있습니다.

배움의 공동체를 지향하는 학교답게 모든 교실의 책상을 'ㄷ'자로

배열한 것이 눈에 들어왔다. 담당 선생님의 양해를 구해 5교시 1학년 사회과 수업을 참관할 수 있었다. 주제는 '지구온난화' 4명으로 구성된 각 모둠별로 가상의 국제회의를 열어 전 세계가 함께 실천할 열 가지 약속을 정하고 발표하라는 과제가 주어졌는데, 아이들 스스로가 책상을 돌려 모둠별 활동 구조를 만들고 별다른 지시 없이도 어느 새 진지한 토론에 빠져드는 모습이 무척이나 새로웠다. 점심식사 직후라 나른함에 힘겨워 하는 아이가 한두 명쯤은 있을 법도 한데 다른 모둠의 발표를 잘 듣고 궁금한 점에 대해 질문을 던지거나 반론을 펴는 등 수업이 활기차게 진행되었다.

"많이 참여할 수 있어요.", "초등학교 때는 발표를 안 했는데, 중학교에 오니 발표를 많이 하게 돼요.", "모르는 것은 친구들이 알려줘서 좋아요." 수업이 끝난 후 배움의 공동체 수업에 대해 물었을 때 돌아온 아이들의 반응이다. 수업의 효과를 논하기에는 턱없이 짧은 기간이지만 자칫 딱딱할 수도 있는 주제에 아이들이 재미를 느끼고 적극적으로 반응한다는 것만으로도 절반의 성공은 된다고 말할 수 있지 않을까?

"사실 첫 주에는 배움의 공동체 수업이 잘 정착될 수 있을지 걱정이 많았어요. 하지만 수업을 시작하고 나니 당장 하루 종일 엎드려 잠만 자는 아이, 중간에 집에 가는 아이가 확 줄더군요." 안병학 교장 선생님은 둘째 주가 되면서 혁신학교 실험이 성공할 수 있으리라는 확신이 들었다고 한다. 이는 비단 아이들의 반응이 달라졌기 때문만은 아니다. 두 분의 선생님이 EBS 특별기획 프로그램 〈우리 선생님이 달라졌어요.〉을 통해 수업 컨설팅을 받기로 지원한 것에서 알 수 있듯이 학교 전체의 문화가 생동감 넘치는 참여의 모습으로 변해가고 있기 때문이다.

　보평초등학교의 경우에는 배움의 공동체는 아니지만, 수업문화를 바꾸기 위해 많은 노력을 하고 있었습니다. 보평초등학교 서길원 교장선생님과 면담 결과, 보평초등학교에서는 수업문화를 바꾸기 위해 수업을 기술적으로 접근하지 않는다고 합니다. 교사들의 언어와 행동에 대한 자기 점검을 철저히 한다고 합니다. 그리고 수업에서 버려야 할 것으로 클릭수업, 페이퍼 수업, 문제풀이 수업을 제시했습니다. 또한 수업에서 적정한 과제 내주기, 엄마숙제 내주지 않기, 선생님이 먼저 와서 문 열어주기, 학생들이 독서할 때 선생님도 함께 책 읽기, 선생님과 학생이 아침 8시 30분부터 9시까지 토론시간으로 갖는 것 등을 실행하고 있습니다.

　지금까지 혁신학교 수업은 매우 다양하다는 점을 전제로 혁신학교 수업의 주요한 특징들을 소개했습니다. 혁신학교 수업은 혁신학교의 교육과정 관점에 따라 일반학교에서는 좀처럼 찾아보기 힘든 다양한 수업들이 활발하게 전개되고 있다는 점에서 고무적인 일입니다. 그러나 무엇보다 혁신학교 수업의 장점은 학생들로 하여금 수업이 따분하고 지루한 것이 아닌 재미있고 흥미있는 일로 여기게끔 하는 것입니다. 보평초등학교 학생은 이런 말을 했습니다. "전에 다녔던 학교보다 지금 학교가 100배 좋아요." 또한 혁신학교에 방문할 때마다 학부모로부터 자주 듣는 말이 있습니다. 아이들은 '다른 학교로 전학 보낸다.'라는 말을 가장 두려워한다고 합니다. 이 정도면 진짜로 '아이들이 행복한 학교가 맞다.'는 생각이 듭니다. 그리고 혁신학교 수업의 이런 장점이 일반학교로 널리 확산되었으면 하는 마음이 간절합니다.

# 8 혁신학교에서는 학교행사를 어떻게 하나요?

행사의 계획, 조직과 준비, 운영, 평가의 전 과정이 학생들의 자율적이고 자치적인 활동에 의해 이루어지도록 하고, 교사들은 가능한 한 학생들의 활동을 도와주는 조력자, 협력자로서의 역할로 전환해야 함을 뜻합니다. 혁신학교에서는 이런 학생중심의 학교행사를 철저하게 이해하고 이행하고 있습니다.

##  교사로서 학교행사를 보는 눈

제가 학교에 처음 발을 들여놓았을 때, 왜 이렇게 학교행사 특히 의식행사가 많은지에 대해 궁금했습니다. 입학식부터 시작해서 졸업식, 조회, 종례, 개교기념식, 상장수여식, 대회 개최식, 환영식, 송별식, 취임식, 이임식, 정년 퇴임식 등등 그야말로 의식(ritual)으로 의식(consciousness)을 잃어버릴 정도였습니다. 한마디로 학교는 식(입학식)으로 시작해서 식(졸업식)으로 끝납니다. 그렇다면 우리나라는 왜 이리 의식을 유달리 강조하며 그 횟수도 잦은 것일까요? 이는 정치, 사회적, 역사적인 측면과 무관하지 않다고 보여 집니다.

먼저 전통적으로 집단주의적 일체성과 결속을 강조하는 측면들이 의식행사를 탄생시켰다고 볼 수 있습니다. 유교통치의 이념과 일제시대 식민통치적 군사문화의 산물로서 의식행사들이 정착된 이래, 또 다시 수십 년 동안의 군사독재체제 하에서 전제주의 방식으로 의식행사들이 동원되었다고 보면 너무 억측일까요? 의식행사가 많으면 많을수록 통제를 할 수 있는 기제가 보강됩니다. 이는 구소련이나 나치독일, 북한과 같은 전체주의 국가들의 통치체제를 보면 더욱 확실해집니다. 이러한 의식행사들은 생각의 경직성을 요구하고 이를 훈련, 답습시킴으로 말미암아 이를 하나의 자연스런 일상문화로 사회화하는 이상한 힘이 있게 마련입니다. 생일잔치를 해도 촛불을 케이크에 꽂고 생일 축하 노래를 불러줘야 생일을 축하해준 것 같은! 자기도 모르게 빠져드는 획일화라고 할 수 있습니다. 이러다 보니 비민주적인 산물로서 의식행사는 각 분야에서 민주적인 사회로 발전해 나가는 속도에 비해 여전히 굳건한 자리를 차지하면서 변화의 속도를 전혀 내지 않고 있습니다. 또한 학교에서 의식행사들은 권위, 아니 권위주의의 창출과 권위주의를 확인하고 공표하는 자리로서 또는 권위를 부여하는 방식으로서 여전히 사용됩니다. 졸업식에서는 상주는 자와 상 받는 자, 상 받는 자와 상 받지 못하는 자, 상주는 자의 순위와 심지어 앉는 자리를 통해서까지 자연스럽게 계급이 정해지게 마련입니다.

저는 이러한 의식행사의 속성상 교육에서 득보다는 해가 오히려 더 많다는 생각을 합니다. 교육이 훈련이나 획일화, 기계적인 추종과는 거리가 멀기 때문입니다. 오히려 교육받은 사람들이라면 어떻게 이러한 면을 깨어내야 할까를 고민하고 행동할 겁니다. 또한 의식행사는 자발적인 문화생산보다는 획일적인 문화관리시스템을 형성합니다. 획일적인 문화는 어른이나 아이 할 것 없이 놀 줄 모르게 만듭니다. 어떻게 여가생활을 해야 할지도 모르게 만듭니다. 아니 고민할 필요가 없습니다. 노는 것도 의식 치루는 것처럼 하면 되니까 말입니

다. 이러니 학생들도 어른들도 사는 모습이 즉 생활양식 자체가 '판박이' 처럼 되었습니다.

저는 오늘날 학교에서의 의식행사는 죽어 다시 태어나야 한다고 생각합니다. 의식(ritual)으로 의식(consciousness)이 생기기를 바라는 것은 획일적인 의식을 주입하는 것이라면 모를까 창의적이고 자율적인 생각을 싹 틔우지 못한다는 것을 우리는 잘 알고 있습니다. 의식(consciousness)이 충만했을 때 그에 따른 의식(ritual)이 자연스럽게 표출되지 않을까요?

저는 학생 때도 그랬지만 교직에 첫발을 내디디면서 지금과 같은 학교행사는 왜 하는 것인지에 대한 회의감이 많이 있었습니다. 마치 학생들이 시험은 왜 치며, 누가 만들었는지 불만을 토로하는 것처럼 교직 선배들을 붙잡고 이런 식의 학교행사는 왜 하는지를 물어도 속 시원한 답을 주는 이는 없었습니다. 급기야는 행사에 대해서 긍정적으로 생각하는 교장, 교감 선생님한테까지 이런 질문을 했습니다. 그러나 도저히 이해할 수 없는 궁색한 답만 돌아올 뿐이었습니다. 그러다가 제가 발견한 것은 교장, 교감 선생님의 문제가 아니라 교직사회 전반의 문제임을 알았습니다.

탈무드에 보면 이런 얘기가 나옵니다. 한 사람이 큰길을 막 뛰어내려가면서 고함을 지릅니다. '내가 해답을 가지고 있다. 누가 질문을 가지고 있는가'하고 말입니다. 내가 해답을 가지고 있다. 누가 질문을 가지고 있는가? 분명히 우스운 말입니다. 그러나 말로 하니 우습지 이러한 상황은 우리 학교현장에는 많은 것이 사실입니다. 즉 학교생활을 하면서 질문을 하는 것보다는 해답을 더 많이 하고 더욱 놀라운 것은 그 해답이 무슨 질문에 대한 해답인지 또 그 해답이 무슨 질문을 불러일으키는지 생각해 보는 일이 거의 없기 때문입니다. 결국 해답만 있고 질문이 없는 학교에서 즉 문제의식이 없는 학교에서 교육이 제대로 되겠는가 하는 의구심이 듭니다. 당연시 되는 조회와 졸업식, 운동회 등 각종 학교행사들은 해답으로만 존재하고 질문을 잃어버리고 만 것이 현실입니다.

뙤약볕 아래에서 교사나 학생들 모두 짜증을 내면서 운동회 연습을 하고 있는 장면을 보면서 과연 누구를 위한 운동회이고, 무엇을 위한 운동회인지를 현직 교사들이라면 한번쯤은 생각했을 겁니다. 맨 처음 학교에 들어오는 어린 꼬마들에게 학교에서 서비스해주는 최초의 일이 왜 입학식과 같은 딱딱한 의식행사란 말인가? 우리 모두는 입학의 의미를 무엇으로 생각하기에 이런 모습의 입학식을 고수할까? 졸업의 의미가 사라지고 상장 전달식으로 퇴색해버린 졸업식, 학원에서 배우고 익힌 재능을 발표하는 무대로 변모해 버린 학예회, 가본 곳 또 갈 수밖에 없는 여행을 위한 여행, 왜 하는지조차 잘 모르면서 습관적으로 반복하는 조회와 같은 학교행사들에 대해서 저는 늘 불편한 마음을 갖고 있었습니다.

학교행사에 관한 교육과정 지도서를 찾아보았습니다. 학교행사의 주목적은 아이들의 자율성과 창의성을 키우는 것이라고 나와 있었습니다. 참으로 어안이 벙벙할 따름이었습니다. 어찌되었든 제가 내린 결론은 학교행사들은 관례라는 점에서, 틀을 바꾸기가 힘들어서, 굵

어 부스럼내기 싫어서, 진단하고 그 개선점을 찾는 일에 소홀히 했다고 봅니다.

학교행사에 대한 이런 저의 답답한 마음으로 말미암아 학교행사에 대한 이론적 관심뿐만 아니라 구체적인 실천까지도 하게 되었습니다. 즉 학교조회에 대한 개인적인 의견을 개진하고, 교장선생님과 여러 선생님들을 설득하는 일도 하게 되었습니다. 이런 일들은 의견의 내용보다는 의견을 표현하는 방법에 더 세심한 고려가 필요했습니다. 최대한 결재라인을 존중하고 의견제시 여부를 구두로 허락 받고 난 다음, 의견서를 정식으로 작성하는 방법을 취했습니다. 이것도 평교사일 때는 애로사항이 많았지만 운동회와 조회를 주관하는 체육부장으로 임명받았을 때는 한결 수월하게 일을 진행할 수 있었습니다. 이런 일을 하면서 느낀 점은 학교행사의 조그만 부분 하나 바꾸는 것도 여간 힘들고 어려운 일이 아닐 수 없음을 깨닫게 되었습니다. 학교행사의 개선은 기계의 부속품을 새롭게 갈아 끼우는 차원이 아니라 학교구성원들의 생각과 입장, 학교의 전통 등 결국 문화적 차원의 얽히고설킨 실타래를 하나씩 풀어야 할 과제라는 점을 알 수 있었습니다.

## 혁신학교 학교행사의 특징

혁신학교 학교행사는 기존 학교행사의 모습에서 탈피하여 새로운 방향으로 나아가고 있습니다. 혁신학교에서는 현재 일반학교에서 실시하고 있는 조회나 운동회의 모습은 찾아볼 수 없습니다. 그리고 혁신학교에서는 전시성 행사라고 여겨지는 행사들은 과감히 폐지하고 새로운 모습의 학교행사들이 눈에 보입니다. 지면상 혁신학교 학교행사를 일일이 소개하는 대신에  혁신학교 학교행사의 기본 방향을 특징적으로 몇 가지 잡아서 소개하고자 합니다.

### ■ 학교중심에서 학생중심으로

혁신학교 학교행사의 첫 번째 특징은 학교중심이 아니라 학생중심이라는 점입니다. 이는 학교행사에 국한된 것은 아닙니다. 사실 학교는 사람들이 필요에 의해 만든 기관입니다. 그러나 우리는 학교가 이미 존재하는 문화 속에서 태어나기 때문에 이 사실을 종종 잊고 삽니다. 지금껏 학교는 이미 존재하기에 존재하는 것인양 학생들에게는 일방적이었습니다. 학생의 '학교부적응'이라는 말은 있어도 학교의 '학생부적응'이라는 말은 들어본 적이 없지 않습니까? 또한 학생들에게 '선생님 말 잘 들으라는' 소리는 많이 해도, 교사에게 '학생들 말 잘 들어주라는' 소리는 별로 하지 않습니다.

　학생과 학부모들의 교육권은 헌법 이전의 자연권이 주는 권리입니다. 학교에서 근무하는 교사들은 교육법에서 주는 권리를 국가로부터 부여받았을 뿐입니다. 당연히 교육권재학생(敎育權在學生), 교육권재학부모(敎育權在學父母)인 셈이며, 상수는 학교가 아니라 학생이 되어야 마땅합니다. 그러나 기존의 학교행사를 보면 여러 이유로

학생보다는 학교가 중심이 되었음을 부인하기 어렵습니다.

학생중심의 학교행사는 '학생을 위한 학교행사'와 '학생에 의한 학교행사'를 뜻합니다. 즉 학생들의 요구에 부응하고 학생들이 주체가 되는 학교행사체제로 전환해야 한다는 것을 의미합니다. '학생을 위한 학교행사'를 위해서는 학생들의 의견을 수렴하고 학교행사에 반영해야 합니다. 또한 학교행사 자체가 학생들의 흥미를 존중하고, 그와 더불어 감각적 즐거움 이상의 교육적 효과도 있어야 합니다. '학생에 의한 학교행사'는 학교행사의 주체가 학생이 되도록 해 주어야 하며, 교사들은 스스로 행사활동을 주관해 오던 그 자리를 학생들에게 내주어야 합니다. 즉 행사의 계획, 조직과 준비, 운영, 평가의 전 과정이 학생들의 자율적이고 자치적인 활동에 의해 이루어지도록 하고, 교사들은 가능한 한 학생들의 활동을 도와주는 조력자, 협력자로서의 역할로 전환해야 함을 뜻합니다.

혁신학교에서는 이런 학생중심의 학교행사를 철저하게 이해하고 이행하고 있습니다. 조현초등학교를 방문했을 때 마침 전교생이 모이는 행사인 '다모임'을 하고 있었습니다. 선생님들은 행사보조를 하고 있었고, 아이들이 마이크를 잡고 행사를 주관하는 모습을 보았습니다. 보평초등학교 복도를 지나가다가 그룹별로 수학여행을 다녀온 모습을 보며 깜짝 놀랐습니다. 대개 경주나 설악산에 2박 3일로 여행사에 위탁하여 수학여행을 떠나는 것이 일반적인 모습입니다. 그런데 남도여행부터 시작하여 다양한 여행지와 체험들을 한 사진과 글들이 복도에 게시되어 있었습니다. 저는 솔직히 새로운 방식의 수학여행에 대한 신선함보다 혁신학교 교사들의 노고가 먼저 다가왔습니다. 남도여행만 하더라도 학생들이 남도여행을 가려면 교사들은 방학 때 사전답사를 통해 남도여행 루트를 개발해야 하기 때문입니다. 하지만 교사들의 노고는 결코 일회성으로 휘발된다고 생각하지 않습니다. 수학여행업체에 위탁했을 때는 그럴지 모르겠지만, 이런 식의 혁신학교 교사들의 땀과 노력은 해가 지날수록 교육적 노하우가 축적될 것이 분명하기 때문입니다.

다음으로, 혁신학교에서는 학생중심의 학교행사에 대한 가치를 소중하게 생각하고 있었습니다. 사실 학교중심의 학교행사는 학생중심의 학교행사보다 더 효율적이고 짜임새 있고 매끈하게 치를 수 있는 개연성이 높습니다. 그래서 학교행사 기획 및 운영 담당교사는 학교중심의 학교행사에 대한 유혹에 빠지기 쉽습니다. 그러나 혁신학교에서는 학교중심의 학교행사를 성공적이라 자부하기에 앞서 학생들의 학교행사를 위한 도구화, 흥미도 결여 등의 부정적인 결과도 예측합니다. 그리고 학교행사는 행사 그 자체에 목적이 있는 것이 아니라, 학생에게 있다는 점을 분명히 합니다. 그간 겉보기에 멋진 학교행사를 위해 학생이 동원되는 어처구니없는 상황이 초래된 점은 우리 모두가 각성해야 할 부분이라 인정합니다. 그래서 혁신학교에서는 비록 학생이 중심이 되어 일처리도 더디고 시행착오도 겪고 볼품없는 학교행사가 되더라도 학생중심의 학교행사에 대한 가치를 부여하고 그 의미를 공유해 나가고 있습니다.

## 흥덕고등학교 통합기행

앞에서 보평초등학교의 통합여행에 대해 잠깐 소개는 하였지만, 용인에 있는 혁신학교인 흥덕고등학교도 기존의 관행적인 수학여행의 틀에서 벗어나 흥덕고등학교만의 통합기행을 실시한 사례가 있어 소개하고자 합니다. 흥덕고등학교의 통합기행 사례는 경기교육(2011 여름호)에 실려 있어 옮겨 봅니다.

### 너희는 수학여행가니? 우리는 통합기행 간다!

흥덕고등학교의 교육과정 속에는 학생이 주인이 될 수 있도록 이끄는 다양한 프로그램이 녹아있다. 그중 1학년을 대상으로 이뤄지고 있는 체험활동 '통합기행'은 그동안의 일제식 수학여행과는 차별화 된 프로그램으로 학생들에게도 호응도가 높다. '통합기행'은 10~15명의 학생들이 2박 3일 동안 체험하고 싶은 장소를 직접 선별, 일정을 계획하고, 숙소 선정 및 예산 편성까지 스스로가 주인이 되어 체험활동을 이글도록 되어 있다. 인솔 교사는 도우미의 형태로 일정을 함께하게 되며, '통합기행' 이후에는 활동 보고서를 제출하고 이를 바탕으로 학생들이 직접 프리젠테이션을 하는 '통합기행' 발표회를 개최하고 있다. 흥덕고등학교 학생들의 통합기행의 테마는 아주 다양하다. 역사지리 통합기행도 있고, 걷기, 템플스테이, 자전거여행 등 자아성찰기행도 있고, 갯벌탐방, 숲탐방 등 총 19개팀이 통합기행을 다녀왔다고 한다.

학창시절의 수행 여행은 많은 추억거리를 만든다. 하지만, 스스로 정한 길로 친구들과 함께 자전거를 타면서 달리는 바람의 맛을 알고 있는 고등학생들은 몇이나 딜까? 생각지 못한 길도 만날 것이고,

예상치 못한 돌발 상황 속에 친구들이 서로를 도우며, 의지하고 목적지를 향해가는 경험은 2박 3일 동안의 짧은 일정이었음에도 불구하고 홍덕고등학교 학생들을 한층 성장시킬 수 있는 기회가 되었다. 전주 한옥마을로 '통합기행'을 다녀온 1학년 정현아 학생에게 일제식의 수학여행과 통합기행 중 어떠한 형태의 체험학습 프로그램을 원하는지 물어보았다. 너무도 명쾌한 목소리로 주저없이 자유와 선택이 있는 '통합기행'이라고 말한다. 또한 실제 체험하면서 스스로의 계획이 다소 부족했다는 것도 깨달았다고 한다. 다음에 기회가 된다면 좀 더 치밀하고 꼼꼼한 계획을 세워 보고 싶다는 당찬 포부와 함께 통합기행을 통해 '자유'의 소중함과 그 책임을 함께 배웠으며 또한 스스로가 계획하여 무언가를 이뤄냈다는 자신감이 생겼다고 했다. '통합기행'이 체험을 통해 학생들을 변화시킬 수 있는 진정한 '산 교육'이 되었음을 알 수 있었다.

## ■ 겉치레에서 내실로

기존의 학교행사가 다분히 형식적이고 전시적인 성격을 띠고 있어 교사와 학생 모두에게 만족감을 줄 수 없는 '내실 없는 행사', '피곤한 행사'가 많은 것이 엄연한 아픈 현실입니다. 이용숙은 그의 연구에서 학교행사문화의 특성으로 '형식성', '전시성'을 꼽고 있는 것도 한 예입니다. 학교행사가 전시성, 현시성(顯示性)을 띠는 이유는 관행으로 굳어진 탓과 결과를 우선시하는 사회적 풍토와도 무관하지 않습니다. 그러나 현실적인 이유로는 학교교육을 평가하는 방식이나 인식이 결과 우선이고 실적위주이기 때문이기도 합니다.

학교행사에서 겉치레적인 요소가 강조되는 이유는 결국 '잘 보이

는 것'을 '잘 하는 것'으로 여기기 때문입니다. 그러나 '잘 보이는 것'이 반드시 '잘 하는 것'은 아닙니다. 학교행사에서 발견되는 보여주기식 요소는 학교행사 문화에서 치유해야 할 문화적 질병과도 같습니다. 왜냐하면 학교행사의 겉치레적인 속성이 짙으면 짙을수록 학교교육은 속으로 곪게 되기 때문입니다. 전시적이고 형식적인 대규모 학교행사를 마쳤을 때, 학교구성원 모두가 행사의 진한 후유증으로 몸살을 앓는 현상을 자주 목격하게 됩니다.

전시적인 학교행사를 준비하는 것은 교사들이 수업에 충실하지 못하게 하는 요인 중의 하나입니다. 특히 학교행사에서 학부모나 외부 사람들을 향한 볼거리 위주의 프로그램을 담당한 교사들은 심적 부담감이 크기 마련입니다. 이외에도 전시적인 학교행사는 정해진 기한 내에 학생들을 교육해야 하는 관계로 교사들이 학생들을 다그칠 뿐만 아니라 학생들을 비교육적으로 통제하는 일도 잦아지게 됩니다.

사실 일반학교에서도 이런 학교행사의 폐해에 대해 누구보다 잘 알고 있습니다. 혁신학교의 차이점은 바로 '실천'에 있습니다. 혁신학교에서는 학교행사에 대해서도 과감한 선택과 집중을 합니다. 특히 학교행사를 겉치레에서 내실 있는 학교행사로 거듭나는데 온 힘을 쏟습니다. 이를 위해서 혁신학교에서는 학교구성원들의 집단지성의 힘을 빌립니다. 학교구성원들이 머리를 맞대고 학교행사에 대해 고민을 하고 회의를 하는 것이지요. 그리고 기존 학교행사에 대해 여러 가지 질문을 겁니다. 내실 있고 혁신적인 학교행사를 위해서 '어떻게'란 질문보다는 '왜'라는 질문을 훨씬 많이 사용합니다. '왜'라는 보다 근본적이고 본질적인(Radical) 질문이 가장 과격하고 진보적이며 혁신적인(Radical) 질문이 되기 때문입니다. 그래서 혁신학교 학교행사의 모습은 일반학교와 간혹 비슷하게 보일지 몰라도, 속을 들여다보면 상당히 다른 경우가 많을 겁니다. 아니 외형적인 모습을 보면 오히려 혁신학교 학교행사는 초라하기 그지없을 때가 많습니다. 일반학교에서의 학예회를 한번 생각해 보세요. 무대와 의상은 물론이고, 재능발표의 수준도 엄청 높습니다. 그러나 안타까운 것은 그야말로 누군가에게 보여주기 위한 발표의 장으로 끝나 버리는 겁니다. 때론 학원 교육활동의 장이 되어버리는 경우도 있구요. 혁신학교에서는 학예회와 같은 성격의 학교행사는 학교교육활동이 자연스럽게 갈무리하면서 학교구성원들이 함께 하는 축제로서의 성격이 강합니다. 보여주기식 학교행사에 신경을 쓸 필요도 없고, 애초부터 그럴 의도가 전혀 없는 것입니다.


유쾌한 도전 양평 세월초등학교의 변신

교과서 교육과정을 교실 밖 체험과 연계하는 세월초등학교의 작지만 요란한 반란(?)은 최근 '혁신교육' 의 화두 속에 그 본보기를 보여주는 말 그대로 뜨는 학교다.
이 학교의 가장 큰 특징은 학생과 부모, 교사 뿐 아니라 마을의 각 분야 전문인이 교육공동체 모델을 형성하는 학교라는 점이다.


**학교와 마을사람들이 어울리다**
양평 세월초등학교에서 열린 세월마을학교축제 「달님과 손뼉치

기」는 학교를 넘어 지역주민의 축제가 된 학예회였다. '세월리'의 '월(月)'을 본 따 '주민들과 함께 손을 마주친다'는 의미란다.

전교생이 98명인 양평의 조그마한 시골 학교. 이 작은 학교가 시끌벅적하다. 운동장 한가운데엔 대형 무대가 들어서있고, 운동장 구석구석에 쳐놓은 천막에는 마을 어르신들과 학부모들이 가득 들어찼다. '자연과 하나되는 우리!', '봄아 반갑다! 물아 고맙다!', '꼬끼오 구구구구!', '노라조 애니마!' 등 아이들이 어른들을 가르치는 체험코너엔 행사 안내를 맡은 아이들의 움직임이 분주하다.

오늘은 재작년에 이어 올해로 두 번째를 맞는 세월마을학교 축제 「달님과 손뼉치기」 행사가 있는 날. '손뼉치기'라는 제목에서 엿볼 수 있듯이 '마을사람들과 어울림'이 행사 주제다. 보통의 학예회가 일회성 이벤트에 그치는 게 대부분이라면 세월초등학교는 그렇지 않다. 단순히 아이들의 재능을 발표하는 자리에 지나지 않다면 교육적인 의미가 없단다. 3월에 학교 교육과정을 계획할 때부터 문화예술교육을 교육과정에 삽입한다. 그리고 1년 동안 몸으로 체험하고 배운 보따리를 마을학교 축제 때 풀어놓는 것이다.

**마을의 달인도 학생들이 찾아냈다.**

허름하지만, 마을의 공방에서 대금을 제작하는 주구석씨를 찾아 대나무로 만든 대금만들기 체험과 이야기를 꽃피웠고 학부모 김혜경씨가 취미로 익혔다는 드럼과 모둠북솜씨에 탄성을 내기도 했다. 지푸라기 짚신과 멍석, 망태기 만들기의 달인인 마을 어른신을 만난 이후 아이들은 길에서 '지푸라기 할아버지'를 만나기라도 하면 서로 달려가 인사를 드리곤 한다.

또 바쁜 농번기지만 짬을 내 참여한 마을 어르신들과 장난꾸러기 아이들은 영화감독이나 연출가가 되곤 한다. 축제 때 선보일 영화 제작을 위해 감독과 연출가가 되어 카메라 앵글을 잡아 보는 것은 흥미진진한 경험이었다.

"결혼 후 이렇게 웃어본 건 처음이야"라며 웃음에 흠뻑 빠진 할머니부터 5년 전 이사온 한 학부모는 "도시 생활에 비해 너무 행복하다"며 마을의 인심과 아름다운 지역공동체 삶과 함께 영위하는 만족감을 영화속 조연으로 그대로 나타내기도 했다.

이밖에 학생들은 교과과정속 지도수업을 연계 '세월표 마을지도'와 이야기를 담아냈고 그림책으로 만든 미니집을 선보이는 등 축제를 통해 굳이 학습내용을 설명하지 않아도 전시된 작품을 보며 체험형 교과과정을 한눈에 느낄 수 있는 교육을 실현하고 있다.


## 아이들에게 배우다

오전엔 작은 운동회가 있고, 오후엔 학년별 체험 프로그램이 펼쳐졌다. 저녁엔 학예회 순서. 합창과 연주, 연극, 영화, 무술, 퀴즈 등 아이들과 학부모, 마을 어르신들이 함께 즐길 수 있는 다양한 문화예술 프로그램이 준비되었다.

그 중에서도 3학년 아이들은 닭과 관련된 프로그램을 맡았다. 이름하여 '꼬끼오 구구구구!'. 이 코너에선 어른들이 아이들의 안내로 닭과 관련된 책을 구경하고, 닭장벽화를 볼 수 있었다. 또 짚풀 공예를 하는 마을 어르신의 도움으로 '달걀 꾸러미 만들기' 체험도 한다. 행사를 위해 아이들은 지난 7월부터 닭집을 만들고, 닭을 키우기 시작했단다. 9월부터는 '마당을 나온 암탉' 연극을 위해 아침 자습시간과 국어 시간에 책을 읽고 연극 극본으로 만드는 작업을 담임인 신용덕 교사와 함께 했다. 이 연극에서 '암탉 3'을 맡은 김윤

서 학생은 "여름부터 준비했다"면서 "준비하는 동안 힘들었지만 재미있었다"고 말한다.

학교 건물 3층 '하늘 시네마'에서 영화 상영이 있었다. 6학년 아이들이 시나리오부터 출연, 촬영, 편집 등을 모두 맡아서 진행한 것인데, 아이들이 꾸민 영화감상실에서 팝콘과 주스를 먹으며 영화도 보고, 제작과정을 보여주는 전시물도 구경했다. 영화 제목은 '이대로 질 수 없다'. 학교에서 아이들이 겪는 이야기들을 엮은 시트콤인데, 아이들의 표정 연기와 효과음이 압권이었다.

행사 진행을 맡았던 남궁역 교사는 이렇게 말한다. "학예회가 학예회로 끝나면 아무런 교육적인 효과가 없잖아요. 행사를 어떤 모습으로 그릴 것인지부터 긴 안목을 가지고 시작해야 해요. 교육과정 속에서 함께 어우러지는 것도 필요하고요. 교사들과의 합의도 중요한 것 같아요. 서로 다른 생각을 가진 이들이 만나서 끊임없이 이야기하며 합의하는 과정을 거쳐야 하죠."

아침부터 저녁 늦은 시간까지 펼쳐진 세월마을학교축제. 전문가들은 문화예술은 '유희'에서 비롯되었다고 말한다. 문화예술 교육 역시 유희, 즉 '자연스러운 놀이'와 같아야 한다. 문화예술 교육이 축제와 같이 신명나고 즐겁다면 성공할 수 있지 않을까. 세월마을학교축제를 통해 문화예술 교육으로 꼬마 예술가들이 자라고, 이 꼬마 예술가들의 학예회로 문화예술을 즐길 기회가 드문 지역주민들의 축제가 되는, 함께 즐기는 '어울림'의 진짜 의미를 몸으로 느낄 수 있었다.

■ 획일에서 다양으로

핑크 플로이드의 뮤직 비디오 〈벽〉에는 아이들이 차례로 학교에 들어가 소시지가 되어 나오는 장면이 있습니다. 학교행사의 획일적인 모습을 연상케 하는 장면이 아닐 수 없습니다. 이제는 모든 것을 동일한 것으로 만들려고 하는 대신 다양성을 추구해야 할 시대입니다. 소품종 대량생산체제에서 다품종 소량생산체제로 전환된 이 시대에서는 폐쇄성보다는 개방성이, 표준보다는 개성이 중요한 특성으로 부각되고 있습니다. 전문역량의 첨단인 창의력은 다양성의 풍토에서 그 자양분을 얻습니다. 다양성이 내포되어 있는 풍토에서 창의력과 동시에 개방성도 자라납니다. 창의성과 개방성은 현재와 미래사회에서 요구받고 있는 교육인재들이 갖추어야 할 핵심역량이라 할 수 있습니다. 이런 점에 비추어서 학교행사는 전체주의적인 획일성에서 벗어나 다양성을 추구해야 할 것입니다. 혁신학교 학교행사가 정형화된 틀에서 벗어나 다양한 모습으로 표출되는 이유를 몇 가지 적어보겠습니다.

첫째, 혁신학교에서는 '표준'이라는 집착과 굴레에서 벗어나 있습니다. 표준에 의한 획일성에서 탈피하지 못하면 패러다임 사이의 이종교배를 통한 새로운 교육적 상상력의 학교행사는 요원해 질 수밖에 없다는 것을 혁신학교 구성원들은 잘 압니다. 이우학교 이수광 교장선생님은 표준화된 학교가 학생들의 꿈도 표준화시킨다고 주장합니다. 학생들 각자가 꾸어야 할 꿈을 학교가 동일한 꿈을 대신 꾸어주고 있다는 것입니다. 혁신학교에서는 '표준'에서 '파격'의 학교행사

로의 전환에서 발생하는 몇몇 실패들을 '의미 있는 실패'로 간주하곤 합니다. 그리고 현재 실시하고 있는 학교행사에 대해서도 끊임없는 '질문걸기'를 통해 안주하거나 고착화되는 것을 경계하는 모습을 확인할 수 있었습니다.

둘째, 혁신학교에서는 학교행사를 위한 단위학교 내 권한이양이 눈에 보입니다. 사실 교과부는 교육청으로 교육청은 단위학교로 권한이 옮겨져야 합니다. 또한 단위학교에서도 학교장에서 교사로, 교사에서 학생에게로 권한이 지속적으로 이양되어야 하는데, 실제로는 귀찮고 책임지기 싫은 것만 골라서 아래로 내려 보내곤 합니다. 실질적인 권한이양이라고 볼 수 없는 것이지요. 그러나 혁신학교에서는 학생에게까지 권한이 이양되어 있습니다. 이는 결국 학생중심의 학교행사를 위한 기본 전제라 할 수 있습니다. 학생에게 권한이 이양되면 어른들이 생각지도 못했던 색다르고 다양한 학교행사가 자연스럽게 생겨나게 마련입니다. 물론 산뜻하고 깔끔한 학교행사보다는 투박하고 거칠고 매끄럽지 못한 학교행사가 되겠지만, 혁신학교에서는 이것을 매우 귀중하고 소중하게 바라보는 안목이 있습니다. 사실 학생에게 권한이양을 한다고 해서 학교와 교사의 권위가 무너지고 교실이 붕괴되는 것은 아니지 않습니까? 교사가 조력자로서의 역할을 충실히 함으로써 오히려 교사 권위가 살아나고, 학교가 살아나는 계기가 될 수 있음을 혁신학교를 통해 확인할 수 있을 겁니다.

셋째, 혁신학교에서는 학교교육의 폐쇄성을 극복한 사례가 많습니다. 단위학교에서 추진 가능한 학교행사만을 고집한다면 결코 다양한 학생들의 요구에 부응하는 다양하고 훌륭한 학교행사를 이끌어내기 어렵습니다. 학생들의 요구수준은 점점 다양화, 고급화 되어 가고 있습니다. 이런 다양한 요구에 부응하는 길은 외딴 섬으로서의 단위학교가 감당할 일이 아님을 혁신학교에서는 감지하고 있습니다. 그래서 혁신학교에서는 학교 밖의 다양한 인적, 물적 네트워크를 활용하여 기존 학교행사보다 훨씬 질 높고 다양한 학교행사를 개최하는 경우를 확인할 수 있습니다.

## ■ 답습에서 혁신으로

기존의 학교행사가 시대의 요구와 변화의 속도에 발맞추지 못하고 기존 학교행사를 답습하고 있는 상황임을 부인하기 어렵습니다. '21세기의 학생들을, 20세기 학교에서, 19세기 방식으로 교육한다.'라는 말이 회자되는 것을 귀 기울일 필요가 있습니다. 학교행사가 새로운 혁신을 하지 못하고 있는 이유를 몇 가지 측면에서 먼저 살펴보겠습니다. 그리고 혁신학교에서는 어떻게 이런 점을 혁신했는지도 짚어 보겠습니다.

첫째, 학교구성원들이 관행을 우선하고 새로운 시도를 꺼려하기 때문입니다. 습관이 개인에게 있어 가장 편한 상태로 굳어진 것이라면, 관행은 집단적 습관이라 할 수 있습니다. 집단적 습관으로서의 관행은 학교에서 일을 가장 쉽고도 편하게 추진할 수 있는 방법이며 학교구성원들에게는 익숙한 굳은살인 것입니다. 그래서 관행은 늘

답습되며, 관행을 깨는 새로운 시도는 파격이며 위험한 발상에 속합니다. 혁신학교에서는 이런 관행이 일차적인 혁신대상이 됩니다. 사실 혁신학교에서는 새로운 무슨 일을 많이 시도했다기보다는 이런 관행을 먼저 제거하는데 힘을 쏟았다고 볼 수 있습니다.

둘째, 학교행사의 업무처리 및 의사결정구조의 특성 때문입니다. 학교행사를 처음 기획하는 기초자료는 작년에 실시했던 공문이 됩니다. 작년 공문을 보고 기획한 학교행사는 작년과 크게 다를 바가 없게 됩니다. 학교행사를 추진하는 이들이 작년 공문을 참고하는 이유는 관행을 우선하면 최소한 무난하다는 평을 들을 수 있기 때문입니다. 또한 여러 일 처리에 바쁜 교사들이 계획서를 빠르고 편하게 작성할 수 있기 때문이기도 합니다. 학교행사 계획서는 전체 교직원들의 협의를 통해 새로운 의견을 수렴하기보다는 곧바로 학교장의 결재를 받거나, 부장협의회를 거쳐 최종 결정을 내리는 경우가 많습니다. 그리고 상명하달 식으로 모든 교사들에게 통보하게 됩니다. 결국 학교행사가 변하지 않고 답습되는 이유는 작년 공문을 기초로 한 학교행사계획서와 상명하달식의 의사결정구조가 원인이라 할 수 있습니다. 그러나 혁신학교에서는 당연히 작년 공문을 보고 학교행사를 기획할 수 도, 그럴 필요도 없습니다. 혁신학교의 학교행사는 학교구성원들의 집단지성의 결과이기 때문입니다. 기획과 더불어 행사가 끝나면 틀림없이 행사에 대한 결과반성을 합니다. 당연히 내년에는 더욱 좋은 행사로 발전할 수 있을 가능성이 농후해 집니다.

셋째, 튀는 사람을 배격하는 문화가 존재하기 때문입니다. 여기서 '튀다'라는 말은 '다른 사람과 다르다'는 의미입니다. 학교에서는 목적과 방향의 좋고 나쁜 것을 떠나서 일단 다른 사람과 달리 튀는 행동을 하게 되면 경계의 대상이 되곤 합니다. 또한 학교행사의 변화를 모색하는 사람들이 의견을 선뜻 말하지 못하는 이유는 '말하는 자가 책임지라'는 암묵적 강요가 있기 때문입니다. 지극히 냉소적이고 비협조적인 분위기에서, 새로운 시도를 하려는 사람에게는 모든 행사의 기획 및 추진은 물론이고 평가에서의 비난까지도 감수하라는 것이지요. 한마디로 새롭게 학교행사를 하려면 혼자서 모든 책임을 다 지라는 소리입니다. 그래서 학교행사는 변화와는 상관없이 늘 하던 대로 답습할 수밖에 없는 것입니다. 학교행사가 답습되고 있다는 것은 새로운 것을 창조하지 못하고 있다는 것입니다. 이는 곧 발전이 없다는 뜻이기도 하며 퇴보를 의미하기도 합니다.

그러나 혁신학교 구성원들은 혁신을 향해 깨어난 사람들입니다. 혁신학교란 곳은 관행과 관성을 거부하고 활기차게 움직이고 있는 혁신의 추동 주체들의 역량이 키워지는 곳이지요. 답습의 관행으로 일관하기 보다는 잠자고 있던 관행을 흔들어 깨우는 일을 스스로 즐기는 사람들이 혁신학교 사람들입니다. 당연히 혁신학교에서는 교육적 상상력과 열정이 때론 더딜지라도 실천으로 구현되는 것입니다.

■ 타율에서 자율로

학생들은 학교행사에서 학생들 나름의 자율성을 발휘할 기회를 충분

히 부여받지 못하고 있습니다. 이는 학교행사를 둘러싼 학교구성원들 간의 관계가 수직적인 구조라는데 기인하지만, 전반적인 우리 교육의 타율적인 환경과도 밀접한 관련이 있습니다. 자율이 아닌 타율의 환경에서 공부하는 우리나라 학생들은 학업성취는 우수하지만 공부의 흥미도가 낮고 자기주도적 학습능력은 떨어진다는 PISA의 결과는 이미 공공연한 사실입니다. 또한 학교 참여도는 높지만 학교 소속감은 낮은 것도 타율과 관련이 있다고 할 수 있습니다.

그렇다면 학교에서 학생들에게 자율을 주지 않는 이유는 무엇일까요? 가장 큰 이유는 교사들이 학생들의 능력을 신뢰하지 못하고, 자율로 인해 발생하는 초기 혼란을 불안해하기 때문입니다. 학생들이 학교행사에서 자율성이 배제되었다면 교사들은 어떠할까요? 교사들도 타율이라는 점에서는 학생들과 별로 다를 바가 없습니다. 교사들도 상명하달식 의사결정구조에서는 타율적이 될 수밖에 없기 때문이죠. 학교행사를 기획하고 추진하는 과정에서 교사들의 의견수렴 절차를 제대로 거치지도 않을 뿐만 아니라, 혹 교사들의 의견이 전달된다고 하더라도 묵살 당하기 십상입니다. 교사들은 학생들에 비하면 자율성을 발휘할 기회나마 있지만, 많은 교사들은 '피곤한 자율'보다는 '속 편한 타율'을 따르고 있습니다. 학생들은 타율에 길들여지는 반면, 교사들은 타율을 적당한 선 안에서 선택하는 경우라 할 수 있습니다. 교사들이 타율을 선택하는 이유는 자율에 따른 책임을 회피할 수 있고, 업무를 쉽게 할 수 있기 때문입니다.

혁신학교에서는 학교와 교사, 그리고 학생에게 자율성이 대폭 강화된 모습을 볼 수 있습니다. 사실 혁신학교를 지탱하고 있는 가장 큰 힘은 바로 '자율성'입니다. 지금까지 혁신학교가 성공적이라면 이는 분명 교사들의 자율성에 기초한 열정과 노력의 결과일 겁니다. 이런 점과 관련해서 정범모는 한국교육의 체질을 바꾸기 위한 '보약해법' 세 가지를 제안했는데, 그 중의 한 가지 해법이 바로 학교와 교사에게 자율성을 과감하게 허용하라는 것이었습니다. 혁신학교 구성원들은 기존 교직사회에 팽배해있는 좌절감과 피동화 현상을 탈피하여 그들의 자율성을 최대한 활용하는 모습을 보입니다. 저는 혁신학교 학교행사가 무궁무진하게 변화하며 생동감 있는 행사가 될 수 있는 주된 요인은 바로 학교구성원들의 자율성의 보장과 자율성의 활용에 따른 것이라고 생각합니다.

## ■ 외형적 질서에서 진정한 질서로

학교현장에서는 질서를 '일사불란'(一絲不亂)이라는 말과 동의어로 사용하곤 합니다. 일사불란의 뜻은 정연하여 조금도 어지러움이 없음을 뜻합니다. 교사들은 학교행사에서 학생들에게 질서정연함을 강조합니다. 물론 학교행사는 집단적인 활동이어서 질서를 강조하는 것은 이해할 수 있습니다. 그러나 학교행사에서 외형적 질서를 너무나 강조하는 현상은 학생들에게 질서에 대한 왜곡된 개념을 갖게 할수 있습니다. 예를 들어 입학식을 하는 초등학교 1학년 어린이에게도 "차렷, 열중 쉬어, 앞으로 나란히"와 같은 구령을 통하여 줄을 세우는 것에서 알 수 있듯이 많은 학교행사에서 질서 있는 모습을 강조

합니다.

　그렇다면 왜 이렇게 학교행사에서 질서를 강조하는 것일까요? 먼저 거시적인 관점에서 살펴보면, 학교행사에서 질서를 강조하는 현상은 정치, 사회의 역사적인 측면과 무관하지 않습니다. 전통적으로 집단주의적 일체성과 결속을 강조하는 측면들이 이런 모습을 탄생시켰다고 볼 수 있습니다. 또한 유교통치의 이념과 일제시대 식민통치적 군사문화의 산물로서 학교행사들이 정착된 이래, 또 다시 수십 년 동안의 군사독재체제 하에서 전체주의 방식으로 학교행사들이 운영되었기 때문입니다.

　또한 학교에서 질서를 강조하는 이유를 미시적이고 현실적인 측면에서 살펴보면, 무엇보다도 학생들의 관리를 효율적으로 하기 위함이 큽니다. 학교는 교육을 하는 곳이지만 실제로는 많은 학생들로 인하여 관리를 우선할 때가 많습니다. 특히 많은 학생들이 집단으로 모여 행하는 학교행사에서는 관리의 모습이 훨씬 더 강합니다. 관리를 위해서는 질서가 가장 중요할 수밖에 없으며, 방법 또한 강압적인 주입 또는 외형적인 질서의 결과만을 강조합니다. 한마디로 학교행사에서 질서를 강조하는 이유는 학생들의 안전과 효율적인 관리를 위해서라고 할 수 있습니다. 그러나 외형적인 질서만을 지나치게 강조하면 학생들의 창의성과 개성, 잠재능력의 계발은커녕 그나마 지니고 있는 학생들의 좋은 능력의 싹을 제거하는 우를 범할 공산(公算)이 높습니다. 박성혁이 질서의 기본적인 내용을 이루고 있는 규칙에 대해 한국 학생들이 어떤 의식을 지니고 있는지를 조사한 연구에 따르면, 초등학생들은 관습적 규칙에 대해 '이해의 부재 가운데 수용하는 유형'에 속한다고 합니다. 그는 이를 두고 학생들이 관습적 규칙을 죽은 지식의 덩어리로서 의식하고 있다고 판단하고 있습니다.

혁신학교에서는 학교행사를 통해서 외형적 질서가 아닌 진정한 질서를 교육시키고 있습니다. 진정한 질서교육이란 줄을 똑바로 서게끔 하는 것이 아니라, 순서를 기다릴 줄 아는 질서의식, 즉 예절교육에 가깝습니다. 남을 배려하는 버릇, 남에게 폐를 끼치지 않는 행동 등을 어려서부터 교육을 통해 몸에 배야만 비로소 자연스러운 행동으로 우러나오게 됩니다. 선진국들은 유치원부터 이리한 에티켓교육을 구체적으로 시킨다고 합니다. 그러나 우리 교육은 외형적 질서만을 강조한 결과 한국 사람은 거칠고 무례하다는 지적을 종종 받습니다.

혁신학교에서는 일반적으로 학교에서 강조하는 외형적 질서의 강조는 좀처럼 찾아보기 힘듭니다. 대신 혁신학교에서는 외부통제보다는 내부자율기제가 한층 강화되었다는 느낌이 있습니다. 그럴 수밖에 없는 것이 혁신학교에서는 학생들이 중심이 되고, 누구에게 보여주기 위한 행사도 아니고, 자율성 기반 아래 학교행사가 진행되고 있는 마당에 외형적 질서 강조와 외부통제는 어울리지 않게 됩니다. 혁신학교 구성원들은 학교행사에 따른 내부자율기제를 암묵적으로 수용하고 있다고 봐야 할 겁니다.


■ 목적전도에서 목적일관으로

학교행사는 공식적이고 구체적인 목표가 설정되어 있습니다. 그러나

학교에서 실제로 이러한 목표에 매진하고 있다고 보기는 어렵습니다. 즉 학교행사의 표면적인 목표와 잠재된 목표 사이에는 괴리가 있으며, '해야 하는 일'과 '하고 있는 일' 사이에는 많은 차이가 존재한다는 것입니다. 목적전도라 함은 학교행사의 공식적인 목적은 별 효력을 발휘하지 못하고 다른 목적이 그 자리를 대신한다는 뜻입니다.

조회의 예를 들면 학생들의 자율성과 즐거움(조회의 목표: 집단의 발전과 공동생활의 질서를 자율적으로 추구할 수 있다, 집단생활에 관심을 가지고 자율적으로 협력하여 즐거운 생활을 할 수 있다)은 공식적인 목표일 뿐, 실제 조회는 학생관리의 효율성을 도모하려는 성격이 강하다는 것입니다. 운동회의 경우도 공식적인 목표가 학생들의 신체적, 정서적 발달을 도모하는 것에 반해, 실제적 목표에서는 운동회를 통해 학생들의 기량을 지역인사 및 학부모들에게 보여주기 위한 것과 지역사회와의 유대관계를 맺는 기회로 활용하는 성격이 짙을 경우도 많습니다. 이런 현상이 일어나게 되는 원인은 몇 가지 있습니다.

먼저 학교구성원들이 학교행사의 목적을 생각하지 않는 경향성 때문입니다. 즉 학교구성원들은 왜 학교행사를 하는지 알려고도 하지 않고, 왜 하는지도 잘 모르면서 학교행사에 임하는 경우가 많습니다. 한마디로 학교구성원들은 학교행사에 대해 무철학적 태도를 보인다는 뜻입니다. 그럼, 왜 교사들은 학교행사의 목적을 생각하지 않는 것일까요? 그 이유는 먼저 교사들이 그럴 필요성을 못 느끼기 때문입니다. 학교행사에 관한 일은 지극히 분업화되어 있습니다. 교사도 그렇고 학생들도 마찬가지입니다. 그래서 학교구성원들은 자기가 맡은 일만 열심히 하면 되는 것이죠. 다음으로 자신이 주도적으로 학교행사를 기획하고 추진하는 것이 아니라 남이 시키는 일을 해야 하는 타율의 환경에서는 학교행사의 목적을 찾는 일은 자신하고는 별로 상관없는 것이 되기 때문입니다.

다음으로, 학교에서는 학교행사의 공식적인 목표보다 상황에 따른 목표를 더 중시하기 때문입니다. 즉 공식적인 목표는 명목상, 문서상의 목표로 전락하여 실제적인 학교행사에서는 효력을 발생하지 못하는 것입니다. 학교행사에서의 목적진도는 목적을 설정하는 논리적 순서에도 문제를 안고 있습니다. 즉 학교행사의 목적이 설정되고 난 다음 학교행사는 실시되어야 하는 것이 합리적입니다. 그러나 지금은 관행대로 실시되는 학교행사에서 목적을 찾아내거나 정당화하는 비합리성을 띠고 있습니다. 한마디로 '해야 할 일'이 아닌 '하고 있는 일'에서 목적을 찾아내는 본말전도현상이 나타난다는 것입니다. 윤구병 선생의 말마따나 '생각대로 살지 않으면 사는 대로 생각하게 된다.'는 말과 꼭 들어맞습니다. 이런 점은 교사들로 하여금 학교행사에 대한 반성적 성찰을 사라지게 하며, 주어진 일만 열심히 하게 만듭니다.

그러나 혁신학교에서는 학교행사에 자율성과 집단지성의 힘을 빌리기 때문에 제일 먼저 하는 일이 학교행사의 목적을 찾는 일을 하게 됩니다. 이는 자신하고 별로 상관없는 일이 아닌 매우 중요한 일이 됩니다. 당연히 학생이나 교사에게서 타율적인 모습을 찾기 어렵습

니다. 또한 혁신학교에서는 문제의식을 가진 교사들을 부정적인 사람으로 매도하는 일이 없습니다. 비난과 비판은 다릅니다. 파괴를 목적으로 하는 비난과, 창조를 목적으로 하는 비판은 구분하여야 합니다. 학교행사에 대해 비판을 하는 사람은 학교행사의 목적을 제대로 달성하게 하는데 도움을 주는 사람입니다. 문제의식을 내 비추지 않고 매사에 순응적인 사람들만 있다면 학교행사의 목적전도는 지속적으로 일어날 것입니다. 혁신학교 구성원들은 비난이 아닌 비판을 예리하게 잘 하는 사람이라 생각됩니다.

혁신학교에서는 행사를 기획함에 있어 학교구성원들과 행사의 목적에 대해 충분한 의견을 나누고 있었습니다. 이런 소통의 작업은 학교행사의 내실을 기함은 물론 학교행사가 지향해야 할 방향성을 함께 공유하고 함께 실천할 내용이기 때문에 아주 중요한 과정으로 생각합니다. 이러한 혁신학교의 학교행사의 기획과 진행 과정 때문에 일반학교와 비슷한 학교행사를 치루면서도 다르다는 표현을 하게 되는 것입니다. 그리고 일반학교에서 자주 나타나고 있는 학교행사의 목적전도 현상이 나타나지 않고 수미일관된 학교행사를 치를 수 있게 되는 겁니다.


온신초등학교의 학교행사

'회오리 신바람 온신교육'을 표방하고 있는 온신초등학교의 학교행사 사례를 소개하고자 합니다. 온신초등학교 사례를 보면 학교행사가 일상적인 교육과정 속에 녹아들고 발표 역시 자연스럽게 이뤄지는 모습을 확인할 수 있습니다. 홍덕고등학교와 마찬가지로 경기교육(2011 여름호)에 함께 실려 있어 옮겨 봅니다.

눈빛이 달라지는 연극놀이, 궁금하지?

온신의 교육핵심인 '아이들의 눈빛을 다르게 하는 연극놀이'는 아이들을 위한 현장 개혁을 통한 공교육 활성화의 새로운 창조적 표현이다. 온신연극제는 학기 초부터 국어교과나 창의적 체험활동에 연극놀이를 활용하여 동시와 이야기, 전래동요 등을 쉽고 즐겁게 접할 수 있도록 하여 평소에 배운 내용으로 무대에 선다. 교육과정과 재량(창의적 체험활동)활동시간에만 지도를 하기 때문에 많은 아이들이 대사를 완벽하게 외우지 못하고 무대에 오르지만 학생, 학부모, 교사 모두가 그 자체로 만족한다.

"우리학교에서 실시하는 교육연극은 '교육과정에서 연극놀이 활용하기'를 통해 자기 자신을 자유롭게 표현하기에 중점을 두기 때문에 평소에 연극놀이 활동을 할 때 대사를 완벽하게 외우라고 하기보다는 줄기라고 하지요. 우리가 바라는 건 교육연극을 통해서 지치고 상처받고 자존감 없는 아이들이 스스로 눈빛을 세우고 무언가를 하려고 하는 자세로 바뀌어 나가는 것"임을 힘주어 이야기 한다.

주현민 학생은 온신연극제에 대해 "연습할 시간이 거의 없었어요. 그래서 대사를 외우지 못하고 무대에 올라야 하니 걱정이 많이 되었어요. 그런데 친구들이 무대에서 서로 알려주면서 하니 더 재미있었어요. 우리 학교 아이들이 가장 좋아하는 것은 연극놀이예요."라며 깔깔 거린다.

분명 온신연극제는 다른 학교의 학예발표회나 연극발표회처럼 무대나 내용면에서 화려하지는 않았다. 그러나 아이들은 무대 위에

서 자신이 해냈다는 뿌듯함과 친구와 함께 하는 즐거움을 알게 하
여 마음속에 삶에 대한 신바람 회오리를 일으켜 아이들의 눈빛을
다르게 하는지도 모른다.

 # 혁신학교 선생님들은 어떤 분들인가요?

"재밌어요. 수업연구, 이거 중독입니다. 중독!" 수업 연구하는 것이 재미있어 그 맛에 중독된 선생님! 저는 같은 교사로서 고개가 절로 숙여졌습니다. 그리고 선생님이야말로 행복한 삶을 살고 있다고 생각했습니다. "이제 살 것 같습니다. 승진이고 뭐고 한평생 이렇게 아이들과 함께 갔으면 좋겠습니다." 저는 이 말을 듣고 혁신학교의 만족도에 대해 더 이상 물을 것이 없었습니다.

##  아이들 삶에 밀착된 선생님들

저는 언젠가부터 학교 교사를 바라보는 세간의 눈이 곱지 않음을 많이 느낍니다. 학교 교사들에 대해서 탐탁지 않게 여기는 현상은 점점 나아지기는커녕 악화되는 경향이 있습니다. 교직에 있는 사람들의 생각과 자세를 보면 더욱 암울해 집니다. 교사불신(不信) 현상을 반성과 다짐의 기회로 삼기보다는 권위 상실 시대에서 자연적으로 발생하는 비판쯤으로 여기기도 하고, 안정된 직장에 대한 시기 정도로 치부하고 말기 때문입니다. 이러한 교사들의 해석오류는 교사가 시대의 요구에 부응치 못하고 세상의 민심과 더욱 멀어지게 만들어 버립니다.

그래서 그런지 교사들의 부정적인 이미지를 나타내는 말들이 많습니다. '꽉 쥐었다 놓은 사람 같다', '고리타분하다', '샌님이다', '좀팽이다', '짠돌이다', '밴댕이 속이다', '쫀쫀하다' 등이 있습니다. 국어사전에 보면 '쫀쫀하다'는 말은 '존존하다'의 센말로서 '피륙의 짜임이 고르고 곱다'는 의미를 지니고 있긴 합니다만, 통상적으로는 부정적으로 쓰이는 것이 사실입니다. 어느 선생님한테 우스갯소리를 들었습니다. 이야기를 듣고 한참을 웃었지만, 뒷맛이 영 개운치 않고 씁쓸했습니다.

고등학교에서 교문지도를 하던 교사가 복장이 불량한 한 학생을
붙잡았습니다.

교사 : "너 담임선생님이 누구야?
학생 : (황당한 표정으로) "선생님이잖아요?"
교사 : (흠칫 놀라며) "임마, 올해 담임 말고, 작년 담임선생님이 누
　　　구냔 말이야?"
학생 : (어처구니없는 표정으로) "작년에도 선생님이셨잖아요?"
교사 :  !!!

　물론 극단적이고 웃으라고 한 얘기지만, 교사가 학생에 대해 기본
적인 인적사항마저 파악하지 못한 채 지내고 있는 것도 서글픈 상황
입니다. 특히 입시라는 집단최면에 걸려있는 우리 고등학교에서는
그저 웃고만 넘어갈 수 없는 유머입니다. 엘리엇(T. S. Eliot)은 단테
의 〈신곡〉 중 '지옥' 편을 해설하면서 이렇게 썼다고 하더군요. "지옥
은 아무 것도 서로 연결되지 않은 곳이다." 교사와 학생이 소통되지
않고 단절된 관계는 이미 사제지간이라 할 수도 없을 뿐만 아니라,
그런 학교사회는 지옥과 별반 다를 게 없다는 생각이 듭니다.
　교문지도를 생각하면 저는 혁신학교인 장곡중학교의 백원석 선생
님이 생각납니다. 예전에 이른 아침부터 근엄한 표정으로 서슬 퍼렇
게 학생들을 교문지도하셨고, 나름 꽤 악명이 높았다고 고백하셨던
선생님이었습니다. 저는 백원석 선생님이 인권관련 토론회에서 교문
지도와 관련한 경험담을 이야기하는 것을 인상적으로 들었습니다.

선생님은 기존에 했던 교문지도는 하지 않고 그저 교문에 서서 학생들에게 인사를 꾸벅꾸벅 했다고 합니다. 학생들은 의아해했지만, 하루 이틀 시간이 지나자 아이들도 선생님의 진정성을 인정해 주었다고 합니다. 요즘은 '웃음이 피어나는 등하교길 만들기'를 위해 기발한 아이디어를 개발하여 적용하고 있다고 합니다. '오뚜기 스트레스해소 펀치볼', '단짝친구와 사진 찍고 슈크림빵 먹여주기', '일찍 등교하여 우리 반 단체 사진 찍기', '학생독립운동기념일에 교사가 학생들에게 초콜릿 먹여주기' 행사 등을 진행한다고 합니다.

학생들은 학교를 감옥이라고 표현합니다. 등교하는 그 순간부터 짜증이 나고, 학교를 빨리 벗어날 수는 없나 궁리하고 방도를 찾으려고 무진장 애를 쓰는 상황입니다. 그런데 혁신학교에서는 학교가 더 이상 막힌 곳이 아닌 소통하는 열린 공간으로 회복되는 모습이 보였습니다. 배경내가 쓴 '인권은 교문 앞에서 멈춘다.' 라는 책 제목에서 알 수 있듯이 학생들의 학생인권은 교문지도에서부터 짓밟히기 시작했습니다. 그러나 혁신학교에서는 학생인권이 교문에서부터 열리는 모습을 볼 수 있는 것입니다.

교사들이 학생들과 소통하는 것은 쉽지 않은 일입니다. 우리말에 같은 길을 걷고 있다는 뜻인 '길벗'이라는 말이 있습니다. 교사들은 교육의 길을 같이 걷고 있는 '교육길벗'인 셈입니다. 우리의 교육길벗들은 세월이 갈수록 아이들 가르치는 일이 점점 힘들다고 토로합니다. 그러나 이는 요즘뿐만 아니라 옛날 선생들도 힘들기는 마찬가지였습니다. 저는 오랜 옛날 서당의 훈장들은 회초리와 훈계로 학생들

을 쥐락펴락하며 나름 속은 편했을 거라는 생각을 했습니다. 그러나
'훈장타령'이라는 걸 읽으면서 훈장 역시 애가 탈 정도로 힘들었다는
것을 알 수 있었습니다. 그리고 '선생 똥은 개도 안 먹는다.'라는 말의
뜻을 다시 한번 확인할 수 있었습니다.

> 세상에 누가 선생을 좋다고 하느냐
> 연기없는 마음이 불이 자연난다.
> 하늘천따지 하는 동안 청춘은 가고
> 글짓기 하는 동안 백발은 온다
> 비록 정성을 다하나 칭송은 없고
> 잠시만 비우면 싸우는 소리 듣기가 싫다
> 손바닥에 보옥같은 천금같은 자식은
> 매를 때려 달라는 소리가 진심이냐

　조현초등학교를 방문했을 때의 일입니다. 예전에 함께 근무했던
최탁 선생님과 쉬는 시간에 교실을 나와 한적한 곳에서 이야기를 나
누고 있었습니다. 그런데 아이들이 금세 자신들의 담임을 찾아내어
이것 저것 질문하기 시작합니다. 담임과 아이들의 이야기는 막힘이
없이 자연스럽다는 느낌이 들었습니다. 이런 모습은 이우고등학교
등 다른 혁신학교에 가서도 종종 발견할 수 있었습니다. 특히 학부모
님들의 말씀에 따르면 당신들의 자녀들이 집에 돌아와서 담임 선생
님 얘기를 그렇게 많이 한다는 겁니다. 그리고 세상에서 제일 멋있는
사람으로 얘기한다고 합니다. 이천에 있는 혁신학교인 대월초등학교

에 방문했을 때, 학부모도 아이들도 담임선생님이 너무 멋있다고 애기해서 궁금해서 제가 직접 그 선생님을 뵈었습니다. 그 선생님께는 죄송하지만, 외모만으로는 아이들에게 인기를 끌 수 없다는 생각이 들었습니다. 요즘 아이들에게 인기 있는 연예인 외모와는 전혀 딴판이었고, 어른이 제가 판단해도 멋있는 외모는 아니라는 생각이 들었습니다. 하지만 아이들과 학부모들은 그 선생님을 연예인 저리가라 할 만큼 그렇게도 많이 좋아했습니다.

혁신학교를 방문하여 면담하면서 혁신학교 선생님들이 가정방문을 자발적으로 다니신다는 것을 확인할 수 있었습니다. 제가 초등학교 때는 선생님들이 가정방문을 했었지요. 그런데 촌지 등 여러 사정으로 실시하지 않게 되었습니다. 몇 년 전부터 '좋은교사운동'이라는 교사단체에서 회원교사를 중심으로 가정방문 캠페인을 진행하고 있긴 합니다. 혁신학교 교사들은 이 단체와 무관하게 자발적으로 가정방문을 하여 학생들의 삶에 밀착하고 있었습니다. 가정방문은 혁신학교의 공식적인 교육활동이라기보다 교사 자율에 맡겨져 있었습니다. 가정방문을 통해 변화되어 가는 아이들 이야기를 들으면서 참으로 훈훈한 마음이 생겼습니다.

## 자기성찰하는 선생님들

신영복 선생이 '무감어수(無鑑於水) 감어인(鑑於人)' 하라고 했던 말이 생각납니다. 물에다 얼굴을 비추지 말고 사람들에게 얼굴을 비추어 보라는 뜻이라고 합니다. 자녀를 키워 본 학부모님들은 자녀들이 '말한 대로 크지 않고 부모님이 사는 대로 큰다.'는 것을 경험하셨을 겁니다. 초등 저학년 교사들은 반 아이들이 담임인 자신의 말투와 심지어 웃는 모습까지 닮는다는 고백을 자주 합니다. 확실히 교사의 거울은 학생들입니다. 거울은 스스로 웃지 않습니다. 교사가 행복해야 할 이유는 혼자만의 행복이 아니라 학생들과 함께 하는 행복이라 더욱 소중하다는 생각을 해 봅니다. 그러나 학생에게 비추어 교사 자신을 비추는 일은 쉬운 일이 아닙니다. 법정 스님의 말씀처럼 '거울은 자신이 비어야 사물이나 사람을 비출 수 있기' 때문입니다.

카지노에는 세 가지가 없다고 합니다. 창문과 시계 그리고 거울이 없다고 합니다. 가만히 생각해보면 나름대로 다 이유가 있습니다. 카지노에 정신이 팔려 황폐해진 자신의 모습을 거울을 통해 본다면, 카지노에서 나올 확률이 높아질 겁니다. 사람들은 70년을 한평생으로 보았을 때 일 년 반 정도 거울을 본다고 합니다. 하루로 치면 30분 정도입니다. 그러나 사진작가 데이비드 호크니는 "거울 없이 삶을 본다면 절반 밖에 보지 못한다."는 말을 합니다. 삶에 있어서 '자기 성찰'의 중요성을 간파한 말이 아닐 수 없습니다.

늘 허덕이는 학교에서 교사들의 '자기 성찰'은 참으로 쉽지 않은 일입니다. 그러나 '자기 성찰'이야말로 교사로서의 삶을 끊임없이 채찍질하는 좋은 기제가 아닐 수 없습니다. 「토마스 복음서」에 이런 구절이 나옵니다.

"만약 너희가 너희 안에 있는 것을 밖으로 끌어내면, 너희가 밖으로 끌어낸 그것이 너희를 구원할 것이다. 만약 너희가 너희 안에 있는 것을 밖으로 끌어내지 않으면, 너희가 밖으로 끌어내지 않은 그것이 너희를 파멸시킬 것이다."

제 교직 경험상, 아이들이 가장 사랑스러울 때는 아이들이 하교하고 난 후 텅 빈 교실에 앉아 있을 때입니다. 이 얼마나 어처구니없는 일입니까? 아이들하고 함께 있을 때 아낌없는 사랑을 주어야 하는데 말입니다. 하지만 저에겐 그것이 가슴 아픈 현실이었습니다. 아이들이 남기고 간 빈 책상과 의자들을 마주보면서 하루의 일들이 회한으로 남아 꾸역꾸역 올라오곤 했습니다. 그래도 이런 고통스런 '자기 성찰'의 시간을 가지고 아침에 아이들을 대하면서 조금씩 성숙한 선생으로서 성장하게 되는 걸 느끼게 됩니다. 저는 학교에서 교무부장을 몇 년 했습니다. 6학년 부장과 담임까지 겸하고 있어 무척 바빴습니다. 그때마다 제 수첩에 적어둔 정채봉의 '기도'라는 시를 꺼내 놓고 읽으면서 제 자신을 추스르곤 했습니다.

기 도

기는 듯이 살고 있는
한심한 나를 살피소서
늘 바쁜 걸음을 천천히 걷게 하시며
추녀끝의 풍경소리를 알아듣게 하시고

거미의 그물 짜는 마무리도 지켜보게 하소서

꼭 다문 입술 위에
어린날에 불렀던 동요를 얹어 주시고
굳어 있는 얼굴에는
소슬 바람에도 어우러지는
풀밭 같은 부드러움을 허락하소서

책 한 구절이 좋아
한참을 하늘을 우러르게 하시고
차 한 잔에도 혀의 오랜 사색을 허락하소서
돌 틈에서 피어난
민들레꽃 한 송이에도 마음이 가게 하시고
기왓장의 이끼 한 낱에서도 배움을 얻게 하소서.


　교사들의 리듬은 한 학기 단위로 움직입니다. 교사들의 '쳇바퀴 리듬'은 한 해 두 해가 지나가면서 교사로서의 '근육'이 생기게 됩니다. 혁신학교 교사들은 이러한 일정한 패턴의 '쳇바퀴 리듬'을 타기를 거부하는 사람들입니다. 혁신학교 교사들은 '자기 성찰'로서 자신만의 리듬을 역동적으로 만들고, 그 리듬을 탈 줄 아는 사람들입니다.
　아우슈비츠 생존자 연구결과 수감자는 일주일에 생수 한 병 정도의 식수를 배급받았습니다. 그걸 다 마셔도 목숨을 연명하기 힘든 양이었죠. 그러나 생수의 반을 남겨서 얼굴을 씻는 사람도 있었습니다. 그러나 놀랍게도 얼굴을 씻었던 사람의 생존율이 훨씬 높았다고 합

니다. 자기 존재를 느끼면서 사는 것이 어떤 행위보다 실용적이고 현실적인 대안이 된다는 것을 보여주는 예라 할 수 있습니다.

저는 교육대학교에서 시간강사를 할 기회가 있었습니다. 4학년 예비교사들에게 어떤 선생님이 되길 원하느냐고 질문을 해보았습니다. 거의 대부분이 '사랑하는 선생님', '친구 같은 선생님'이 되고 싶다고 하더군요. 다시 물어보았습니다. 4년 동안 함께 지내왔던 같은 과 동료들과는 그렇게 많이 위해주고 친하게 지냈느냐고요. 학생들이 잠잠해 집니다. 4년간 함께 했던 과 동기들과는 그렇게 사랑하며 끈끈한 우정을 쌓지 못한 학생들이 많았나 봅니다. 저는 선배교사로서 이렇게 얘기했습니다. "지금 미래에 만날 아이들을 향한 예비교사로서의 아름다운 마음은 참으로 귀하고 소중하다는 걸 잘 안다. 그러나 학교에 있는 아이들과의 사랑의 농도와 친숙도는 현재 동료들과의 관계보다 못하면 못했지 더 많이 사랑하며 친해질 수 있다는 착각은 하지 않았으면 좋겠다."고 말했습니다. 제가 왜 이런 말을 했느냐 하면, 신임교사들이 학교에 처음 나와서 그런 기대만큼 실망을 하는 것을 자주 보아 왔기 때문에 충고 아닌 충고를 하게 되었습니다.

이렇듯 눈에 보이지 않는 대상은 막연한 동경의 대상이 되곤 합니다. 예쁜 여동생이 없는 저로서는 여동생이 있었으면 아주 잘 대해줄 거란 생각이 들지만, 실제로 여동생이 있었다면 상황은 달라졌겠지요. 이런 점은 박완서의 『잃어버린 여행가방』에서 정확하게 지적하고 있습니다. "인류애니 뭐니 하는 것은 여름날 지하철 복잡함 속에서 사람이 싫어지는 것에서 여실히 거짓임이 나타난다." 같은 맥락에

서 신영복 선생은 『감옥으로부터의 사색』에서 읽는 이들을 숙연하
게 만드는 고백을 합니다.

> 없는 사람이 살기는 겨울보다 여름이 낫다고 하지만, 교도소의 우
> 리들은 없이 살기는 더합니다만, 차라리 겨울을 택합니다. 왜냐하
> 면 여름 징역의 열 가지, 스무 가지 장점을 일시에 무색케 해버리
> 는 결정적인 사실 – 여름 징역은 자기의 바로 옆 사람을 증오하게
> 한다는 사실 때문입니다. 모로 누워 칼잠을 자야 하는 좁은 잠자리
> 는 옆 사람을 단지 37도의 열 덩어리로만 느끼게 합니다.
> 이것은 옆 사람의 체온으로 추위를 이겨나가는 겨울철의 원시적
> 우정과는 극명한 대조를 이루는 형벌 중의 형벌입니다. 자기의 가
> 장 가까이에 있는 사람을 미워한다는 사실, 자기의 가장 가까이에
> 있는 사람으로부터 미움 받는다는 사실은 매우 불행한 일입니다.
> 더욱이 그 미움의 원인이 자신의 고의적인 소행에서 연유된 것이
> 아니고 자신의 존재 그 자체 때문이라는 사실은 그 불행을 매우 절
> 망적인 것으로 만듭니다.
> 그러나 무엇보다도 우리 자신을 불행하게 하는 것은 우리가 미워
> 하는 대상이 이성적으로 옳게 파악되지 못하고 말초 감각에 의하
> 여 그릇되게 파악되고 있다는 것, 그리고 그것을 알면서도 증오의
> 감정과 대상을 바로잡지 못하고 있다는 자기혐오에 있습니다.

저는 이런 글을 읽으면 자신의 존재의식과 내면세계에 관한 그들
의 예민한 촉수도 부럽지만 포착된 그걸 고스란히 글로 옮겨놓을 수
있다는 사실에 전율을 느낍니다. 이런 상황은 저만 느끼는 게 아닌

가 봅니다. 구본형의 『일상의 황홀』이라는 책에 보면 이런 글이 나옵니다. "말할 수 없는 것을 말해내는 작가의 재주에 경탄하지만, 우리를 정말 기쁘게 하는 것은 우리의 생각이 표현을 얻었기 때문이다"

혁신학교 교사들은 아이들을 사랑한다는 것이 아이들과 씨름하는 문제가 아닌 늘 선생 자신과의 싸움이었음을 고백합니다. 그래서 이들은 늘 스스로 돌아보게 되고 여유를 찾으려고 노력을 하게 되는 것이지요. 정민 교수의 『미쳐야 미친다』라는 책에 보면 옛사람은 '젊었을 적 한가로움이라야 한가로움이다(未老得閑方是閑). 사실 다 늙어 한가로운 것이야 할 일이 없는 것이지 한가로움이라 말할 것이 못 된다. 숨가쁜 일상 속에서 짬 내어 누리는 한가로움, 일부러 애써서 찾아내는 한가로움이라야 그 맛이 달고 고맙다.'라는 글이 나옵니다. 혁신학교 교사들은 주어진 한가로움이 아닌 의도된 스콜레를 즐길 줄 아는 사람들입니다. 제가 일일이 혁신학교 선생님들의 정신세계를 탐구해 본 일은 없지만, 혁신학교 선생님들의 글을 읽어보면 혁신학교 교사들의 성찰의 힘을 느낄 수가 있습니다. 이는 혁신학교 선생님들이 바쁜 학교 일상에서 진정한 한가로움을 누리고 있다는 증거라고 볼 수 있습니다. 또한 혁신학교 교사들은 소명의식을 자기성찰로 되새김질 하고 있었습니다. '소명'(vocation)은 '소리'(voice)에서 나온 말입니다. 교육의 시대적 소명 앞에 자신들을 열어놓고 소리에 예민한 반응을 하는 겁니다. 자기성찰 없이는 교육에 대한 이런 소리를 듣지도 못하고, 교육에 대한 소명의식이 생길 리가 만무하지요.

 ## '에너자이저' 선생님들

현재 우리나라 교직의 가장 큰 특징은 '안(安)'입니다. 시대가 불안정한 요즘 같은 시대에는 많은 사람들이 안정된 교직을 부러워합니다. 정년은 물론이고 방학까지 보너스로 있으니 더욱 그럴 겁니다. 그래서 그런지 학교에 우수한 인재들이 점점 많이 들어오고 있습니다. 저는 이런 현상에서 힘을 얻기보다는 사관 오긍이 말한 거안사위(居安思危 : 편안할 때 위태로움을 생각)가 자꾸 생각납니다. 우리 교직의 현실을 보면 오히려 편안으로 인해 위태로움을 느낀다는 표현이 더 적절할 것 같습니다. 교직을 안(安)에서 집(宀)을 제거하고 남자(子)를 붙여서 호(好)를 만들었으면 합니다. 그래서 학교는 안정된 '직'(職)이 좋아서 오는 사람들보다 일하는 '업'(業)이 즐거워서 몰려드는 사람들로 채워졌으면 합니다.

안정된 '직'(職)이 좋아서 온 사람들은 교직에서 편안(便安)을 추구하기 마련입니다. 교사들은 편안(便安)을 저해하는 일에 대해 '흔들다', '들볶다'는 표현을 씁니다. 이럴 때의 판단 기준은 교육적으로 의미 있는 것과는 상관없이 편안이 기준이 되는 셈입니다. 그래서 빡빡한 일상에서도 조금이라도 편안함을 찾고, 그것을 방해하는 일에 무척이나 짜증을 많이 냅니다. 그러나 학교는 기본적으로 교사들이 짊어져야 할 일들이 있습니다. 그마저도 회피하는 교사들을 대신해서 몇몇 순진한(?) 교사나 학교 관리자에게 아쉬운 소리를 해야 하는 사

람들이 일을 떠안게 되고 결국 그들은 녹초가 되게 됩니다. 사실 교직에 있어보면 일을 별로 하지 않는 교사들도 힘들다는 소리는 입에 달고 삽니다. 일을 조금하려는 전략일수도 있지만, 편안함을 추구하는 교사들이 외부적인 지시에 수동적으로 일하고, 자체적인 동력이 재생산되지 않은 상황에서는 일상이 힘겨울 수도 있을 것입니다.

혹시 '번 아웃 신드롬(Burn out syndrome)'이라는 말을 들어보신 적이 있는지요? 번 아웃 신드롬은 사람이 에너지를 다 소진해버려서 무기력과 탈진 상태에 빠져 버린 것을 뜻합니다. 이는 감정노동이 심하거나 자신을 잘 돌보지 못하고 남을 위해 봉사하는 직업군이나 완벽주의적 성격을 가진 사람에게서 많이 관찰된다고 합니다. 딱 보니, 교사라는 직업이 번 아웃 신드롬에 걸리기 쉬운 조건을 갖추고 있습니다. 교사들은 다수의 학생들을 매일 만나게 되어 있습니다. 어느 하루도 편안하게 넘어가는 때가 없을 겁니다. 때론 속을 후비는 학생의 말로 상처를 받기도 하고, 짜증내고 우울하고 반항적인 학생들과 함께하느라 감정소모가 엄청난 게 사실입니다. 또한 교직이 봉사직은 아니지만, 기본적으로 교사들이라면 학생에게 봉사한다는 생각은 가질 겁니다. 안타깝게도 다른 직업군보다 완벽주의적 성격을 가진 분들이 교사로 많이 근무하고 있는 것이 사실입니다. 그러니 교사들에게서 번 아웃 신드롬이 자주 나타날 수밖에 없을 겁니다. 학교에서는 직접 치고 나가지 않으면 그냥 파묻히기 십상입니다. 무뎌지고 무뎌져서 피동적 삶을 살아갈 수밖에 없게 된다는 뜻입니다. '그럭저럭 견딜만한 노예생활'의 연장선상에서 방학만 기다리게 되고, 결국 교직이 '지겨운 밥벌이'로 전락하는 순간 선생 인생도 망가지고 애들 인생도 망가지는 것입니다.

혁신학교 선생님들은 학교에서 '교육적 상상력'을 맘껏 발휘하려고 노력합니다. 왜냐하면 윤구병 선생의 말마따나 '생각대로 살지 않으면, 사는 대로 생각하기' 때문입니다. 줄이어스 어빙이 말하기를 "프로가 된다는 것은, 당신이 정말하고 싶은 일을, 당신이 하고 싶지 않은 날에 하는 것을 의미한다."고 합니다. 혁신학교 선생님들의 프로를 향한 훈련과 습관은 밤낮을 가리지 않습니다. 제가 방문한 서정초등학교나 조현초등학교에서는 선생님들이 수업연구와 교육활동을 기획하기 위해 밤늦도록 수고하고 계셨습니다. 초과근무가 일상화되어 있다는 뜻입니다. 오죽하면 제가 만난 혁신학교 학부모님들은 선생님들의 건강을 걱정했겠습니까? 저는 학부모로부터 이 소리를 듣고 굉장히 많은 감명을 받았습니다.

혁신학교 선생님 한분과 면담을 했습니다. 제가 "왜 그렇게 열심히 초과근무까지 하면서 수업연구를 하십니까?" 라고 했더니, 그 선생님 말씀이 예상 밖이었습니다. "재있어요. 수업연구, 이거 중독입니다. 중독!" 수업 연구하는 것이 재미있어 그 맛에 중독된 선생님! 저는 같은 교사로서 고개가 절로 숙여졌습니다. 그리고 선생님이야말로 행복한 삶을 살고 있다고 생각했습니다. 모두들 혁신학교에 가면 힘들 것이라는 애기에도 불구하고 혁신학교에 자신의 삶을 던져 기꺼이 소비하고 있는 혁신학교 선생님들의 얼굴이 의외로 행복한 얼굴들이 많은 데는 그만한 이유가 다 있었던 겁니다. 에머슨은 자가 발전을

장곡중학교 수업연구회 모습

하는 사람을 이렇게 표현합니다. "힘은 샘물과 같이 안으로부터 솟아 나는 것이다. 힘을 얻으려면 자기 내부의 샘을 파야 한다. 밖에서 힘을 구할수록 사람은 점점 약해질 뿐이다." 혁신학교 교사들을 보면 확실히 그들의 힘은 외부가 아닌 자가발전을 통해 이뤄지고 있음을 알 수 있었습니다.

사실 편안한 삶이 평안한 삶은 아니지 않겠습니까? 유럽을 제패한 황제인 나폴레옹은 "내 생애 행복한 날은 6일 밖에 없었다."라고 말 했습니다. 그러나 듣지도, 보지도, 말하지도 못하는 삼중고를 겪었던 헬렌켈러 여사는 "내 생애 행복하지 않은 날은 단 하루도 없었다."는 고백을 합니다. 저는 헬렌켈러가 스스로 자족하는 법을 익혔다고 생 각했습니다. 그러나 저의 생각이 틀렸음을 곧 알 수 있었습니다. 헬렌켈러는 이렇게 얘기합니다.

"많은 사람들은 진정한 행복을 어떻게 얻을 수 있을지에 대하여 잘
못된 생각을 가지고 있다. 그것은 스스로 감사하는 마음에서 생기
는 것이 아니라, 가치 있는 목표를 정하고 거기에 충실할 때 이룩
할 수 있는 것이다."

헬렌켈러의 말을 들어보면, 혁신학교 선생님들의 행복을 조금이나
마 짐작할 수 있을 겁니다. 혁신학교 선생님들은 바깥에서 보기엔 참
으로 힘듭니다. 아니 실제로 혁신학교 선생님들은 일이 많다는 것을
인정합니다. 그래서 일반학교에 근무하시는 선생님들이 지레 겁을
먹고 혁신학교 근무를 희망하지 않습니다. 그러나 혁신학교 선생님
들은 '자기 대면'의 시간을 갖고 그런 동료들과 함께 존재론적인 삶을
영위하고 있으며 '지겨운 밥벌이'가 아닌 자신의 삶을 충실하게 살아
나가고 있다고 봐야 할 겁니다. 그들은 자체동력 및 자가발전을 통해
활력을 찾으며 존재론적인 삶과 근원적 성찰을 통한 전복적 사고를
즐기는 사람들입니다. 그리고 교육적 상상력을 동료들과 함께 몸으
로 실천하고 있습니다. 오히려 혁신학교 선생님들이 활력상실이 일
반화된 학교에서 수동적 존재로서 살아가고 있는 교사들을 안쓰럽게
생각할 지도 모르겠습니다. 혁신학교 교사들은 학교에서 자신의 삶
을 주체적으로 살지 못하는 그야말로 '그럭저럭 견딜만한 노예생활'
에서 탈출한 사람들이기 때문입니다.

혁신학교 교사들은 학교에서 자기주도적인 삶을 살아가고 있습니다. 자기주도적인 삶은 혼자서 교육활동을 전개한다는 의미는 아닙니다. 이들은 학생과 학부모, 동료들과 함께 참여협육의 관점을 놓치지 않습니다. 이런 점은 이민규 박사가 『끌리는 사람은 1%가 다르다』란 책에서 정확하게 짚어 줍니다. "주도적으로 산다는 것은 다른 사람의 도움을 거부하는 것이 아니라 적극적으로 도움을 요청하는 것이다."

저는 선생님들이 부자는 아니어도 가난하지 않았으면 합니다. 가난이 지독히 나쁜 이유는 하기 싫은 일을 어쩔 수 없이 하게 만들기 때문입니다. 교직이 지겨운 밥벌이로서 전락한다면 교사들의 삶도 불쌍하지만, 그런 교사들과 함께 하는 학생들은 얼마나 고통스럽겠습니까?

또한 선생님들의 가정이 평화롭기를 바랍니다. 서상복 선생님은 "가족을 찌르는 가시는 결국 제자도 찌르게 된다."는 말씀을 합니다. 그야말로 좋은 교사는 실로 좋은 가정에서 만들어진다고 생각이 듭니다.

저는 혁신학교 선생님들의 열정은 어디서 비롯되었는지를 생각해 보았습니다. 혁신학교 선생님들의 열정의 씨앗은 예전 학교에서의 시련에서 발아되었다고 생각합니다. 농부가 씨를 뿌리고 나서 씨앗을 흙으로 덮어줍니다. 거의 모든 씨앗들이 땅 속 어둠 속에서 발아하도록 되어있기 때문이랍니다. 거의 모든 씨앗이 어둠 속에서 발아한다는 사실은 바로 시련이 희망에게 말을 거는 거라고 생각합니다. 혁신학교 선생님들은 수년 동안 아니 수십 년 동안 일반학교의 어두움에서 억눌려왔다고 볼 수 있습니다. 그러다가 혁신학교를 만난 선

덕양중학교 교사전문화 연수 모습

생님들의 힘은 폭발적입니다. 이는 물 만난 물고기처럼, 화산이 폭발하듯 한꺼번에 표출되기 때문이라 생각합니다. 즉, 새로운 교육에 대한 갈망이 최고조로 올라와 있는 상태에서 혁신학교를 만나 그야말로 '속 후련한 삶'을 살아가고 있다고 보시면 될 것 같습니다. 혁신학교 근무가 힘들지 않느냐는 제 질문에 혁신학교의 중견 교사는 이렇게 소회를 밝힙니다. "이제 살 것 같습니다. 승진이고 뭐고 한평생 이렇게 아이들과 함께 갔으면 좋겠습니다." 저는 이 말을 듣고 혁신학교의 만족도에 대해 더 이상 물을게 없었습니다. 이보다 더 좋을 순 없다는 혁신학교 선생님을 만나면서 부럽기도 하고, 왜 우리 학교들이 혁신학교처럼 될 순 없을까 하는 생각도 해 보았습니다.

혁신학교 교사들은 혁신학교를 만나면서 교사들의 존재론적인 삶

이 가능하다는 걸 잘 알고 있습니다. 예전학교에서는 너무나 큰 벽을 실감했기 때문이었죠. 이들은 이제 혁신학교에서 '살아있다는 떨림의 맛'을 알고 있습니다. 그러기에 혁신학교 선생님들은 하루하루 치열하게 살아가는 거라는 생각이 듭니다. 어렵게 만난 소중한 일터에서 지루하게 또는 대충 살 수는 없을 겁니다. 그래서 자신의 삶을 풀가동하는 그야말로 '유다이모니아'의 삶을 힘껏 살 수밖에 없을 겁니다.

 ## 갈등과 협력으로 교육의 밭을 일구는 선생님들

우리나라는 인간관계가 중요시되는 고밀도 사회입니다. 혁신학교 역시 예외가 아닙니다. 혁신학교 선생님들은 혁신학교 구성원들의 생각과 의견을 공유하고 조율하는 작업이 힘들다고 토로합니다. 남한산초등학교에 근무하셨고, 지금은 경기도교육청 대변인실 장학사로 근무하고 계시는 안순억 선생님의 글을 길게 인용해보겠습니다. 이 글을 통해 혁신학교에서 선생님들의 갈등과 협력의 모습을 잘 파악할 수 있을 겁니다.

남한산초등학교 교사들은 늘 바쁘다. 퇴근 시간도 방학도 주말도 자진 반납해야 하는 일이 다반사다. 그러나 그렇듯 바쁜 시간들을 보내면서 잠시도 머리를 떠나지 않는 생각이 몇 가지 있다. 그러나 다행스럽게도 우리의 '바쁨'은 대부분 '일' 때문이 아니라 '교육' 때문이라는 것이다. '반 컵의 물'의 논리일지는 모르나 우리는 우리가 하는 일에 늘 '교육적 의미'를 부여하고 움직이려는 관성을 가지고 있다. 이는 우리 교육의 위기가 단순히 제도의 문제에서 비롯된 것이 아니라 교육과 학교가 서 있는 철학적 토대에 대한 진지한 반성이 요구되며 따라서 학교가 스스로 진정한 교육의 주체로 다시 태어나야 한다는 인식이 바닥에 있기 때문이다. 이 작업을 위해 다양한 형태의 만남과 교류가 활발히 일어나는 와중에 교육 공동체의 자발성과 자율을 바탕으로 이루어진 남한산초등학교 사례가 주목받고 있는 것 같다. 우리가 새로운 학교를 만들기 위해 벌여 온 활동은 매우 전면적이고 총체적인 개혁의 성격을 띠며 진행되어 왔다. 그것은 우리 사회에서 학교가 지닌 문제가 특정한 부분의 문제가 아니라 학교와 교육을 바라보는 철학이나 학교 조직 구성원들 간의 관계의 문제, 그리고 경직된 학교 문화에 있기 때문에, 학교와 교육과 관련된 제도와 형식들을 전면적으로 다시 생각하고, 학교 구성원들의 삶의 양식까지도 변화시켜야 한다는 시각이 전제되어 있기 때문이다. 그러나 우리가 펼쳐 온 활동이 전면적인 개혁성을 담아냈는가는 확신할 수 없다. 새로운 철학, 새로운 문화, 새로운 양식에 대한 생각과 실천은 기존 학교와 교육이 지닌 한계로부터 출발한 상대적인 접근의 측면이 강했기 때문이다. 그러나 그것만으로도 우리는 늘 바쁘고 힘들었다. 물리적으로 바쁘고 힘든 것도 있었지만 그것보다는 우리 능력의 문제, 새로운 관계의 형식과 내용, 교육 내용의 형식과 구성 방식, 정당성에 대한 근원적인 질문 앞에서 어쩌면 쩔쩔 매면서 살아온 세월이 아닌가 싶기도 하다. 쉽게 말하면 현재의 학교와 교육이 지닌 문제에 대한 현상적 인식은 있지만 새로운 대안에 대한 확신이 쉽게 생기지 않았다는 것이다. 그리고 그러한 과정을 통하여 역으로 '정말 그게 문제였을까?'

라고 문제 상황 자체를 회의하거나 '그 대안이 이것밖에 없을까'라고 끊임없이 의심하면서 살아온 것이다. '세상에 쉬운 것이 어디 있겠는가' 하면서 넘겨 버리기에는 너무 큰 문제이다. 물론 나는 적어도 남한산에 사는 사람들이 갈등을 하든, 환희에 젖든 자신의 생각과 느낌을 드러내면서 교육의 장을 구성해 온 것이 대단한 일이라는 생각에는 변함이 없다. 그리고 이것은 남한산 사람들의 삶과 교육에 대한 성찰까지도 어느 수준까지는 강제해 내는 힘이었다고 생각한다. 그러나 끝끝내 풀리지 않는 질문과 회의가 동시에 존재하는 많은 장면이 있었던 것이다. 그중 가장 큰 것은 교육과정의 문제였다. 수업이 교사의 존재를 규정하는 '대표'적인 형식과 내용임에도 정작 그것에 제대로 몰입하며 대안을 만들어 내지 못한 데서 오는 매우 근원적인 자괴감이 있었다. 끊임없이 변죽만 울리는 것 아닌가 하는 의구심이 우리 안에 가득한 것만 같았다. 그리고 또 하나, '교사들의 삶과 소통'의 측면에서 우리 '교사 공동체'는 과연 제대로 대안을 만들고 있는가에 대한 회의 역시 만만치 않았다. 그래서 몇 해 전부터는 이러한 우리의 자괴감을 극복하기 위하여 '수업'을 중심으로 하는 '남한산초등학교 교육과정'을 마련하고, 건강하고 아름다운 소통을 이루는 교사 문화를 만들어 나가는 데 힘을 모으기로 결의했다. 그러나 수업을 중심에 둔 그 일 년, 일 년이 지나도 답변은 명쾌하지 못했다. 그래서 우리는 여전히 묵직한 가슴을 쓰다듬는다. 무엇보다 나 스스로에게 그러한 철학과 능력이 있는가, 나아가 나는 진정 '삶의 교사'가 될 수 있는가에 대한 물음 앞에 여전히 무섭고 두렵다.

무엇보다 행복한 학교를 위해서는 '교사들의 열정과 헌신'이 빠질 수 없다. 학교 개혁이 전면적 양상을 띨 수밖에 없다는 것은 교사들이 학교를 구성하는 모든 요소들에 대한 고민과 실천을 온몸으로 겪어야 함을 의미한다. 그리고 가르치는 행위에 깃든 사상과 철학에 대한 분명한 성찰과 지적 자세가 마지막 과제가 될 수밖에 없으며, 이는 하나의 문화적 힘으로 제도화되는 것이므로 구성원들끼리의 끊임없는 갈등과 대립, 조정과 화해라는 수공업적인 단계를 피할 수 없다. 기존 학교교육 속에서 교사는 양면성을 가지고 살아간다. 관료화되고 획일화된 문화와 교육과정은 교사로 하여금 스스로 '교육'을 하는 존재가 아니라 '무엇'인가를 대행하는 존재에 불과한 것 같은 절망감을 안겨 준다. 하지만 한편으로 이 구조는 교사에게 적당히 익명화된 관계를 맺으면서 그늘에 숨을 수 있는 '여유 공간'을 주는 '장점'이 있다. 기계적 합리성을 전제한 이 익숙한 제도 속에서 교사는 '성질만 조금 죽이면' 직업인의 일상적 삶을 살아가기에 크게 불편하지 않을 수 있는 것이다. 그러나 우리처럼 한 발짝 앞으로 나아가려는 꿈을 꾸는 '작고 새로운 학교'에서는 그 모든 것의 역전 현상이 나타난다. 교사들의 합의와 협력에 근거하여 '민주적 원리와 절차에 충실'한 학교는 모든 사안에 대하여 각각의 교사가 지닌 '삶과 교육'에 대한 생각을 꺼내 올 수밖에 없게 한다. 도대체 어디 하나 숨을 곳이 없는 것이다. 또한 작은 학교의 특성상 모든 논의는 한 사람 한 사람의 실천을 담보로 할 때만 진척될 수 있으므로 아무리 교육적으로 근사한 사안일지라도 나에게 주어질 '일'을 고민하지 않을 수 없는 구조인 셈이다.

　새 학기를 시작하면서 우리는 이러한 우리의 꿈이 성취되는 듯한 느낌을 가졌다. 잠시 짬만 나도 교육과 아이들 이야기에 조금도 지치지 않았고, 먼지 구덩이 속에서 '막노동'을 해야 할 수많은 상황 속에서도 누구도 불평하지 않은 채 서로 기쁘게 협력해 나갔다.

그러나 마음이 아프지 않고는 묻고 답할 수 없는 것이 교육이며, 스스로의 삶이 훌륭해지려는 노력의 과정 없이 진정한 교사가 될 수 없다는 말은 우리 교사 관계에서도 똑같이 적용되는 것이었다. 우리는 서로의 진심을 의심하지 않으면서도 상처를 주고받는 일이 많았으며, 그런 일이 있을 때마다 서로 늘 마음이 아팠다. 중년의 사내들이 눈물을 흘리면서 반성하다가도 얼마 지나면 똑같은 일을 다시 벌이는 코미디 같은 상황이 반복되었다. 갈등과 대립이 전개되는 원인은 매우 다양하다. 그 첫째는 각자의 삶의 경험과 철학이 다른 데서 오는 교육관의 차이, 또는 우리가 해야 하는 일의 정당성에 대한 의미 해석이나 일의 우선순위에 대한 견해의 차이이다. 다시 말하지만 작고 새로운 학교를 만드는 과정에서는 구성원 전체의 튼튼한 합의와 실천이 뒷받침될 때에만 한 발짝을 내딛을 수 있다. 기존의 것이 지닌 문제에는 쉽게 공감한다 하더라도 그 대안에 대해서 수많은 견해가 있을 수밖에 없다. 권력에 의하여 강제되지 않는 상황은 오히려 미세한 것 하나에까지도 각자의 교육관과 삶의 방식까지 낱낱이 드러낼 수밖에 없는 상황을 만든다. 결정된 모든 사항은 무거운 책임감으로 모두 함께 실행에 옮겨야 한다. 애당초 적당하게 타협하고 알맞은 선에서 '일을 해치우는' 기교를 부릴 수 없는 구조인 셈이다. 여기에다 주도적인 역할을 담당하는 교사들은 무리를 해서라도 새로운 학교의 틀을 서둘러 만들어 가려는 강한 의지를 갖고 있다. 이들은 때로 더딘 논의를 절차적 민주주의가 가진 폐해라고 여기며 답답해하기도 한다. 반대 입장에서는 이것이 과연 교육적 논의를 생산하는 데 걸맞은 민주적 질서인가에 대하여 깊이 회의한다. 여기에 우리 교사들의 훈련되지 않은 미숙한 토론 문화도 한몫 거들고 나선다. 문화는 한 사람의 머릿속에서 완성되는 것이 아니며 끊임없는 부딪침의 과정을 통하여 하나의 정형성을 획득해 나가고 전승되는 것임을 우리는 뼈저리게 느낀다. 상대의 말을 귀 기울여 듣기보다는 내가 할 말을 다 쏟아 내면서 내 의견을 관철시키려 안달하는 것, 듣고 싶은 말, 알고 싶은 것만 골라 들으려 하는 것, 대화의 표면보다는 그 이면에 숨은 배경을 먼저 예측하며 살아 올 수밖에 없었던 구시대적 관성이 알게 모르게 그대로 드러나면서 대화와 논의의 숨통을 죄는 경우가 얼마나 많았는지 모른다. 거대 교육 담론을 말하면서도 우리의 토론은 수다 떨기의 의례에도 미치지 못하는 경우가 허다했던 것이다.

남한산초등학교 교사들이 겪는 관계의 갈등과 조정 과정은 크게는 우리 사회의 교육과 학교에 대한 관점과 가치관이 크게 변화하는 데서 오는 사회적 갈등의 축소판일 수 있다. 학교에서 이루어지는 교육의 모든 요소들을 새롭게 생각하고 대안을 찾아 나가고자 하는 남한산초등학교가 조금 더 먼저 겪는 일일 수도 있다는 것이다. 좋은 학교, 좋은 교육은 누가 뭐라 해도 교사들의 손끝, 교사들의 마음 한 자락에서 시작되는 법이다. 그리고 그러한 힘은 우리 스스로 교육의 주체로 당당하게 서도록 서로 돕는 교사 공동체를 통하여 보다 온전해지는 것이다. 우리는, 그리고 나는 여전히 갈등하고 고통을 겪지만, 이 과정이 학교를 학교답게 하는 일, 교사를 보다 교사답게 바로 살게 하는 과정임을 내내 믿고 싶다.


학부모님들의 이해를 돕기 위해 서정초등학교에 근무하시는 서우철 선생님의 글도 실어보았습니다. 서우철 선생님은 혁신학교에서 소통에 실패하면 모든 걸 실패하는 것이라는 생각을 갖고 계신 분입

니다. 그만큼 소통의 중요성을 말하지만, 마찬가지로 소통의 어려움
도 토로하고 계십니다. 혁신학교에서 이런 부딪침과 몸부림 가운데
소통이라는 소중한 열매가 맺힌다는 것도 미루어 짐작할 수 있습니
다.

다 큰 어른들이 생각을 바꾸는 것은 정말 힘이 듭니다. 아이들과
달리 속으로 감추는 것이 많기 때문에 서로의 생각을 이해하기가
어렵습니다. 그래서 정말 소통이 어렵습니다.
서로의 말을 많이 한다고 소통하는 것은 아니었습니다. 또 하나의
독점 현상을 낳았습니다. 말을 하기를 모두가 좋아하는 것은 아니
기 때문입니다. 소통에 필요한 것은 진정성에 대한 이해였습니다.
말로 다 할 수 없기 때문에 말로만 하면 오해가 생길 수밖에 없습
니다. 상대적이겠지만 그 사람의 진정성을 이해하고 먼저 받아 줄
수 있는 마음이 필요합니다. 처음에는 관리자의 몫이라고 생각하
지만 나중에 가면 교사, 관리자 모두의 몫이 됩니다. 누구도 자유
로울 수 없고 누구나 소통을 위해 노력해야 하는 부분입니다. 진
정성을 가지고 이야기하고 진정성을 믿고 받아야 합니다. 잘잘못
을 따져보겠다는 마음은 이미 갈등의 출발이 됩니다. 혁신학교에
지시와 복종, 끼리 문화가 생기게 되면 소통에 실패하게 되고 모든
것을 실패하게 됩니다. 입장에 따라 달리 적용할 수도 있지만 관리
자, 부장, 평교사, 단체의 경계가 못 느낄 정도로 되어야 가장 소통
이 잘 되는 것입니다.

# 10 혁신학교 교장선생님들은 어떤 분들인가요?

혁신학교 교장선생님들은 새로운 리더십을 발휘합니다. 그 특징은 직접 발로 뛴다는 것입니다. 결재만 하고 대우받고자 하는 자세는 별로 찾아볼 수 없습니다. 학교에서 제일 먼저 공개수업을 준비하고, 여전히 학생들 수업을 담당하고, 다른 선생님들과 머리를 맞대고 서술형 평가 문제를 작성합니다.

 ## 혁신학교 교장선생님의 리더십

요즘에는 리더십의 종류도 참으로 다양합니다. 많은 리더십의 종류 중에서 가장 주목받고 유행하고 있는 리더십은 '서번트 리더십'일 겁니다. 경기도청에 가보신적이 있는지요? 경기도청에 들어서면 "겸손하게 섬기겠습니다."라는 문구를 볼 수 있을 겁니다. 서번트 리더십(servant leadership)에서 '서번트'는 '하인'을 말합니다. 그러니까 존경받는 리더가 되고자 한다면 하인이 되어 섬겨야 한다는 뜻입니다. 이 말은 1977년 로버트 그린리프(Robert K. Greenleaf)라는 컨설턴트가 처음 소개한 것이라 합니다. 그린리프는 '서번트 리더십'의 기본 아이디어를 헤르만 헤세의 『동방으로의 여행』에서 얻었다고 합니다. 이 소설 속에서 레오(Leo)는 일행들과 어울려 여행하면서 모든 허드렛일을 혼자서 도맡아 했는데, 레오가 사라지자 일행은 혼란에 빠져 결국 여행을 중단하고 말았습니다. 그리고 단순히 심부름꾼으로만 알았던 레오가 자신들의 정신적 지도자, 훌륭한 리더였음을 알게 된다는 이야기입니다.

서번트 리더십은 책임과 권한보다는 가치와 사랑에 바탕을 두고 있습니다. 그리고 무조건적인 명령보다 신뢰와 믿음으로 구성원들이 소신껏 일할 수 있도록 지원하는 것입니다. 나보다 남을 먼저 생각하는 리더십, 아랫사람을 '지시나 명령의 대상'이 아니라, '섬김의 대상'으로 삼는 리더십이 바로 서번트 리더십입니다. 리더십과 관련하여 시골의사로 유명한 박경철의 표현을 빌리면 요즘 사회는 '나를 따르라(follow me)'보다 '나와 함께(with me)'라는 리더십이 필요한 시대라고 합니다.

학교에서 교장선생님들은 '관리자'라는 용어로 통칭됩니다. 관리자라는 말은 서번트 리더십과는 거리가 있어 보이는 용어입니다. 학교의 수장이자 교육 리더인 학교장선생님이 '관리자'라고 불리는 것이 좀 어색하지 않습니까? 그러나 하등 이상할 것이 없습니다. 학교에서 실제 교장선생님들이 하는 일을 보면 교사와 학생, 건물 등 제반 관리 역할에 중점을 두고 있기 때문입니다. 학교에서의 관리는 교장선생님에게 주어진 권한을 토대로 명시적 규칙과 암묵적 규율로 실시됩니다. 학생 관리는 최우선이 '안전'입니다. 당연히 학생들의 안전은 기본적으로 중요합니다. 그러나 학생은 학교에 교육받으러 왔지 '안전하게만' 지내려고 등교한 것은 아닐 겁니다. 교육이 아닌 관리가 중심이고, 안전이 교육을 저해하는 상황은 문제가 있다고 봐야 합니다. '구더기 무서워 장 못 담근다.'고 요리시간에도 불을 사용하는 요리를 금지시킨다거나 야외 체험활동을 될 수 있으면 허락하지 않는 행태가 바로 그런 예라고 할 수 있습니다.

그런데 가만히 생각해 보면, 이를 교장선생님 선생님들만 탓할 수

도 없는 노릇입니다. 우리의 교육시스템은 교장선생님에게 전적으로 책임을 묻는 구조이기 때문입니다. 교장선생님이 아무리 학교경영을 잘 한다 해도 안전사고 한 방이면 소위 시쳇말로 '훅'가기 때문입니다. 이런 점은 교장선생님 선생님들이 '안전 강박증'에 시달리게 되는 이유이기도 합니다. 또한 교육활동이 위축되고 활짝 펼쳐지지 못하는 원인이 되기도 합니다. 안전 불감증도 문제지만, 안전 강박증 역시 치유해야 합니다. 교장선생님 선생님들이 안전에 대한 압박감을 느끼지 않도록 행정적인 지원이 따라야 할 것으로 보입니다. 다행히 서울시교육청과 경기도교육청에서 교원들이 학교 교육활동을 맘 편히 할 수 있도록 교원손배소 보험을 들었다는 반가운 소식이 있긴 합니다. 게다가 교과부에서는 한 술 더 떠서 학교운동장에서 날아간 공에 맞은 행인까지도 보험처리를 해 줄 수 있게끔 한다니 더욱 좋습니다.

그건 그렇고, 교장선생님이 관리자로 불린다는 것은 학교가 학생교육에 예민하기보다는 관리를 통한 조직질서에 관심을 쏟는다는 것을 의미합니다. 이런 점은 학교가 학생과 학부모로부터 멀어지고 불만 요소가 되는 것입니다. 모토로라의 조지 피셔 회장의 말은 관리에만 철저한 학교가 학부모로부터 신뢰를 받지 못하는 이유를 잘 대변해 주고 있습니다.

조직은 고객에게 서비스를 제공하기 위해서 만들어진 것이 아니라 내부적 질서를 유지하기 위해 만들어진 것이다. 고객의 입장에서 볼 때, 내부 조직은 아무런 의미가 없을 뿐 아니라 종종 원활한 고객 서비스의 장벽으로 작용한다. 조직 구성도는 수직적으로 그려져 있지만 고객에게 서비스를 제공하는 것은 수평적인 범부서적 노력이다.

이는 마치 국민들이 공무원에게 민원을 제기했을 때 '자기 소관이 아니니 다른 부서에 가서 알아보라'는 공무원의 말을 싫어하는 것과 비슷합니다. 교장선생님이 학교를 관리하는 역할에만 충실한 과거 권위주의적이고 가부장적 리더십으로는 학생과 학부모들의 교육만 족도를 높이는데 한계가 있습니다. 교장선생님의 리더십과 관련해서 어느 한 선생님과 이야기를 나누다가 이런 말을 들었습니다. 그 선생님은 우리나라 교장선생님들은 군대에서의 장교 마인드가 아니라, 제대를 얼마 남겨두지 않고 군기가 빠지고 나태해진 말년병장의 모습을 보는 것 같다는 것입니다. 학교의 비전을 세우고 학교구성원들의 어려움을 헤아려 보살피는 등, 열심히 일하는 모습의 교장선생님이 아니라 교장선생님이 되기까지의 오랜 기간 힘들게 고생했던 교사생활을 보상받는 차원에서 권위를 내세우고 대우를 받고자 하는 모습을 꼬집은 말이겠지요.

그러나 혁신학교 교장선생님들은 학교에서 새로운 리더십을 발휘합니다. 혁신학교 교장선생님들의 리더십의 특징은 직접 발로 뛴다는 겁니다. 결재만 하고, 대우받고자 하는 자세는 별로 찾아볼 수 없었습니다. 혁신학교 교장선생님들은 학교에서의 마인드가 일반 교장선생님들과 달라도 많이 다른 것 같습니다. 일일이 다 소개해 드리지는 못하지만, 제가 아는 몇 분의 혁신학교 교장선생님만 예를 들어 보겠습니다.

고양시 덕양중학교 김삼진 교장선생님은 프로젝트 수업으로 제일 먼저 공개수업을 했다고 합니다. 교사시절 프로젝트수업연구회 대표를 하시면서 수업을 어떻게 하면 잘 해 볼 수 있을까를 고민하고 연구하셨던 분이었습니다. 김삼진 교장선생님은 평교사로 재직하다가 내부형 공모제 교장선생님이 되어 지금도 활발한 활동을 펼치고 계십니다.

다음은 교육계에서 명강사로 이름을 떨치고 있는 이수광 교장선생님을 들 수 있습니다. 공립학교 교사에서 대안학교 교사로, 대학교수에서 이우학교로 어찌 보면 넓은 길보다는 좁은 길을 스스로 선택하면서 사시는 분입니다. 이수광 이우학교 교장선생님은 교감으로 재직할 때도 수업을 했지만, 교장선생님이 되어서도 여전히 일정시간 학생들 수업을 담당하고 있습니다. 그 바쁘고 빡빡한 일정 속에서도, 학생들을 수업으로 만나야 진정한 소통이 된다는 확고한 믿음을 갖고 계십니다. 교장선생님, 교감이 되면 아이들 수업에서 해방되어 아예 담을 쌓는 교장선생님들하고는 사뭇 다릅니다.

다음으로 평교사에서 내부형 교장선생님공모제로 교장선생님이 된 보평초등학교 서길원 교장선생님은 제가 방문했을 때 교무실에서 교사들과 머리를 맞대고 창의적 서술형 평가 문제를 만드느라 정신없이 바쁘게 지내고 있었습니다. 교사들이 작성한 평가문제를 결재만 하는 일반 교장선생님의 모습이 아닌 직접 팔을 걷고 함께 고민하는 모습이 역력했습니다.

전 조현초등학교 이중현 교장선생님은 농촌의 지역사회와도 함께

하려는 의도에서 학교 관사에 거주하면서 동네 분들과 막걸리 사발도 함께 기울 줄 아는 소탈한 교장선생님이라는 말을 조현초등학교 학부모님들로부터 들었습니다.

혁신학교 교장선생님들의 공통적인 핵심은 언제나 교장선생님이 말이 아닌 실천을 교직원들과 함께 한다는 것입니다. 슈바이처의 말대로 혁신학교 교장선생님들의 리더십의 정체는 바로 '모범'인 것입니다.

언론보도에 보면 심심찮게 각종 비리 사건이 터집니다. 수학여행 업체나 급식납품업체로부터 뒷돈을 챙긴 청렴하지 못한 교장선생님들을 볼 수 있습니다. 학교의 부끄러운 모습이 아닐 수 없습니다. 그러나 적어도 혁신학교 교장선생님들한테는 그런 염려를 갖지 않으셔도 될 걸로 여겨집니다. 혁신학교 교장선생님들은 학교의 나쁜 관행들을 뿌리 뽑기 위해 나선 사람들이기에 이런 점에 대해선 상당히 엄격합니다. 실제로 보평초등학교의 경우에는 학부모들이 음료수조차도 학교에 가지고 가면 안 된다는 소리를 들었습니다.

나무의 뿌리가 썩기 시작하면 피해는 가장 끝에 있는 가지에서부터 나타난다고 합니다. 학교를 지탱하고 있는 교장선생님이 흔들리거나 썩기 시작하면 그 여파가 학생들에게 고스란히 전가되는 현상을 많이 경험했습니다. 교장선생님이 사리사욕을 취하기 시작하면 학생과 학부모들의 고통이 시작되는 겁니다. 혁신학교 교장선생님의 리더십은 청렴은 기본이고, 솔선수범하는 리더십이라 다시 한번 강조하고 싶습니다. 그리고 마지막으로 혁신학교 교장선생님의 서번트 리더십 즉 섬김의 리더십을 엿볼 수 있는 단적인 사례가 있어 소개하고자 합니다.

의정부여중 안병학 교장선생님의 소박한 교장선생님실에는 책상 하나에 회의용 탁자가 전부입니다. 원래 교장선생님실은 선생님들에게 양보하셨다네요. 혁신교육 관리자의 가장 중요한 섬기는 리더십은 이런 실천하는 모습이 아닐런지요?

- 이중현 장학관(전 조현초등학교 교장) 페이스북 글에서

## 인간적인 너무나 인간적인 혁신학교 교장선생님들

예전에 직장 상사의 유형을 '똑부', '똑게', '멍부', '멍게'로 나누어서 직장에서 회자되었던 적이 있었습니다. 가장 인기 있는 직장 상사는 똑똑하고 게으른 '똑게'형이라고 합니다. 최악의 상사는 멍청하지만 부지런한 '멍부'라고 하더군요. 우스갯소리로 부하 직원이 '부장님은 똑똑하고 게으른 리더시군요'라면서 비꼬자 '그래? 김대리 자넨 아깝군', '왜요?', '똑똑하기만 하면 유능한 리더가 될 수 있을 텐데 말이야' 요즘엔 똑똑하고 따뜻한 '똑따'와 멍청하지만 따뜻한 '멍따' 도 추가되었다고 하네요. 우리나라 상황에서는 당연히 '똑따'형 직장 상사가 가장 인기가 있을 걸로 생각됩니다.

제가 예전에 한국교육개발원에서 수행하는 학교갈등과 관련한 공동연구를 한 적이 있었습니다. 그때 학교갈등이 많은 학교와 그렇지 않은 학교를 방문한 적이 있었는데, 그야말로 학교 분위기는 천양지차였습니다. 화목한 학교는 선생님들 표정부터 밝고 환했습니다. 제가 방문하자 선생님 한 분이 얼른 저를 반갑게 맞이해 주시면서 교장선생

님, 교감선생님한테 인사도 시켜주고, 다과를 내 주기도 했습니다. 선생님들도 자유롭게 이야기 하면서 포근한 학교분위기였습니다.

반면에 학교갈등이 심한 학교에 방문해 보니, 저를 맞아 주는 사람이 한 분도 없었습니다. 제가 어쩔 줄 몰라 교무실에 엉거주춤 들어서도 저에게 아무 관심도 주지 않습니다. 그러다가 교무부장이 지극히 사무적으로 방문 용건을 물었습니다. 교무실에 대기하고 있는 동안, 교감, 교무부장은 대화는 물론이고 전화를 받을 때도 짜증이 가득 묻어났습니다. 학교구성원들의 양 미간은 잔뜩 찌푸려져 있었고, 말, 한마디 건네기 어려울 정도로 어둡고 심각한 표정들이었습니다. 한 순간도 머무르고 싶지 않은 학교였습니다. 학교갈등의 주된 원인은 교장선생님의 인사 및 업무분장에서의 독단이 발단이 되어, 나중에는 교직원들 간에도 서로 싸우고 헐뜯는 관계가 되었다고 합니다. 교장선생님과 면담을 해 보니, 당신의 잘못은 잠자리 눈곱이고 모든 잘못을 교사 탓으로 돌리고 있었습니다. 교장선생님 한 명의 온전치 못한 처사가 학교를 이렇게까지 갈등으로 몰아갈 수 있다는 것을 제 눈으로 직접 확인했던 순간이었습니다.

그런데 놀라운 일이 생겼습니다. 제가 숨이 막힐 정도로 분위기가 어둡고 갈등이 심했던 그 학교가 바로 혁신학교로 변모했다는 사실입니다. 제가 올해 혁신학교 평가위원으로 그 학교에 방문했는데, 예전의 칙칙했던 분위기가 싹 바뀌어서 산뜻하고 활기찬 학교로 변신한 것을 보면서 제 눈을 의심했습니다.

학교갈등에 관한 연구를 하면서 예전의 제 생각에 수정을 가져오

게 되었습니다. 저는 교사들이 '민주적인' 교장선생님을 제일 선호하는 줄 알았습니다. 연구 결과, 교사들은 민주적인 교장선생님보다는 비록 비민주적이고 제왕적인 교장선생님이라 하더라도 '인간적인' 교장선생님을 제일 원했습니다. 그야말로 '똑따' 든 '멍따' 든 인간적으로 따뜻한 교장선생님을 제일 좋아한다는 걸 알았습니다. 이런 연구 결과는 우리나라 문화 상황과도 밀접한 관련이 있을 겁니다. 우리나라는 인간관계가 끈끈한 '고맥락 사회'입니다. 미국 같은 나라는 개인주의가 발달한 '저맥락 사회'입니다. 미국인들은 남의 눈에 띄고 싶어 하나 우리나라는 남들에게 뒤지지 않기를 원하는 경향이 있다고 합니다. 하여튼 인간관계가 중요시되는 우리 학교 문화는 교장선생님들의 역할이 합리적이거나 논리적인 것보다는 인정이 있고 따뜻함이 배여 있는 교장선생님을 우선으로 요구합니다.

혁신학교가 나름의 성공을 거두고 있는 이유 중의 하나는 혁신학교 교장선생님들이 인간중심의 학교경영을 하고 있기 때문이라 여겨집니다. 루즈벨트 여사는 이런 말을 합니다. "내 스스로의 문제는 머리를 써서 해결할 수 있지만, 남의 문제는 마음을 써서 해결해야 한다." 무릎을 치는 옳은 말씀입니다. 리더의 삶을 살아본 사람이라면 어떤 사업을 할 때 함께 하는 사람의 마음을 얻지 않고는 할 수 없음을 많이 경험했을 겁니다. 혁신학교의 교장선생님들은 혁신학교 사업을 그야말로 '사람을 업고 가는 일'로 규정합니다.

혁신학교 교장선생님들이 진심으로 학생들을 사랑하고, 학부모와 교직원들을 존경하며 소중한 인연을 귀하게 여긴다는 것을 페이스북에 남긴 글을 봐도 알 수 있습니다. 조현초등학교에서 4년 동안의 교장임기를 마치고 이별의 아쉬움과 학생에 대한 사랑이 묻어나는, 이중현 교장선생님과 학생들의 대화, 조현초등학교에 남겨진 선생님의 그리움, 최창의 의원이 바라본 봉서중학교 교장선생님 사례, 홍덕고등학교 이범희 교장선생님의 아이들을 향한 애틋한 마음이 잘 나타난 글을 보면 그렇습니다.

조현에서 마무리의 시각이 멀지 않았다. 요즘 책상 서랍, 교장선생님사택 이 방 저 방, 하드에 저장된 파일 등을 보며 뭐부터 손댈까 생각하다가 그동안 써 두고 매듭짓지 않았던 동시집 만들 원고를 손 보고, 동화도 손 봤다. 모처럼, 정말 모처럼이다. ― 조현 오기 전의 내 모습을 잠시라도 찾았다고 할까?

방학하는 날, 1박 연수 겸 친목 여행을 떠나서 '시를 보는 관점'이란 주제로 발제를 했다. 조현 샘들과 조현이란 공간에서 교육 이야기를 나눌 수 있는 마지막 자리였다. 시교육이나 글쓰기교육은 4년 동안 꼭 하고 싶었던 이야기였는데 이제야 하게 되었다. 방학 전날 어떤 아이가 물었다. "교장선생님 선생님, 안 가시는 거지요?" 나는 웃으며 안 떠난다고 했다. 거짓말 한 건 아니다. 마음은 남겨두고 몸만 떠나게 될 것이니까.

- 이중현 전 조현초등학교 교장선생님 페이스북 글에서

자리에 안 계시니 꼭 출장 가신 것만 같았습니다. 훌쩍 떠나시고 나서도 그치지 않는 아이들의 눈물 때문에 애를 쓰신 선생님들이 계셨답니다. 교장선생님께서 남겨 놓으신 빈자리는 남아있는 선

 학부모가 알아야 할 혁신학교의 모든 것

생님들이 열정으로 메우겠습니다. 함께 해서 행복했고 고마웠습니다. 자주 연락드리겠습니다.

- 박성만 조현초등학교 교사 페이스북 글에서

지난 토요일에는 전북교육청 학교운영위원장 연수에 강의를 하러 갔다. 내 강의에 앞서 완주 봉서중학교 학부모가 사례 발표를 했다. 완주 봉서중은 전북 혁신학교이다. 아이들이 어찌나 교장선생님을 좋아하는지 1층의 교장선생님실을 2층으로 옮겨달라고 떼를 썼단다. 버티다 못한 교장선생님, 1층 교장선생님실 옆에 강아지를 기르기로 꾀를 내었다.

개를 기르기 시작하면서 아이들이 쉬는 시간, 점심시간이면 우르르 교장선생님실 옆으로 내려오더란다. 그래서 자연스레 아이들을 자주 만나고 이야기를 나누며 지내고 있다. 강아지 관리는 그 학교의 학습 부진아에게 맡겨 그 아이의 위세와 인기가 치솟아 있다고 한다. 봉서중학교에는 이런 교장선생님선생님이 계셔서 아이들이 참 행복하겠다.

- 최창의 경기도 교육의원 페이스북 글에서

열어 놓은 창문으로 제법 선선한 기운의 바람 들어옵니다.
잔뜩 어둠 내린 운동장을 한참이나 내려다보았습니다.
뜨거웠던 지난 여름,
오늘 하루에도 많은 아이들 재잘거림 머금고
온전하게 아이들을 모두 받아들인 운동장이 거기에 있습니다.
나는 아이들을 얼마나 온전히 받아들이고 있는가?

저녁에 읽은 시 한편   조려 봅니다.

그 동안 내가 만난 모든 아이들이 나무가 되기를

푸른 잎 싹 틔우고

올곧게 줄기 뻗고

튼실하게 뿌리 내리기를...

그리고

그늘이 되기도 하고

열매가 되기도 하고

그루터기가 되기도 하여 아낌없이 주는 나무가 되기를...

내가 그렇게 되지 않고는

모두가 공허한 가르침일 뿐,

나도 아낌없는 나무가 되어야지 다짐하는 밤,

고맙고 감사하고 미안하고……!!!

내일 아침에 만나면 밝게 인사 나눌 수 있기를!!

- 이범희 홍덕고등학교 교장선생님 페이스북 글에서

## 소신 있는 혁신학교 교장선생님

마크 트웨인이 말했던가요. 종종 인간을 궁지에 몰아넣는 것은 '무지'가 아니라 '잘못된 확신'에 있다고요. 이와 비슷한 우스갯소리가 있습니다. 리더가 될 사람은 어리석으면 안 된다고 합니다. 그런데 어리석으면서도 부지런함까지 갖추고 있으면 아랫사람들은 더 힘들어진다고 합니다. 가장 최악은 어리석고, 부지런하면서도 소신까지 있는

사람이라고 합니다. 저는 혁신학교 교장선생님들이 어리석지 않다는 판단을 하고 있습니다. 그러니 부지런하면서도 소신 있는 혁신학교 교장선생님들에 대해 얘기해보려고 합니다.

저는 우리나라 초중등 학교교육을 '종이 교육(Paper Education)'이라고 부르고 싶습니다. 교직에 있어보면 모든 일은 '공문(Paper)에서 시작해서 공문(Paper)으로 끝난다.'는 말이 회자될 정도니까요. '종이 교육'은 교과서와 비슷한 장점과 단점을 갖고 있습니다. 공문은 효율적인 교육정책을 펼치는 데는 아주 유용하지만, 단위학교의 특성화된 교육을 바라기엔 너무나 획일적인 수단이 되곤 합니다. 그리고 공문(Paper)은 학교교육의 실체를 함부로 재단하고 왜곡하거나 단위 학교의 교육을 망가뜨리는 경우가 있습니다.

종이 교육의 가장 큰 단점은 학교교육과 교사를 행정라인의 말단으로 전락시킨다는 점에 있습니다. 즉, 교사가 관료제(bureaucracy)에서 공문수발의 최종 주자가 된다는 것을 뜻하는 것이죠. 그러나 교사는 본디 행정이 아닌 학생들을 교육하는 사람입니다. 학교라는 곳의 본질은 배움의 장입니다. 그런데 우리나라 교육은 공문이 학교교육의 전반을 장악하고 있습니다. 우리 교육계는 철저히 관료제에 의해 움직이고 있습니다. 관료제의 bureau가 종이(Paper)를 뜻하는 것이 우연은 아닐 겁니다. 이렇듯 종이 교육 즉 학교라는 곳이 교육중심이 아닌 공문을 통한 행정중심이 된 상황은 심각한 문제입니다.

혁신학교 교장선생님들은 이런 종이교육에 대해서 단호한 입장을 보입니다. 사실 공문을 보내는 교과부나 교육청에서는 공문을 통해 학교교육이 잘 되라는 취지에서 보내는 것입니다. 오죽하면 교과부에서 교육청이 학교에 대해 지시나 감독이 아닌 도와주고 협조하라는 의미에서 '지원청'으로 이름을 바꾸었겠습니까? 그러나 교육청은 이름만 바뀌었지 여전히 '지원'이 아니라 '지장'을 주는 것 같아 체제와 인식을 바꾸어야 한다는 생각이 듭니다. 여기서 단호한 입장이라는 것은 혁신학교 교장선생님들은 공문의 취지와 의미를 정확하게 읽고 더 이상 오버하지 않는다는 겁니다. 일반학교의 경우 교육청의 공문에 대해 과잉 충성하는 경우가 많은 것이 현실입니다. 학교에서 교육청에 과잉 충성하는 이유는 교육청에 잘 보이려는 의도라고밖에 해석되지 않습니다. 그래야 예산도 더 따올 수 있고, 교장선생님과 교감선생님에게 인사상의 혜택이 나오는 등 음으로 양으로 많은 것을 누릴 수 있으니까요.

그러나 혁신학교 교장선생님들은 적어도 그런 모습은 보이지 않습니다. 혁신학교 교장선생님들의 눈은 상급기관인 교육청을 바라보기보다는 학생과 학부모들에게 쏠려 있습니다. 그러니 공문에 대해서 확대 해석 또는 과잉 충성하는 일이 없고, 때론 공문이 학교교육에 부정적이고 심각한 폐해가 예상되면 교장선생님이 앞장서서 선을 긋고, 책임을 전가하지 않고 방패가 되어 주곤 합니다.

학교에 근무하다 보면, 교육에도 유행이라는 것이 있음을 알 수 있습니다. 일명 '바람'이 분다고 합니다. 일종의 바람이 부는 업무는 누구나 맡기 싫어합니다. 업무가 폭증을 하니까 그렇습니다. 만약 학습 부진아 지도가 유행이다 하면, 그와 관련한 공문이 쓰나미처럼 몰려

오게 됩니다. 이럴 때 교장선생님이 학교현실과 여건에 맞게 조정역할을 해야 하는데, 그렇지 못한 경우에는 교사들은 더욱 힘들어지게 됩니다. 교사가 공문 때문에 힘들어한다는 얘기는 결국 학생들 수업에 공을 들일 에너지가 새어나간다는 것을 의미합니다.

학교에는 교육청뿐만 아니라 외부기관에서도 수 많은 협조 공문을 보냅니다. 제가 근무하고 있는 초등학교만 해도 일 년에 12,000건 정도의 공문이 옵니다. 비공식적인 업무요청까지 합치면 더 많을 겁니다. 어떤 학교를 조사했더니 15,000건 정도 되는 학교도 있더군요. 이 정도 수준이면 가히 공문 폭탄입니다. 교육청 공문 중에는 각종 행사나 공모에 응모하라는 협조공문이라는 것도 있습니다. 말 그대로 의무가 아닌 협조하라는 공문입니다. 그런데 학교에서는 교육청의 협조 공문이라고 하더라도 일반적으로 수용하고, 심지어 외부기관 협조 공문도 교장선생님들은 마음씨 좋게 협조합니다.

그러나 혁신학교 교장선생님들은 자신의 학교 상황에 비추어 엄격하고 단호한 조치를 취하는 경우가 많습니다. 아마도 각종 행사 참석이나 표어, 포스터나 글짓기 대회 등에 대해 협조하라는 공문을 보냈을 때 다른 학교는 몰라도 혁신학교에서는 절대로 쉽게 응하지 않을 겁니다. 혁신학교 교장선생님들의 소신 있는 판단으로 말미암아 일반학교에서 온갖 체육대회 준비나, 각종 문예 및 예능 행사 동원에 몸살을 앓고 있을 때, 혁신학교만은 학교 교육과정에 계획된 대로 흔들림 없이 교육활동을 전개할 수 있는 겁니다.

혁신학교 교장선생님들은 학교를 단순하게 만들려는 노력을 많이 하고 있습니다. 혁신학교는 행정중심의 학교가 아닌 교육중심, 수업 중심의 학교로 전환시키고자 하는 기본적인 마인드가 있는 셈입니다. 행정중심의 학교는 학교에 무언가 자꾸만 덧붙이는 꼴이 되게 합니다. 혁신학교 교장선생님들은 이런 점을 경계합니다.

최인호 작가가 쓴 『유림』이라는 책에 보면, 몽골제국의 초기 공신 야율초재에 관한 이야기가 나옵니다. 아버지 칭기스칸에 이은 오고 다이칸은 2대에 걸친 재상인 야율초재에게 "나는 아버지가 이룩한 대제국을 개혁하려고 한다. 좋은 방법이 있으면 말해보라."라고 질문 을 하자 그가 "한 가지 이로운 일을 시작하는 것은 한 가지의 해로운 일을 제거하는 것만 같지 못하고, 한 가지 일을 만들어내는 것은 한 가지 일을 줄이는 것만 같지 못합니다."라고 답했다고 합니다. 혁신 학교 교장선생님들은 혁신을 무언가 자꾸 덧붙이는 것이 아닌, 수업 중심으로 집중할 수 있게끔 잘라내는 작업에 심혈을 기울입니다. 다 행히 진보 교육감을 중심으로 교원행정업무경감방안을 마련하여, 교 사들이 공문 때문에 수업에 지장을 받지 않도록 하는데 힘을 보탠다 고 하니 참으로 다행스러운 일이라 생각됩니다.

## 혁신학교 교장선생님들의 솔직함

연구시범학교에 가보면 그야말로 자화자찬입니다. 실패란 도무지 찾 아볼 수 없습니다. 그래도 아무도 연구시범학교의 성공요인을 벤치

마킹하지 않습니다. 그만큼 연구시범학교 결과를 신뢰하지 않는다는 겁니다.

저는 혁신학교 교장선생님들을 만날 때마다 한 가지 공통된 점을 발견할 수 있었습니다. 자신의 학교에 대해 별로 자랑하지 않는다는 겁니다. 언론에서나 주위에서 모두가 성공적인 모델이라고 말하지만, 정작 혁신학교 교장선생님들의 한결같은 말은 혁신학교 운영이 '절대로 쉬운 일이 아니다.'라고 말합니다. 오히려 자신의 학교에서 잘 안 되는 것을 말합니다. 혹 학교만의 자랑거리일 수 있는 것에 대해서도 담담하게 사실만 기술합니다. 보태지도 빼지도 않은 교육활동 그 자체에 대한 필요성과 의의에 대해서 말입니다. 거기에는 과장도 포장도 없어 맨 얼굴을 보는 것 같지만, 학교현장의 치열함과 고민은 말 한마디 한마디에 녹아들어 있음을 금방 알 수 있습니다.

아주 오래되었지만, 제가 춘천에서 양희창 간디학교 교장선생님의 강연을 들은 적이 있었습니다. 그런데 이분이 간디학교 자랑을 할 줄 알았는데, 그야말로 초기에 실패했던 이야기들을 솔직하게 말씀하는 걸 듣고 많은 감동을 받은 적이 있었습니다. 잠깐 소개해 드리면, 간디학교는 '사랑과 자발성'이 모토라고 합니다. 그런데 양희창 교장선생님의 말에 의하면, 학생들이 신발장에 신발 하나 제대로 집어넣지 못할 정도로 질서가 잡히지 않았다고 합니다. 하나를 보면 열을 안다고, 모든 생활이 그랬다는 겁니다. 그래서 선생님들과 심각하게 학생들 전반에 관해 밤새도록 논의했다고 합니다. 선생님들은 학생들의 그런 모습을 보고 실망과 낙담을 하는 경우도 있었고, 애타는 마음으로 눈물을 보이시는 분들도 계셨고, 어떤 성격 급한 분들은 과감하게 조치를 취하자는 의견도 내 놓으셨다고 합니다. 간디학교 교사들은 좋은 여건의 직장들도 그만두고 온 사람도 있었고, 경제적인 대우와 근무여건은 공립학교에 비교도 할 수 없을 만큼 열악했었습니다. 기대가 큰 만큼 실망도 컸을 거란 생각이 들었습니다. 그러나 간디학교 교사들은 학생들을 통해 실현시키고자 하는 '사랑과 자발성'이라는 가치를 다시 한번 깊이 생각했다고 합니다. 그리고 교사들은 '사랑과 자발성'으로 학생들을 끝까지 믿고 사랑하며 학생들이 자발적으로 온전한 삶을 살 수 있도록 끈질기게 매달리고 설득하고 지도했다고 합니다. 어느 순간 학생들이 신발장에 자기 신발을 가지런히 두더라는 얘기를 합니다. 그 기간이 무려 3년이나 걸렸다고 합니다. 간디학교의 초기의 혼선과 혼란, 그에 따른 교사들의 인내와 끈기, 믿음을 보여준 사례였지만, 교장선생님으로서 학교의 아픈 부분을 드러내기가 쉽지 않았을 겁니다. 왜 그렇게 솔직하게 고백했을까를 생각해 보았습니다. 아마도 간디학교뿐만 아니라 교육을 사랑하기 때문일 거란 생각이 들었습니다. 그분은 간디학교의 아픈 사례를 통해서라도 대안학교에 대한 오해를 불식시키고, 우리 교육 전반에 걸쳐 있는 성급함과 조급증에 대해 경계하고 학교만의 고유한 가치를 실현시킬 것을 염원했을 거란 생각이 들었습니다.

저는 혁신학교 교장선생님들을 만나면서 양희창 교장선생님과 비슷한 생각을 갖고 있음을 많이 느꼈습니다. 혁신학교 교장선생님들은 혁신학교에 대해 솔직하게 말합니다. 그리고 때론 혁신학교에 대

해 날카로운 지적도 마다하지 않습니다. 이우학교 이수광 교장선생님은 혁신학교의 섣부른 낭만적 접근을 경계합니다. 즉 관료통제가 없고 뜻이 맞고 마음에 맞는 사람들이 즐겁게 일할 수 있는 학교가 혁신학교라는 인식에 우려를 나타냅니다. 성공적인 혁신학교의 교장선생님들은 몇몇 혁신학교에 드리워진 반지성적 먹구름에도 우려를 나타냅니다. 학생들의 기초, 기본학습을 소홀히 하면 안 된다는 주장도 과감하게 합니다. 온갖 다양한 학습법도 기초, 기본이 탄탄한 주춧돌 위에서 수행할 수 있다는 것을 간과하지 않기 때문에 그럴 겁니다.

보평초등학교 서길원 교장선생님은 학교에서 학생들의 공적 자아 세우기를 주장합니다. 학생들이 교실이라는 공적 공간에서 사적 자아가 아닌 공적 자아로서의 역할과 자세를 길러야 한다는 얘기를 자주 합니다. 학생중심의 혁신학교에서 자칫 학생들을 위한답시고 공적 자아와 사적 자아의 경계가 무너져 난장판이 되는 것을 우려한 얘기입니다. 옳은 말씀입니다. 철학자 알프레드 노스 화이트 헤드는 "진보의 기술은 변화 속에서 질서를 보존하고, 질서 속에서 변화를 보존하는 것"이라고 말했습니다. 변화와 질서는 결코 배타적인 것이 아니라 상호의존적인 것입니다. 혁신학교에서의 혁신은 무질서를 뜻하는 것이 아닙니다. 이렇듯 혁신학교 교장선생님들은 애정 어린 비판을 솔직하게 합니다.

양평의 세월초등학교 윤영택 교장선생님은 제가 교직에 처음 발을 들여놓았을 때 함께 근무했던 분입니다. 지역사회와 함께하는 학교 축제 등 세월초등학교의 유명세에 대해 제가 넌지시 얘기하자, 교장선생님은 손사래를 치시며 당신의 공치사는 빼고 선생님들과 학부모님들 덕에 학교가 운영되고 있다고 말씀하십니다. 입만 떼면 당신의 자랑을 교묘하게 하시는 분들이 많음을 생각할 때 윤영택 교장선생님의 솔직하고 강직한 성품 뒤에 숨어있는 온화하면서도 겸손한 마음을 읽을 수 있었습니다.

## 혁신학교 교장선생님들의 의사소통

벌써 15여 년 전 일입니다. 학교 교직원협의회 시간에 갑자기 일어나 의견을 개진하는 교사, 일명 '벌떡 교사'가 있었습니다. 제가 보기에 그 선생님 의견이 타당함에도 불구하고 교장선생님은 끝내 그 의견을 들어주지 않았습니다. 저는 교장선생님이 끝까지 고집을 부린 이유를 한참 뒤에 알았습니다. 교장선생님이 말하기를 "난 그 선생 의견이 중요하지 않아! 난 저렇게 일어나서 얘기하는 게 꼴 보기 싫은 거야!" 한마디로 말하는 내용은 타당하나, 말하는 방식이 못마땅하다는 것입니다.

혁신학교도 예외는 아닐 겁니다. 우리나라 교직문화는 인간관계가 얽히고설킨 관계로 서로의 의견을 모으고 합의하는 과정이 매우 힘듭니다. 학교구성원들은 의사소통의 애로점에 대해 고충을 토로하기도 합니다. 우리말에 '아 다르고 어 다르다'란 말이 있듯이 혁신학교에서도 의사소통을 함에 있어서 표현의 방식에 따른 오해와 갈등이 따르기는 마찬가지일 겁니다. 이런 점은 혁신학교에 근무하는 서우

철 선생님이 페이스북에 올린 정직한 글만 보아도 알 수 있습니다.

> 혁신학교 근무하면서 입장에 따라 달라지는 생각들을 어떻게 표현
> 하느냐에 따라 상처를 입을지, 용기를 받을지가 달라지는 경우가
> 너무 많음을 느낍니다. 개방된 민주성 속에서 아직 누구도 남을 배
> 려하면서 표현하는 법을 익히지 못한 채 살다보니 상대방의 가슴
> 에 대못을 박는 경우가 많습니다. 흰머리가 늘어나고 항상 고민 속
> 에서 머리가 아픈 채 살게 되어 과연 이런 삶이 올바른 삶일까란
> 생각에 기꺼이 지고자 했던 짐들을 내려놓고 싶은 충동이 많이 듭
> 니다. 이 짐들은 혁신학교 근무하는 선생님들의 다수가 겪고 있는
> 고통들이 되고 있습니다.

혁신학교 평가위원으로 함께 하면서 만난 대월초등학교 장성량 교장 선생님은 혁신학교에서의 의사소통과 관련하여 다음과 같이 말합니다.

> 학교에서 선생님들 사이에 생각과 의견 차이로 생기는 갈등의 홍
> 역을 한바탕 치르고 난 뒤, 어느 정도 정착이 되면 그야말로 소통
> 다운 소통이 이뤄진다. 이런 과정을 반드시 거치게 되어 있다.

대월초등학교 역시 교사들 사이의 의사소통이 진통 단계를 거쳤고, 지금은 안정적으로 의사소통이 이뤄지고 교육과정 역시 원활하게 운영되고 있다고 합니다. 이제는 선택과 집중을 하여 핵심적이고 중요한 부분에 대해 좀 더 과감하게 학교를 운영한다고 합니다.

혁신학교 교장선생님들의 교직원들과의 의사소통은 일단 기존의
일반학교 교장선생님과는 달리 의사소통에 있어 '열려있다'는 표현
이 좋을 것 같습니다. 일반학교 교장선생님들은 평교사가 교장선생
님에게 곧바로 의견 개진하는 것을 상당히 못마땅하게 여깁니다. 의
사소통의 계통과 절차를 지키지 않았다는 겁니다. 즉 교사가 의견을
낼 때는 부장교사와 교감을 거쳐 의견을 거르고 난 후, 교장선생님에
게 오라는 얘기입니다. 효율적인 측면에서 또한 관료제라는 틀에서
이런 요구는 정당한 요구일 수는 있지만, 확실히 교사가 교장선생님
과 의사소통을 하기엔 불편하고 막힘이 있습니다.

그러나 혁신학교 교장선생님과 교직원사이에는 이런 점이 보이지
않습니다. 학교 구성원들은 언제든지 의견을 제안할 수 있고, 때론
제안한 의견은 공동 의제가 되어 논의의 도마 위에 올려놓을 수 있는
겁니다. 한마디로 누구에게나 열려있는 의사소통 구조를 갖고 있습
니다. 이는 교장선생님의 개인적인 시혜 차원이 아니라 학교 시스템
으로 의사소통 구조가 확립되어 있다는 겁니다.

혁신학교의 의사소통 구조는 교사뿐만 아니라, 학생회까지 열려있
습니다. 이우학교 학생들의 의견개진은 학교 교육과정에까지 영향을
미치고 있습니다. 예를 들어 학생들은 '사회적 기업'이라는 과목을 학
교 측에 개설해 달라는 '과목 개설 요구권'을 행사하기도 합니다. 비
록 소수의 학생이 희망하는 과목이지만, 학교에서는 갖은 노력을 다
해 결국 과목을 개설했다고 합니다. 학생들과 학생들 사이의 의사소
통도 열려있어, 이우학교에서는 학생자치법정이 활성화되어 있다고

합니다. 때때로 학생회에서는 학교 측에 정식으로 해명을 요구하는 일도 있다고 합니다. 이때마다 이수광 교장선생님은 학생들 앞에 불려나갔다고 합니다. 이수광 교장선생님은 이를 아주 자랑스럽게 생각하는 듯 했습니다. 혁신학교 중에서 초등학교의 경우는 어린 학생들과 의사소통을 하고 자치 능력을 함양하기 위해 의도적으로 학교 축제와 같은 학교행사나 기타 교육활동에 학생들을 참여시켜 의사소통하는 경우가 많습니다.

콜린파월 미국 전 합참의장은 "부하들이 문제를 제기하지 않는다면, 이미 리더의 생명은 끝난 것이다"라고 말하였습니다. 상명하복의 군대에서도 말입니다. 놀라울 따름입니다. 이와 마찬가지로 혁신학교 교장선생님들은 의사소통을 혁신학교를 살찌우고 가치를 공유하고 생명을 살리는 혈액 순환으로 있습니다. 그래서 혁신학교에선 때론 과하다 싶을 정도의 많은 회의를 거듭하게 됩니다. 때론 회의로 인해 회의를 느끼는 학교 구성원들이 나타난다고 해도 의사소통을 약화시키지 않습니다. 혁신학교에서 의사소통을 통한 집단지성의 힘이 엄청난 위력을 발휘한다는 점을 혁신학교 교장선생님들은 누구보다 잘 알고 경험하고 있기 때문에 그렇습니다.

 ## 보평초등학교 교장선생님과 나눈 이야기

제가 학기 초 보평초등학교를 방문하여 아주 긴 시간 동안 서길원 교

장선생님과 면담한 내용이 있어 따로 소개하고자 합니다.

### 첫인상

학교에 들어서자 슬로건이 눈에 들어온다. "활기찬 학교, 행복한 아이들" 글씨체는 처음 대하는 것이다 초등학교에서는 아이들이 반듯해야 한다는 의식의 발로인지는 모르지만 궁서체나 명조체를 자주 쓴다. 다른 사람은 몰라도 난 좀 답답함을 느낀다. 그런데 이 글씨체는 물이 흘러내리는 듯 자유분방하면서도 균형감이 있으며, 창의적이고 예술적인 감각이 느껴진다. 글씨체 하나에서도 구성원들의 고민이 묻어난다.

활기찬 학교라!!! 아니나 다를까 아이들은 운동장에서 축구와 놀이를 신나게 하고 있고, 학교 건물 사이의 공터에서는 비교적 어린 아이들이 자유롭게 뛰어 다닌다. 음! 그야말로 아이들 표정에서 생기가 돌고, 전체적으로 활기차다는 인상이 든다. 물론 이 학교 교육과정상 블록수업이 끝나고 난 후의 30분 자유 활동 시간에 우리가 방문했기 때문일지도 모르겠다.

### 통합된 교육지원실을 보면서

교무실에 들어섰다. 아니 교장선생님실, 교무실, 행정실이 통합된 교육지원실에 들어섰다. 교장선생님을 만나려면 먼저 행정실을 거치게 되어 있고, 방문록을 적게 되어 있다. 교실 두 세 칸을 합쳐 놓은 널찍하고 개방된 공간에서 교장선생님, 교감선생님, 행정실장, 주무

관 등이 다들 열심히 일하고 있다.

통합된 교육지원실은 학교장선생님과 학교구성원들의 철학적 인식이 공간 구성 및 배치에 고스란히 녹아 있다. 기존 교장선생님실에 떡 하니 있었던 교장선생님 권위의 상징인 중후한 책상과 의자, 명패 등은 찾아볼 수 없었다. 물론 학교현황판 및 게시판, 전시장, 고급 가구들, 난과 분재, 화초들로 장식된 교장선생님실도 없었다. 오히려 난과 화초와 의자들은 중앙 현관에 '푸른 쉼터'라는 곳에 있었고, 누구나 앉아서 쉴 수 있도록 카페테리아처럼 꾸며 놓았다.

요즘은 교육청에서 예산을 받아 교장선생님실을 단장하고, 심지어 교장선생님실이 아방궁이라는 언론의 비아냥거리는 소리도 들리는 마당에, 보평초등학교 교육지원실은 참으로 신선하다는 생각이 들었다. 교장선생님은 교사들과 업무를 상의하기 쉽게 통합된 교육지원실에 함께 근무하고 있었다. 교장선생님은 우리가 방문했을 때 교사들과 서술형 평가문항에 대해 협의를 하고 있었으며, 교감선생님 역시 민원인들을 상담하느라 바쁜 일상을 보내고 있었다. 결재만 하는 교장선생님이 아니라 교육활동 지원을 위해 업무하는 교장선생님, 교사들과 소통하기 위한 교장선생님은 자연스럽게 이러한 업무 동선과 구조가 필요할 것이란 생각이 들었다.

교육지원실 마련에 2700만원 교육청 예산이 내려왔으나, 부족하여 학교예산 1000만원을 더 보탰다고 한다. 통합된 교육지원실의 모델링 학교라는 부담감과 책임감 때문에 교육지원실에 많은 신경을 썼다고 한다. 교육지원실은 교장선생님실을 내어주고, 기존 교무실은

교장선생님실, 교무실, 행정실을 통합하여 새롭게 단장한 교육지원실 모습

수업멀티실(카메라 설치)을 설치하였다고 한다.

예산을 준다고 해도 기존 학교에서는 꺼려하는 사업이 바로 행정실과 교무실, 교장선생님실을 통합하여 교육지원실로 만드는 것이다. 교장선생님들은 자신의 공간을 내어주어야 하고, 행정실과 교감은 상사인 교장선생님 눈치를 봐야 하고, 이래저래 피곤한 일이기에 돈을 준다고 해도 선뜻 나서지 않는 이유다. 교육지원실은 무조건 합치기만 해서는 될 일이 아님을 알았다. 교장선생님은 통합과정에서 어느 누구도 희생, 불편과 소외가 없어야 한다는 전제로 통합을 했다고 한다. 교장선생님도 동등한 입장에서 통합에 참여했다고 한다. 말이 동등한 입장이지 세속적인 판단으로 보자면 결국 교장선생님의 전폭적인 양보와 희생으로 교육지원실이 만들어졌다고 본다.

## 서길원 교장선생님의 리더십

혁신학교의 교장선생님 리더십은 '변혁적 리더십'이 중요하다고 한다. 학교혁신을 위해서는 시스템적 접근과 문화적 접근의 두 측면을 동시에 고려한단다. 이론적으로는 가능하지만 그게 쉽지 않을 것이다. 물론 면담 과정 내내 학교 바꾸는 것 결코 쉽지 않다는 얘기를 몇 번이나 한다. 그래도 확신에 찬 어조로 학교혁신에 관한 연차적 로드맵을 이야기 한다. 학교 내에서 혁신의 우선순위와 문화적 측면을 고려해 혁신의 '속도 조절' 등을 구성원들과 고민하고 합의를 이끌어 낸다고 한다. 그래도 교장선생님의 교육에 대한 안목과 식견, 성찰력과 미래지향적인 비전 제시 등 교장선생님은 누구보다 이 학교에서 영향력을 끼치고 있음을 곳곳에서 찾아 볼 수 있다. 예컨대, 개정 교육과정 학년군제 도입 이전에 이미 스몰 스쿨제를 실시하여 행정중심에서 교육중심의 인사 및 시스템을 구축하여 가동했다는 것만 봐도 알 수 있다. 또한 성장참조형 평가나 아시아교육연대구상, 진로교육 등 다방면에서 내실을 가하고 새롭게 뻗어나가려는 의도가 보인다.

결국 혁신학교는 정태적 의미의 '혁신된 학교'가 아니라, 늘 끊임없이 변화하는 동태적 의미의 '혁신하는 학교'다. 난 보평초등학교의 이런 모습이 매력적으로 느껴졌다. 아마도 성과 측면에서는 아직은 별다른 성과를 보이고 있지 못하다. 그러나 한편으론 이것이 당연한 모습이 아닐까 싶다. 교장선생님 부임 일 년 반 만에 무슨 성과를 산출하고 있다는 자체가 뜸 들이지 않은 설익은 밥이 될 확률이 높기 때문이다. 서교장선생님은 초기 4년 정도는 체제 구축을 위한 시기로 본다.

그 후 4년은 제대로 교육활동의 열매들을 수확할 수 있을 것으로 기대한다. 사실 이것도 어찌 보면 빠른 기대일지도 모르겠지만, 현재로선 추후 보평초등학교의 혁신과정과 미래상에 대해 희망을 갖게 한다.

**보평초등학교의 교육철학, 운영기저 및 원리, 교육활동 안내를 받으면서**

보평초등학교 혁신의 첫 출발은 공적 자아와 사적 자아의 경계 세우기로부터 출발한다. 얼핏 혁신학교는 아이들이 자유롭고 신나야 한다는 낭만적인 생각에서 학생들의 질서의식과 예절, 에티켓 등을 놓치는 경우도 있다. 하지만 보평초등학교에서는 학생들 책상 흠집까지 조사하고, 교실과 학교전체를 공적 공간으로서 관리하고 있다.

교실에서의 정숙, 교사들의 솔선수범, 교사출근시간 엄수, 클릭수업 금지, 아침 출근하면서 9시까지 모니터 켜지 않기 등은 일반학교에서도 마찬가지로 볼 수 있는 사항이다. 하지만 이런 내용은 지시, 명령 구조의 외부중앙통제시스템이 아닌, 교사로서의 양심과 교육내적 추동력에 호소하는 내부자율통제시스템으로 전환하려고 애쓰고 있다. 이를 위해 보평초등학교에서는 선배가 살아있는 교사 즉 50대 교사들이 교포교사들이 아닌 솔선수범하는 교사로서 중심에 설 수 있도록 돕는다.

보평초등학교 혁신의 시스템적 측면에서는 교육과정, 학습조직화, 교수학습지원체제로 나누어서 하나씩 혁신을 시도하고 있다. 교육과정은 학년군제(1, 2학년, 3, 4학년, 5, 6학년)로 운영하며 각각 팀장(스

쿨장)을 두었다. 기능부장은 교무, 연구, 연수부장 3명으로 한정하며, 학년부장을 학년별로 6명 두었다. 기존 학교의 6명 기능부장과 학년부장 6명 체제에서 보평초등학교는 스쿨장(3명), 기능부장(3명), 학년부장(6명)으로 행정중심에서 교육중심으로 보직교사들을 배정한 것이 인상적이다. 교장선생님의 말로 표현하면 기존 관료통제적(근대적 행정조직), 업무분장의 분업적 구조에서 탈피하여 협업중심, 교실중심, 집단적, 공동적 실천, 가치의 공유를 위해 조직했다고 한다.

교육과정 측면에서는 수업과 교육과정을 분리해서 보는 것이 아니라 묶어서 본다. 이를 위해 교사들의 수업개발능력을 키우기 위해 애쓴다. 교사들이 수업의 창조자, 수업의 개발자로서 우뚝 설 수 있게 해야 하는데, 현재 수업실기대회와 같은 방식으로는 한계가 있음을 분명히 했다. 또한 혁신학교에서 유행하고 있는 배움의 공동체와 컨설팅 개념 등은 단위학교에서 새롭게 재해석하고 적용해야 한다. 누군가의 이론과 슈퍼바이저의 성격이 짙은 각각의 수업관련 운동은 흉내 내기와 획일화된 모습으로 전락할 우려가 있어서다.

혁신학교는 벤치마킹하는 학교라기보다는 무언가 새롭게 창조하는 학교라는 측면에서 배움의 공동체와 같은 말은 사용하지 않는단다. 오히려 이 학교에서는 수업방법보다는 '관계성'을 중시한다. 그래서 누구 이론의 모형이 아닌 자기수업 모형을 적어본다든가, 일정한 수업안 양식이 없는 점, 수업안 2장 넘기지 않기, 수업시간에 경어 쓰기, 계관 순시하는 것, 익힘과 나눔의 쓰기, 학습부진아 지도에 관심 갖기 등을 예로 든다. 평가와 관련해서는 선별, 성과형 평가에서 성장형 평가(질관리＋코칭)로 전환하고 있는 중이다. 시수와 진도표 중심의 교육과정은 아이들이 사라진다. 그러나 질관리 평가에서는 아이들의 개별성이 중시되는 평가라고 할 수 있다. 성장참조형 평가, 창의성 함양을 위한 서술, 논술형 평가를 위해 1년 정도 훈련기간으로 삼고 있으며, 훈련은 교사들이 직접 성장 참조형 평가를 제출하면서 서로의 집단지성을 활용하고 있다.

교수학습지원체제로는 학습자료관을 만들고, 보조교사를 배치하여서 복사와 학습준비물 등 업무를 맡아서 교사들의 업무를 지원해주고 있다. 학부모 지역사회 관계에서는 학부모 파트너십에 관심을 갖고 문화예술분야에서 학부모들이 문화 코디네이터 역할을 할 수 있도록 구상 중에 있다. 또한 마을학교조성(마을 가꾸기 사업)에도 관심을 가져 학교를 중심으로 하는 공동체 마을을 꿈 꾸고 있다. 그야말로 지역사회 공동체를 구축하여 소셜네트워크를 구축하고자 한다. 수업 중 해외 어린이들과 일상적으로 이야기 할 수 있는 화상통화방식을 어떻게 구축할 것인지도 고심 중에 있다고 한다.

### 혁신학교 정책 관련 의견

혁신학교 정책과 관련하여 혁신학교 정책은 교실 단위가 아닌 학교 단위, 교육과정 단위로 가야 한다. 현재 경기도교육청에서 추진하고 있는 혁신학교 미션은 나열적이다. 혁신은 미션 중심 즉 총체적인 접근이 아닌 특정 과제 중심으로 이해하는 것이 문제이다. 혁신학교는 교육과정을 중심에 놓고 그에 따른 지원체제를 구축해야 한다. 그렇지

않고 교육과정과 지원체제의 과제들을 하나씩 추구하다 보면 혁신학교는 과거의 연구학교 굴레에서 벗어나지 못하는 결과를 초래한다.

혁신학교의 양적 확산은 심각하게 고민해 봐야 한다. 기존 혁신학교는 질관리를 분명하게 해야 한다. 정치적 압력에 의해 혁신학교 신설을 남발할 것이 아니라, 유형별로 모델링 창출 목적으로 혁신학교를 지정하는 것도 괜찮겠다 싶다. 즉 중등학교의 경우 진로형 모델학교, 학력중점형 모델학교, 초등의 경우는 거대학교와 관련한 모델학교, 전원형 학교, 무학년제 학교 등등 제대로 된 샘플을 확보하는 것이 중요하다.


교육에 관한 끊임없는 담론들

보평초등학교 교장선생님은 교육에 관해서 무슨 말이 그렇게도 많을까? 숨 쉴 틈 없이 쏟아내는 교육에 관한 이야기는 그 자체로 놀랍다. 지금껏 몇 번을 만나도 서길원 교장선생님의 대화 주제는 오로지 '교육' 그 자체다. 이러기 쉽지 않다. 일부러 하라고 해도 못하겠다. 밥 먹을 때도, 차를 타고 가도, 일상 대화도 오로지 교육, 교육, 교육이다. 많은 교육학자들과 교육관련자들을 만나 보았지만, 교육 얘기만 하는 사람은 처음 봤다. 말은 생각의 표현이다. 이는 늘 생각을 교육으로 채우고 있다는 증거다. 또한 삶이 교육이고, 교육이 삶이라는 말이다. 삶과 앎이 분리되어 '교육에 관해' 멋지게 이야기하는 사람은 많으나, 실제적인 '교육'을 이야기하는 사람은 별로 없다. 이런 사람들이 많아야 교육의 실제가 변화한다.

# 11 혁신학교에서 학부모들은 어떤 역할을 하나요?

혁신학교에서는 학부모들이 학교와 교사의 문턱을 느끼지 못합니다. 오히려 학부모들은 학교에 대한 주인의식을 가지고 있습니다. 자녀 개인에 대한 매니저 역할에 그쳤던 학부모들이 학교 전체의 교육 서포터즈로 변신합니다. 학부모들이 학생들을 대상으로 캠프를 기획하여 운영하기도 하며 교육과정 기획에 참여하기도 합니다. 혁신학교 학부모들은 학교 운영에서 교사들과 함께 하는 동반자 역할을 합니다.

##  교육열을 제대로 발산하고 있는 혁신학교 학부모들

우리나라에선 교육에 관한 한 '전 국민이 전문가'라는 소리가 있습니다. 그만큼 교육에 대한 학부모들의 관심이 많다는 얘기로도 들립니다. 우리나라 학부모들의 교육열은 가히 세계 최고라고 할 수 있습니다. 외국에도 학원이 생기는 현상이 나타나는데, 이는 우리나라 학부모들 때문이라는 얘기도 들려옵니다.

그럼, 우리나라 학부모들의 교육열은 왜 이리도 높을까요? 여러 가지 이유가 있을 겁니다. 우리나라는 예로부터 교육을 중시해 온 나라였다는 점도 한 가지 이유가 될 겁니다. 그러나 학부모들의 교육열이 뜨거워진 가장 큰 이유는 학교 교육이 사회적 신분상승의 통로가 되었다는 점을 들 수 있습니다. 요즘 '교육 사다리'란 말이 자주 등장합니다. 예전에는 가난해도 공부만 열심히 잘하면 경제적·사회적 신분이 상승할 수 있었습니다. 학교 교육이 그런 사다리 역할을 했다는 뜻입니다. 그러나 최근엔 사교육 경쟁이 심해지면서 가정형편이 어려우면 대학에 들어가기 힘들어져 교육 사다리가 약해지고 있습니다. 또한 학부모들의 교육열이 높아진 이유는 교육 사다리 역할을 하는 학교에 학생들이 경쟁을 통해 입학을 해왔기 때문이라 여겨집니다.

문헌을 살펴보면 1920년대에 이미 '시험지옥'이라는 말이 생겨났습니다. 시험지옥은 일제 시대 초등학교 입학시험 때문에 생겨난 말입니다. 중학교도 아니고 어린 초등학생들이 입학시험을 보고 학교에 들어갔다고 하니 상상이 가질 않습니다. 1920년에 초등학교 취학률은 4%에 불과했다고 합니다. 학생 수로 치면 약 10만 명 정도입니다. 1940년에는 취학률도 41%로 높아졌습니다. 그러나 학부모들이 애태울 수밖에 없는 것이 초등학교 입학시험에서 떨어진 학생들이 1930년도에 2만 8천명, 1935년도에는 9만 2천명, 1937년도에는 무려 17만 4천여 명이나 되었다고 합니다.

이와 같은 상황에 대해서 언론은 시험지옥을 커다란 사회문제로 부각시킵니다. 그리고 교육자, 학부모, 사회단체들은 초등학교의 확충 또는 의무 교육화를 조선총독부에 요구하기에 이릅니다. 그러나 조선총독부의 대응은 나날이 높아지는 입학경쟁률은 외면한 채 시험방법의 개정과 시험공부 금지와 같은 미봉책을 내놓았고, 당연히 실효성이 없었습니다. 입학시험은 학생을 선발하는 시험이었으므로 시험에 합격할 수 있는 방안에 모든 것을 거는 왜곡된 모습이 나타나게 됩니다.

해방 직후 미군정 하에서의 중등학교 입학 경쟁률은 대체로 2:1 내지 3:1정도였으나 서울의 유명 인문계 중학교의 경쟁은 매우 치열하여 10:1정도까지 이를 때도 있었습니다. 당연히 초등학생들이 중

학교에 들어가기 위해서 과외를 받는 등 과열양상이 나타났습니다. 초등학교 과열 과외 문제가 심각해지자 1969년 당시 박정희 정부는 이를 완화시킬 목적으로 중학교 무시험 입학 제도를 실시합니다. 중학교를 무시험으로 입학하니, 고등학교 입시가 과열되기 시작했습니다. 그러다가 1973년에 고등학교 평준화정책이 채택됩니다. 그러나 대학입학은 더욱 더 과열되기 시작합니다. 이런 상황에서 사교육의 규모는 점점 커지게 됩니다. 학원강사의 숫자가 교원의 숫자와 비슷한 36만 명을 육박하고 있으며, 사교육비의 규모도 조사기관마다 차이를 보이고는 있지만 17조원까지 추산되고 있습니다.

우리나라의 교육사회적 배경과 맞물려 학부모들의 교육열은 치맛바람, 촌지, 고액과외, 조기유학 이라는 부정적인 말들로 대변되었습니다. 그리고 언론에서 '과잉 교육열' 이라든가 '왜곡된 교육열', '이기적 교육열' 이라는 말로 학부모들의 교육열 그 자체를 문제 삼는 상황으로 몰아갑니다.

교육열 연구의 대가인 이종각 교수의 『교육열 올바로 보기』를 읽어보면 우리들이 교육열에 대해 얼마나 오해하고 있는지를 잘 알 수 있습니다. 이종각 교수는 가장 먼저 '교육열'과 '교육열 현상'을 분리해서 생각하자고 주장합니다. 즉 '교육열 현상'인 치맛바람이나 고액과외가 교육열이 아니라는 얘기입니다. 교육열은 학부모가 교육적 성취를 통해 자녀행복을 바라는 마음이나 열정입니다. 따라서 '과잉 교육열'이나 '왜곡된 교육열'이라는 말은 개념상 어색한 말이 됩니다. 그러나 그러한 교육열을 표출하는 교육열 생태환경이 제대로 되어 있지 않으면 교육열 발산에 따른 현상 즉 교육열 표출 양상이 볼썽사나워지는 것입니다. 교육열 생태환경은 결국 교육제도를 포함한 우리 사회의 교육문화라고 볼 수 있습니다.

학부모의 교육열 그 자체는 선하거나 적어도 중립적인 것입니다. 교육열은 그 자체로는 비난받을 하등의 이유가 없습니다. 교육을 통해서 자기 자식 잘 되기를 바라지 않는 학부모가 어디에 있겠습니까? 그리고 현실적으로 교육에서 자기 자녀에게 피해가 가더라도 교육적 이상 구현에 노력하라는 말처럼 실천하기 어려운 것이 어디 있겠습니까? 학부모 교육열은 비난받아야 할 대상이 아닙니다. 오히려 비난받아야 할 것은 학부모 교육열이 왜곡된 모습으로 표출될 수밖에 없게 만드는 여러 교육 제도적 장치일 겁니다. 이는 결국 학부모가 아닌 교육당국이 책임을 통감해야 하는 것입니다. 그러나 학부모를 바라보는 인식은 과거나 지금이나 별로 달라진 것은 없지 싶습니다. 방송 매체에서 나오는 아래의 공익광고만 보아도 알 수 있습니다.

> 부모는 멀리 보라 하고
> 학부모는 앞만 보라 합니다.
>
> 부모는 함께 가라 하고
> 학부모는 앞서 가라 합니다.
>
> 부모는 꿈을 꾸라 하고
> 학부모는 꿈꿀 시간을 주지 않습니다.

당신은 부모입니까 학부모입니까
부모의 모습으로 돌아가는 길
참된 교육의 시작입니다.
- 한국방송광고공사 공익광고협의회 『부모의 모습편』

광고의 내용은 틀린 것이 없습니다. 한편으론 감동적이기까지 합니다. 하지만 학부모를 바라보는 당대 우리 사회의 고정된 시각을 여실히 드러내고 있는 것 같아 가슴 아프기도 합니다. 즉 학교와 사회가 학부모에게 교육의 병폐를 전가시키는 풍토가 여전하다는 것입니다. 이런 시각으로 학부모를 바라보면 학부모는 '계몽시킬 대상', '교육열을 억제시킬 대상'으로 전락하고 맙니다. 지금까지 기존의 정부나 학교의 학부모 대응 방식의 특징은 '방어적'이고 '계몽적'이며 '일방적'인 것이었습니다. 그래서 학부모는 늘 '동원의 대상'이자 '교육의 대상', '단순참여의 대상'으로 인식되어 왔던 것입니다.

요즘 교과부와 교육청에서는 학부모 정책을 강력하게 추진하고 있습니다. 지금까지 학교교육에 학부모를 배제시켜왔던 것에서 학부모를 교육의 동반자로 인식하고 학부모를 학교교육에 참여시키고 있는 겁니다.

그러나 기존의 학부모 교육열을 부정적으로 보는 인식이 팽배한 상황에서의 학부모 정책 추진은 헛발질할 확률이 대단히 높습니다. 즉 학부모들은 교육열이 충만한 상황인데, 정부나 교원, 학자들은 교육열을 비난하고 있는 상황이면 학부모와 교육관계자들은 소통단절의 상황을 맞게 되고, 결국 엇나간 정책을 시행하게 될 것입니다. 사실 지금까지 학부모들의 교육열을 억제하려고 시도되었던 정책들을 살펴보면 대부분 실패했다고 볼 수 있습니다. 대표적으로 과거 과외 금지 정책을 돌이켜보면 알 수 있습니다. 현재 사교육경감대책도 비슷한 맥락에서 볼 수 있을 겁니다.

학부모들의 원초적인 교육열은 억제되지도 않을뿐더러 누를 일도 아닙니다. 교육정책은 좋았지만 학부모들이 협조를 해 주지 않아서 실패했다고, 또는 이기심과 욕심으로 가득 찬 학부모들의 교육열 때문에 정책이 성공하지 못했다고 핑계를 대는 것은 학부모들의 교육열을 제대로 읽어내지 못했거나 학부모에 대한 시각이 기존 입장에서 벗어나지 못했기 때문에 나타난 현상이라 할 수 있습니다.

혁신학교의 학부모들의 교육열은 당연히 높습니다. 도시에서 혁신학교가 있는 시골로 이사를 감행하기도 하고, 학교교육에 대한 관심이 높고 학교교육 참여방식이 무척이나 다양합니다. 혁신학교 학부모들의 교육열 현상은 기존에 볼 수 있었던 교육열 현상과는 다른 면들이 보입니다. 우리나라 학부모들의 교육열은 자녀들이 교육 사다리의 높은 곳에 오르게 하려는 경쟁 체제 아래에서 발산되었습니다. 그래서 학부모들은 아이들 시험점수만 궁금한 게 아니고 몇 등을 했는지도 반드시 물어봅니다. 다른 아이들보다 더 잘해야 하고, 그런 자녀를 키우기 위한 교육열 발산이 일반적인 교육열 현상이라고 한다면, 혁신학교 학부모들의 교육열은 내 자식을 포함한 모든 아이들을 위해 표출되고 있었습니다. 이는 혁신학교의 교육모습과 무관하지 않습니다. 혁신학교 학부모들은 혁신학교에서 추구하는 교육적

가치에 동의를 하십니다. 그래서 혁신학교 학부모들의 교육열 발산은 혁신학교라는 생태환경 속에서 제대로 발산되는 겁니다.

제가 혁신학교 평가를 다녀보니, 혁신학교 학부모들의 학교 교육 만족도는 80%가 넘습니다. 그러나 일반학교에 대한 학부모의 평가는 그리 좋지 않을 것이란 예상이 듭니다. 조선일보 보도에 보면 우리나라 교육시스템에서 학생들의 개성과 특성을 반영한 효율적인 인적자원 개발이 이루어지고 있다고 보는지를 묻는 질문에 학부모의 70%가 부정적으로 답했습니다. 이를 미루어보면 학교교육에 대한 만족도도 부정적이라는 것을 짐작할 수 있습니다.

혹시 '보노보'라는 말을 들어보셨는지 모르겠습니다. 보노보는 영장류의 한 종으로 일반적으로 침팬지가 공격적이고 자기중심적인 반면에 보노보는 경쟁보다는 협력을 중시한다고 합니다. 보노보는 종종 사회적 기업에 자주 비유됩니다. 무한 경쟁 시대에서 경쟁에서 이기는 것만이 미덕인 이 시대를 살아가는 우리들에게 이윤 추구만이 아닌 보노보와 같은 착한 기업, 사회적 기업은 신선한 감동을 줍니다. 몇몇 선진국에서는 사회적 기업이 이미 경제활동의 상당히 중요한 부분을 차지하고 있기도 한다고 합니다.

저는 혁신학교 학부모 그룹은 마치 보노보나 사회적 기업을 보는 것 같습니다. 기존의 학부모 교육열은 교육을 위함이 아닌 자기 자식 교육에 한정되었던 것이 사실입니다. 그러나 혁신학교 학부모들의 교육열은 교육을 위해 발산됨으로써 결국 자신의 자녀까지도 행복한 학교생활을 영위하게 만든다고 생각합니다.

저는 구본형의 변화경영연구소에서 연구원들이 쓴 글을 매일 받아보고 있습니다. 얼마 전에 연구원으로터 흡혈박쥐에 관한 글을 받아 아주 재미있게 읽었습니다. 그리고 글을 읽는 내내 혁신학교 학부모들의 교육열과 굉장히 비슷하다는 생각이 들어 소개하고자 합니다.

열대에 사는 흡혈박쥐란 놈이 있습니다. 이놈은 다른 박쥐들처럼 낮에는 동굴의 천정에 붙어 있다가 밤이 되면 식사(피)를 하기 위해 밖으로 나옵니다. 운이 좋다면 다른 동물의 피를 먹을 수 있겠지만, 그렇지 않다면 어쩔 수 없이 쫄쫄 굶어야만 합니다. 박쥐는 신진대사가 워낙 활발하기 때문에 2~3일만 굶으면 죽습니다. 그래서 박쥐 사회에서는 배불리 먹고 온 놈이 굶고 있는 다른 박쥐들에게 나눔을 실천합니다. 우리가 하는 헌혈처럼 피를 뽑아주는 것은 아니고 먹은 것을 게워 주죠.

하지만 미국 메릴랜드대학 제리 윌킨슨 박사의 연구에 의하면, 박쥐가 나눔을 베푸는 것은 주로 자신의 형제, 친척들에게 집중된다고 합니다. 즉 직접적이진 않더라도 자신과 조금이라도 연결된 DNA의 번식과 생존에 도움이 된다면 나눔을 실천한다는 것이죠. 그러나 조금 더 연구를 해보니, 친척뿐 아니라 전혀 자신의 DNA와 관련이 없는 주변의 친구들에게도 먹을 것을 나눠준다는 사실을 발견했습니다. 왜 그럴까요?

한동안 풀리지 않던 이 의문에 대해 미국 하버드대학의 로버트 트리버즈 박사는 꼭 DNA와 연결되진 않더라도 자신의 도움이 다른 개체 혹은 종에 도움이 되어, 최종적으로 자신에게 다시 도움이 되어

돌아올 수 있다면 동물들 또한 나눔을 베푼다는, 호혜성 이타주의 (reciproc al altruism) 이론을 발표했습니다. 흡혈박쥐의 다소 이해 못할(?) 행동이 딱 이 이론으로 설명되죠. 이외에도 침팬지나 올리브 개코원숭이 등에서도 이러한 호혜 행동이 발견되었다고 합니다.

위에서 본 것처럼 인간이나 동물이나 모두 나눔을 베풀며 살아갑니다. 자신의 DNA와 관련된 나눔은 지극히 당연한 것이죠. 본능적인 것이니까요. 하지만 자신과 아무런 관련이 없는 나눔, 즉 호혜성 이타주의와 관련한 나눔은 쉽지 않을 수 있습니다. 당장은 자신의 손해처럼 보일테니까요. 하지만 이 나눔은 시간은 다소 걸릴지 몰라도 언젠가 자신의 DNA에 도움으로 찾아올 것입니다. 확신은 못하겠지만, 그러한 도움을 받게 되면 받은 자의 DNA 한쪽에 언젠가는 자신도 도움이 되어야 한다는 기록이 살짜꿍 남게 되어, 잊지 않고 다시 나눔을 실천하게 되는 것 아닐까요?

## 교육 서포터즈로 변신한 혁신학교 학부모들

우리나라 부모들이 공통적으로 앓고 있는 병이 하나 있다고 합니다. 바로 '더 잘해봐 증후군'이라고 합니다. 연합적 경쟁체제에서 자녀들에게 끊임없이 더 잘하길 주문하는 일종의 병적 증세입니다. 우리나라 어머니들의 교육열은 더 이상 거론하지 않겠습니다. 그럼, 아버지들은 어떨까요? 우리나라 아버지들의 특징은 자녀들에게 '욱'해서 혼

내주는 특징이 있습니다. 그리고 미안해서 뭘 사주거나 합니다. 부끄럽지만 바로 제 얘기이기도 합니다.

혹시 학부모님들은 청소년 우울증 3대 증세를 아십니까? 자녀들이 입버릇처럼 말하는 소리에 귀 기울이시길 바랍니다. 3대 증세는 '짜증나, 귀찮아, 몰라' 라고 합니다. 잠을 못자고, 식욕이 떨어지고, 집중을 못하면 우울증 약을 복용해야 한다고 합니다. 자녀들이 부모들에게 주는 점수는 57점이라고 합니다. 부모들이 자녀들에게 기대하는 예상 점수는 70점도 넘는다고 합니다.

자녀들과 부모들의 생각의 괴리는 상당히 큽니다. 어려운 일이 있을 때 부모들의 70% 정도는 자녀가 자신들에게 상의할 거라는 착각을 합니다. 그러나 조사 결과에 의하면 거의 대부분이 친구한테 상담한다고 합니다. 저가 교사로서 아버지로서 느낀 점을 글로 옮긴 것이 있어 소개하고자 합니다.


내 자식과 남의 자식


교사로서
아버지로서
나름 터득한 생각이 하나 있다.
'남의 자식은 내 자식처럼, 내 자식은 남의 자식처럼' 이다.


교사로 지내면 선인장 같은 아이들로
속상하고 소위 열 받을 때도 많다.

때론 무관심해지고 싶은 유혹도 슬슬 올라온다.


남의 자식들과 함께 하는 나로서는
무엇보다 애들을 내 자식처럼 대해야 함을 많이 느낀다.
집에 가면 모두 너무나 귀한 자식들 아닌가!


한편
집에서 내 자식을 보면 나름대로 또 속에 불이난다.
마음에 별로 안들 때가 많다.


이유는 간단하다.
내 자식이라는 이유 하나만으로 끊임없는 기대를 하기 때문이다.


좋은 부모가 되려면
내 자식을 남의 자식처럼
한발 물러나 볼 줄도 알아야 하는데
그게 말이 쉽지, 잘 안되는 게 문제다.


자식 교육은 교사나 학부모나 절대로 쉬운 일이 아닙니다. 자녀를
키우는 부모는 거의 '도'를 닦으면서 살아간다고 해도 과언이 아닐 겁
니다. 어느 누가 자식 교육에 대해 명쾌한 해법이 있다고 떠들고 있
다면, '뻥'이라고 치부해도 좋을 정도입니다.

우리나라 교육 상황에서는 자녀들의 교육은 가정보다 학교에서 위
탁받아 실시되고 있는 형편입니다.  예전에는 가정교육이 살아있었

지만, 요즘 같은 상황에서는 '학교 다녀오겠다는 인사가 아니라 집에 다녀오겠다'는 인사말이 더 적절할 정도로 학교에서의 생활이 더 길고 자녀들에게 영향력도 큽니다. 이런 상황에서 자녀교육을 위해 학부모와 교사의 긴밀한 관계가 절실히 필요한 시점입니다.

학교에서 교사들과 학부모와의 관계를 가장 잘 드러내주는 말이 있습니다. 바로 '불가근 불가원(不可近 不可原)'입니다. 무슨 뜻이냐 하면, 교사가 학부모와의 관계를 가깝지도 않고 그렇다고 멀리하지도 말라는 겁니다. 학교에서 교사들이 학부모와의 가장 적절한 접근 정도를 찾은 겁니다. 이 말은 순전히 교사 입장에서 보았을 때 나온 말입니다. 그러나 학부모 입장에서는 교사들은 '가까이 하기엔 너무 먼 당신'이 맞을 겁니다. 지금껏 그만큼 학부모들에겐 학교와 교사의 문턱이 높았던 것이 사실입니다.

그러나 혁신학교에서는 학부모들이 학교와 교사의 문턱을 느끼지 못합니다. 오히려 학부모들은 학교에 대한 주인의식이 있었습니다. 학부모들은 학교에서 다양한 역할을 감당하고 계셨습니다. 혁신학교 학부모의 학교 참여 방식의 가장 큰 특징은 자녀 개인의 매니저 역할에 그쳤던 학부모들이 학교단위의 교육 서포터즈로 변신한 점입니다.

보평초에는 학부모가 지도하는 디베이트 동아리 '시원(see one)'이 있습니다. 보평초 디베이트 동아리 '시원' 학생들은 선정한 주제에 대해 동아리 카페에 올린 자료를 참고해 찬성과 반대 입장을 나누고 의견을 전개하는 방식을 취합니다. '하나로 본다, 시원히 큰 틀을 보자'

조현초등학교 1박 2일 뒤뜰야영 캠프 모습

란 뜻입니다. 또한 보평초는 학부모의 재능기부 형태인 학습지원단이 활성화 되어 있어 학교 교육활동에 많은 도움을 주는 모습을 볼수 있습니다.

조현초등학교의 경우에는 학부모들이 학생들을 대상으로 캠프를 기획하고 운영하는 사례도 있습니다. 이중현 교장선생님 페이스북 글에 보면 조현초등학교 학부모들이 학생캠프를 어떻게 하고 있는지를 알 수 있습니다.

오늘 방학 날, 3학년 학부모님들이 모여서 오늘 진행할 캠프에 대해 협의를 하고 있습니다. 비가 와서 학교에서 1박을 하는데 모든 것을 학부모님들이 기획, 진행하십니다. 4학년도 학교 바깥에서

부모님들이 준비하여 진행합니다. 고마우신 조현 학부모님들이십
니다.

## 혁신학교 학부모회 탐방

혁신학교는 일반학교와 마찬가지로 학부모회를 조직하여 운영하고
있습니다. '좋은교사운동' 정책위원장으로 있는 홍인기 선생님이 혁
신학교 학부모회 학부모님들을 만나서 면담한 내용을 읽어보면 혁신
학교 학부모회를 잘 이해할 수 있을 것 같습니다. 이 글은 월간 〈좋
은교사〉 (2010년 9월호)에 실려 있습니다.

제대로 된 대부분의 혁신학교는 뜻있는 교사들의 연구 모임이나
탁월한 교장 선생님들의 노력으로 이루어졌다. 하지만 혁신학교는
교사들만의 관심 사항이거나 전유물은 아니다. 오히려 학부모들
가운데서 혁신학교를 간절히 소망하여 이를 유치하고, 실제로 혁
신학교의 내용을 채워 가기 위해 눈물겨운 노력을 해 온 분들도 많
이 있다. 경기도의 혁신학교 중 이런 학부모 모임이 있다는 사실을
알게 되어 학부모 모임에 찾아가 이야기를 나누었다. 네 분의 학부
모가 대화에 함께했는데, 학부모들의 요청으로 지역과 이름을 가
명으로 처리했다. 이 학교는 2010년 3월 1일부터 혁신학교로 운영
되고 있다.

좋은교사 : 어떤 계기로 혁신학교 유치를 위한 준비 모임을 시작하

게 되셨나요?

혁신학부모1 : PD수첩에서 '작은 학교'에 대해 소개한 프로그램을 보고는 우리도 저런 학교를 만들어 보자는 생각이 들었어요. 그때 왜 그냥 그 학교 근처로 이사 갈 생각을 하지 않고, 우리 학교를 그런 학교로 만들겠다고 생각했는지 모르겠지만, 어쨌거나 그 방송을 본 몇몇 학부모들의 뜻이 맞았어요. 마침 교장 선생님의 임기가 2월에 끝나는 상황이어서 저희 학교가 혁신학교로 지정될 수 있는 여건을 갖추기도 했어요. 몇몇이 뜻을 모은 후 먼저 학부모들을 소집해서 함께 방송을 보았어요. 방송을 보고 나서 남한산초등학교를 방문하기도 하고 공부를 시작했어요. 경기도에서 혁신학교를 주도하고 계셨던 이성대 교수님(현 경기도교육청 정책 기획관)을 모시고 강연을 듣기로 했고요. 그런데 교장 선생님이 반대하셨어요. 학교가 내부형 공모제(평교사가 교장으로 지원이 가능한 제도) 학교로 지정되는 것을 반대하셨죠. 당시 지역의 교장 협의회나 교육청에서도 내부형 공모제를 좋아하지 않았어요. 학교 밖에서라도 이성대 교수님을 모시고 강연을 들으려고 했는데, 경기도교육청에서 지역 교육청으로 학부모들이 원한다면 학교에서 강연할 수 있도록 하라는 지시가 내렸어요. 그래서 학부모들과 함께 혁신학교가 뭔지 강의를 통해 더 잘 알게 되었어요.

혁신학부모2 : 때마침 스쿨디자인 21 선생님들이 실시하고 있는 혁신학교 HRM (경기도에서 실시하고 있는 찾아가는 연수 프로그램) 연수를 알게 되었어요. 2009년 9, 10, 11월 석 달을 열심히 쫓아다닌 것이 혁신학교에 대해 좀 더 자세히 배우는 계기가 되었지요.

연수 내용이 재미있었고, 우리 학교가 변해야 할 방향이 보였어요. 그래서 내부형 공모제 학교로 선정되기 위해 서명 운동을 시작했고, 학부모 90%의 서명을 받아 냈어요. 그런데, 처음에는 자율 학교로 지정되기만 하면 되는 줄 알았는데, 중간에 교과부의 지침이 바뀌는 거예요. 교장 결원인 학교의 15%만 자율 학교로 지정되고, 자율 학교의 15%만 내부형 공모제가 가능하게 되었죠. 결국 교장 결원 학교의 2.3%만 평교사가 지원 가능한 내부형 공모제로 지정될 수 있다는 거죠. 그래서 경기도에서는 2010년 상반기의 4학교만 가능하게 되었고, 그중 초등학교 몫은 한 학교뿐이었지요. 결국 저희 학교는 혁신학교로 지정되기는 했지만, 평교사가 아닌 교장 자격증을 가지신 분만 지원 가능한 혁신학교가 되었어요.

좋은교사 : 몇 분이나 지원하셨나요?

혁신학부모1 : 학부모들이 드세다는 소문이 나서인지(웃음) 딱 한 분만 지원하셨어요. 교장 선생님은 혁신학교에 대해 잘 모르시는 보수적인 분이셨어요. 하지만, 다른 선택이 불가능한 상황이었어요.

혁신학부모2 : 평교사로는 함께 HRM 연수를 들으신 여자 선생님이 근무를 지원하셨어요. 연수 내내 조용히 계시던 분인데 뜻밖이었어요. 그리고, 스쿨디자인 소개로 남자 선생님 한 분이 우리 학교 근무를 지원하셨어요.

좋은교사 : 전체 학부모님들의 동의를 얻어 내는 것도 쉽지 않았을 텐데요?

혁신학부모3 : 그 부분은 지금도 고민하고 있는 부분이에요. 사실 혁신학교를 하면 학력이 떨어지는 게 아닌가 걱정하는 분들이 많아요. 그런 고민을 해소하기 위해 이우학교를 방문하기도 하고, 남한산초등학교에 근무하고 계시는 황영동 선생님을 모셔서 초청 강연을 듣기도 했어요. 그리고 혁신학교를 하려면 학교에 자꾸 이런저런 요구를 해야 하고, 그러다 보면 피치 못하게 학교와 갈등을 빚기도 하는데, 부모들은 학교와 갈등을 일으키는 것을 싫어해요. 그리고 저희가 학교에 요구를 하려고 하니 대표성의 문제가 있어요. 학부모 대표나 임원이 아니라는 지적을 많이 받는 거죠. 그래서 저희들이 학교운영위원회 학부모 위원이 되기도 하고 학부모회 간부가 되기도 했어요.

혁신학부모1 : 지금도 반대편의 학부모님 목소리를 끊임없이 들으려고 노력합니다. 하지만, 우리가 지향하고 가야 할 방향도 있기 때문에 설득하면서 꾸준히 나아가려고 합니다.

좋은교사 : 혁신학교로 지정되어 운영되고 있는데 가장 어려운 점은 무엇인가요?

혁신학부모1 : 교사 문제가 가장 어려워요. 혁신학교라고 해서 저희와 뜻을 같이하는 선생님들만 모을 수 있는 인사 시스템이 아니잖아요. 그러니 우리 학교 안에도 저희와 생각이 다르고 부모님들과 소통하는 것을 어려워하는 선생님들이 계세요. 전통적이고 보수적인 학교상이나 유교적인 관점으로 학부모와 교사 관계를 보시는 분들도 많으시고요. 혁신학교를 이해하고 오신 선생님들은 스스로 퇴근을 늦추어 가며 일하시고, 한 달에 한 번 학부모 모임도 열어 주세요. 그 반은 부모들끼리 오카리나 배우는 모임도 하고 분위기가 정말 좋아요. 그런 걸 보면서 선생님들이 정말 중요하다는 생각을 많이 해요.

혁신학부모2 : 저도 많이 바뀌었지요. 우리 학교가 혁신학교가 되기 전에는 학교에 별로 가 본 적이 없었는데, 요즈음 학교에 거의 매일 출근하다시피 해요.

혁신학부모4 : 이 어머니한테는 월급 줘야 한다니까요.(모두 웃음)

혁신학부모2 : 공부 못하는 애들이 교실 안에서 인정받지 못하고, 집에서도 인정받지 못하는 사실이 너무 가슴이 아파요. 집에서는 인정받지 못하더라도 수업 중에라도 선생님들이 존중해 주셨으면 좋겠는데, 선생님들이 잘 바뀌지 않는 것 같아요. 저처럼 소극적이던 학부모도 이제 혁신학교를 하게 되면서 선생님들과 조금씩 소통하기 시작하긴 했어요. 저희가 선생님들께 뭔가 요구하면 선생님들이 들어주시고 어떤 부분은 바꾸어 주시기도 하시지요. 하지만 아직은 그런 소통이 교사와 아이들 사이에서는 이루어지지 않는 것 같아요. 아이들이 학교에서 어려움을 겪을 때, 담임 선생님에게 도움을 청할 수 있어야 하는데, 그러지 못해요. 교사가 학급에서 허용적인 분위기를 만들어 내지 못하고 있기 때문이지요.

좋은교사 : 혁신학교로 선정된 이후에는 어떤 노력을 하고 계신가요?

　학부모가 알아야 할 혁신학교의 모든 것

혁신학부모2 : 학부모들이 아침마다 아이들에게 책을 읽어 주고 있어요. 아이들도 좋아해요. 고학년은 책의 내용을 가지고 토론하기도 해요. 좀 더 책을 잘 읽어 주기 위해 마을 도서관에서 동화책을 연구하는 모임을 가지기도 해요.

혁신학부모3 : 혁신학교를 운영하기 위한 교사 연수에도 관심이 가더군요. 그래서 선생님들이 혁신학교와 관련한 어떤 연수 계획을 가지고 계신지 자료를 공개하도록 요구하기도 하고, 2학기부터는 교육과정 수립을 위한 교육과정 협의회에 학부모들이 참석하기로 했어요. 또 함께 학교운영위원회도 참관하고, 학부모들이 논의해서 의안을 발의하기도 합니다.

혁신학부모1 : 다양한 부모 모임도 하고 있어요. 보람 교사 모임(학부모들이 수업의 보조 교사 역할을 하기 위한 모임), 책 읽는 부모 모임, 사서 도우미 모임 등이 있어요. 정기적으로 학부모회 모임도 하고 가끔 번개를 하기도 해요. 앞으로의 계획이 있다면 말씀해 주세요.

혁신학부모1 : 지역의 다른 학교도 변화시켜 보겠다는 꿈이 있어요. 교과부에 학부모 모임으로 지원해서 400만 원의 예산을 받았어요. 그 예산으로 지역 도서관에서 이범 씨를 초청해 강연회를 했어요. 엄마들이 아파트마다 홍보물을 붙이러 다녔어요. 지역의 이름을 따서 가칭 "○○행복학교 만들기 모임"을 만들어요. 저희는 혁신학교라고 부르지 않고 행복학교라고 불러요. 지역의 다른 학교들도 모두 변화되는 것이 저희들의 꿈이에요. 음악회도 개최하려고 해요. 입장료로 수익을 남겨 학부모 모임에 도로 돌려드리려고 해요. 학부모들이 혁신학교를 만들려면 정말 뻔뻔해야 해요. 설령 욕을 먹더라도 끝까지 할 생각이에요.

좋은교사 : 진보 교육감들이 혁신학교를 준비하고 있는데, 어떤 말씀을 해 주고 싶으신가요?

혁신학부모1 : 혁신학교가 지정되면 정말 좋은 교사가 올 수 있는 시스템을 만들어 주었으면 해요. 그리고 혁신학교 근무 교사들에게 주는 승진 가산점을 없애 주세요. 정말 학교를 변화시키려는 좋은 의도를 가진 선생님들이 오셔야 하는데, 승진 가산점 때문에 오시는 분들이 있어요. 그 분들은 학부모들과 갈등을 일으키면서도 그 점수 때문에 만기가 될 때까지 버티시지요.

혁신학부모2 : 행정실이 교사들을 잘 지원하도록 시스템을 만들어 주셨으면 해요. 행정실이 교수-학습을 지원해야 하는데 어떤 이유에서인지 새로운 일을 하려고 하면 브레이크를 거는 역할을 해요.

혁신학부모3 : 혁신학교에는 위에서 공문을 좀 안 보냈으면 좋겠어요. 선생님들이 수업 시간에도 공문을 처리해야 하니 제대로 수업을 할 수 없어요.

혁신학부모4 : 혁신학교 지정 이후 혁신학교가 안정되도록 지원해 주는 제도적 뒷받침이 있었으면 해요. 혁신학교가 잘 진행되도록

도와주는 훌륭한 강사들을 많이 양성해서, 혁신학교마다 찾아가는 서비스를 했으면 해요. 지역별로 학부모들 몇 명씩 동원하는 연수는 도움이 안 돼요. 학교로 찾아와서 부모들도 교육하고 교사들도 교육하고, 학교 컨설팅 프로그램도 제공해 주었으면 좋겠어요. 또 온라인상에서 혁신학교에 대한 의지를 가진 교사와 학부모가 네트워크 되는 커뮤니티도 만들어 주었으면 해요.

## 학부모와 함께 만드는 학교, 어른들이 함께 커가는 남한산초등학교 사례

남한산초등학교는 혁신학교의 실질적인 시발점이라 할 수 있습니다. 남한산초등학교에서 근무했던 안순억 장학사의 진솔한 이야기를 들어보면 남한산초등학교에서의 학부모들은 어떠한지를 잘 알 수 있습니다.

남한산초등학교는 학부모들이 먼저 길을 찾고, 교사들과 학부모들이 한마음으로 작고 아름다운 학교 공동체를 꿈꾸며 벅찬 마음으로 시작한 학교였습니다. 그러나 지난 9년 동안 학교를 '가꾸는' 과정은 결코 만만치 않았습니다. 남한산초등학교 학부모들은 일단 학교와 교사들을 신뢰하는 것에서 출발합니다. 그러나 그것만으로 모든 것이 '행복'해지지는 않습니다.

남한산초등학교 학부모들은 '학부모'로 살기도 하지만 많은 부분은 그 '사람'으로 살아갑니다. 공동체의 특성상 학교와 학부모, 교사와 학부모, 아이들과 학부모, 학부모와 학부모의 수많은 관계가 촘촘

한 그물망으로 서로의 삶을 지배한다. 따라서 그들 역시 때로는 행복해하고 때로는 절망합니다.

남한산초등학교 학부모들은 늘 '자발적으로' 바쁩니다. 수많은 학부모 동아리가 있고, 아이들과 함께하는 수많은 여행을 비롯한 자체 활동, 축구 모임, 학교 수업 및 행사 지원, 방과 후 활동 자원봉사, 인문사회 아카데미, 크고 작은 술자리 작은 모임 등이 끊임없이 열립니다. 그러나 공립학교라는 법적, 제도적 특성은 학교의 지속성에 대한 불안감을 지우지 못하게 합니다. 아이와 학부모, 교사들의 긴밀성을 높여 주는 작은 학교라는 장점이 때론 모든 것이 전면 노출되는 구조로 인한 불협화음으로 나타나 사람들을 힘들게 하는 측면도 강합니다.

어디라도 문제가 없는 곳은 없습니다. 남한산초등학교도 마찬가지입니다. 이 곳에서 모든 것이 좋기만 했고 마냥 행복하기만 했다는 사람은 아무도 없었을 것입니다. 겉에서 볼 땐 유토피아처럼 보이기도 하지만 그 속엔 갈등과 고통, 원망과 미움도 존재합니다. 그럼에도 불구하고 지금까지 남한산이 존재할 수 있을 수 있는 것은 소통하는 노력을 중단하지 않았다는 것입니다. 공동체 구성원 간의 갈등이 때로 거칠기도 했지만 '아이들이 행복한 새로운 학교'라는 대전제에서 벗어나지 않았다는 점도 남한산초등학교를 존재하게 만든 힘이었습니다. 문제를 해결하는 구체적인 힘은 언제나 진정성과 작은 실천들에서 나옵니다. 이기심이나 공명심을 버리고 다시 한 번 스스로를 돌아보고 껴안은 진정성, 불편을 감수하고라도 같이 살아가는 인생이 더 아름답다는 믿음을 버리지 않는 사람들의 소박하지만 의미 있는 실천. 남한산초등학교 공동체의 건강성도 그런 것들에 의해 유지될 수 있었습니다.

## 학교교육활동에 적극적인 서정초등학교 학부모 사례

서정초를 방문했을 때 가장 인상적인 것은 학부모 활동이 체계적이고 조직적으로 운영되고 있다는 점이었습니다. 서정초는 혁신학교로 지정받기 전부터 혁신에 대한 열망이 가득한 학부모들의 네트워크가 있었습니다. 혁신 마인드가 있는 교원들과 학부모가 만나서 다른 혁신학교에 비해 빠르게 혁신학교의 모습을 갖추고 교육의 내실을 기할 수 있었습니다. 서정초 학부모 활동은 역동적이면서도 학생들 교육활동에 내실을 기할 수 있게 잘 짜여 있었습니다. 아래 내용은 교원행정업무로 무척이나 바빠 보이시는 김성희 교감선생님을 붙잡고 면담한 내용 중에서 학부모와 관련된 이야기를 그대로 옮겨 적은 겁니다.

학교가 학부모와 소통이 열리다 보니깐 학부모들이 직접 참여도 많이 했어요. 학부모랑 교육과정 워크숍도 같이 했어요. 그런 의미에서 교사들이 학부모들 앞에서는 교원의 복지가 우선적으로 내놓기가 쉽지 않았죠. 학부모가 혁신학교가 무엇이고, 교장선생님의 가치가 무엇이고 알고 참석하고, 학부모들이 학교를 같이 만들어 가는 동반자로서 같이 가야 한다 하니깐 올해는 어떤 결과가 있었냐하면, 학교운영위원회에서 거수기 노릇을 하지 않겠다. 그래서 학교 올해에 교육과정이 바뀌다 보니깐 5학년 교과서가 바뀌다 보니깐 5학년에서 수학여행을 가야할 사항, 6학년에서 역사를 안 배우니깐. 다음 주에 가거든요. 4월 달에 역사여행을 경주로 가겠다. 학운위에 상정을 했어요. 급하게. 그랬더니 학운위에서 여러 가지들을 지적하시면서 이런 이런 과정을 우리가 그냥 모든 학부모들의 의견을 대변할 수 없지만, 선생님들이 협의한 선생님들의 협의인지 설문지 문항 자체가 모두 갈 수밖에 없는 유도된 문항이다. 학부모 전체 모임을 해서 다시 결정해라. 거기에서 하는 것은 무조건 따르겠다. 그래서 부결되었어요. 그래서 부랴부랴 답사도 가야하는데, 3월 둘째 주에 답사를 가려고 했던 것을 미루고. 목요일에 전체 5학년 학부모 모임을 했어요. 총회도 하기 전에. 5학년 학부모들 다 모여라. 5학년이 98명이었거든요. 60명 정도가 왔어요. 우리가 작년에 크고 작은 학부모 연수를 44회 했어요. 그룹별 연수, 전체 연수. 그 44회 연수하는 동안 우리 선생님들은 그 연수에 와서 좌석 정리, 접수, 아무것도 도와주신 적 없어요. 오로지 교감하고 교무실 보조 인력들과 했어요. 저희는 발바닥에 불이 났겠죠? 이젠 저희는 숙달된 조교들이어서. 학부모 총회 한다하면 척척척되요. 교사 연수도 했고요. 그 외에도 연수할 때마다 교사들만 하는 것만 아니라 교사 연수에 학부모도 같이 하세요.

글쓰기 연수 하는데 학부모도 같이 와서 듣게 끔 해요. 우리학교 뿐만 아니라 인근학교도 다 공개해서 같이 오시게 해요. 교육에 대한 마인드 제고를 위해서 인근 학교 다 초청을 했는데. 지역의 새로운 교육, 새로운 학교 모델을 위한 거점 역할도 해야 한다는 사명감에 그렇게 했어요. 그런 연수를 하다 보니깐 학부모들 의식이 당연히 높아질 수밖에 없고. 386세대 이후에 90학번 이후의 태어난 사람들이 학부모가 되었잖아요. 언제든지 의견을 내요. 교장선생님께 쪽지로, 문자로 언제든지 의견을 내요. 백제 문화권, 신라

서정초등학교 학부모 총회 모습

문화권 토론을 거쳐서 여러 조건들에 의해서 경주문화권으로 가는 게 좋겠습니다. 차를 어린이들이 적다 보니깐 2대로 갈지 3대로 갈지도 고민한다. 아이들이 적으니깐 3대로 가자. 남는 돈은 기부를 하자. 이런 의견도 있었어요. 하지만 대부분의 학부모들이 2박 3일 동안 가니깐 아이들이 그 가고 오고 돌아다니는데 자기 학급끼리의 문화도 있는데 그것도 경제논리에만 맡길 수는 없다. 그래서 결국은 4대의 차량으로 가자. 이런 식으로 결정이 났어요. 일반학교랑 결과는 똑같은데, 만들어가는 과정이 힘들고 더디고, 그렇지만 모두가 수긍할 수 있는 과정이 되다 보니깐 학부모들이 참여를 안 하면 안되는 상황이 되는 거예요.

오늘도 첫 다모임이에요. 1학년 첫 다모임 3시고, 학부모 총회도 있고, 첫 총회는 300개 의자가 꽉 찼어요. 뒤에 서 계시고 그랬어요. 뿐만 아니라, 그전에 있었던 일은 작년에 1학년 신입생들도 의욕을 가지고 왔잖아요. 많은 학부모들을 입학하기 전에 사전 연수를 하려고 했었어요. 작년에도 설명회 했었거든요. 요번에는 입학생들을 할까 하다가 입학식 날 입학식이 끝나자마자 아이들 교실을 가잖아요. 학부모들이 복도에 웅성거리는 것도 부담스러우니깐 학부모들을 시청각실로 불렀어요. 교장선생님께서 1시간 특강 하시고, 그러고 나서 아이들 데려가라고.

그 다음날에는 모아놓고 제가 1시간. 10시부터 11시까지는 EBS다큐 하나를 틀어줬어요. 그 다음 1시간은 제가 특강을 했어요. 1학년 학부모들은 이렇게 해야 한다 이야기를 했고. 그다음은 학교운영위원장님이 한 시간을 했고. 그 다음날은 선배 학부모들이 나와서 문답하기. 각 학부모들 4명 정도가 나와서 이야기 하시면 묻고 답하고. 충분히 학부모들이 학교에 어떤 방법으로 참여할지 알려줬고요. 그 일환으로서 학년별 첫 다모임은, 이것은 이우학교에서 벤치마킹했어요.

나름대로 선생님들에게 제가 엄청나게 희생하고 있거든요. 내가 이정도 했으니깐 대가가 있어야 할 것 아니에요. 매년 학기 초에 선생님들이 학부모들 앞에서 학년 교육과정 브리핑을 하라고 했어요. 근데 브리핑을 하면서 여기에다가 이런 교육활동을 하기 때문에 이 교육과정 속에서 어머님들이 어떤 도움을 줘야 되는지 까지 가야 되거든요.


서정초를 방문했을 때 교사로서 가장 부러웠던 것이 학습자료지원제작실과 학부모 자원봉사체제였습니다. 어떤 식으로 학교교육을

학부모들이 지원하고 있는지 교감 선생님의 면담내용을 실어 보았습니다.

학부모들이 가장 많이 도와주는 것 또 하나 더 있어요. 학습자료지원 제작실이예요. 학부모인데 자원봉사체제로 해서 상설로 두고 운영을 해요. 돈을 드려요. 왜냐하면 주당 10만원만. 자원봉사료. 봉사료를 드려요. 안 그러면, 그분들은 작년엔 2분인데 올해는 3분이거든요. 왜냐하면 돌아가면서 하다보면 전문성이 떨어지니깐. 그래서 세분을 고정적으로 하려다 보니깐 주당 10만원에 봉사료를 지원해 주고 있어요. 그리고 점심시간을 하고. 그러면서 그분들이 세 시간만 하는 게 아니라 더 여러 시간을 해요. 선생님들이 요것 복사해서 요 부분은 지우고 해주세요. 코팅해서 해주세요. 쪽지를 해서 보내면 준비해서 보내줘요. 미술 서예도구 28명해서 보내면. 서예도구 딱 준비해 두셔서 바로 하면 되요.

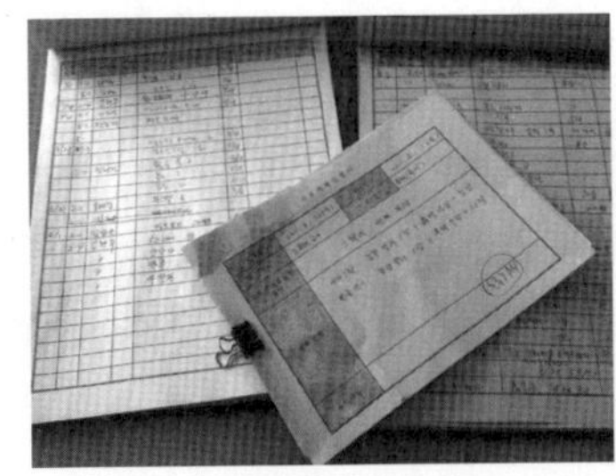

〈자료제작신청서〉

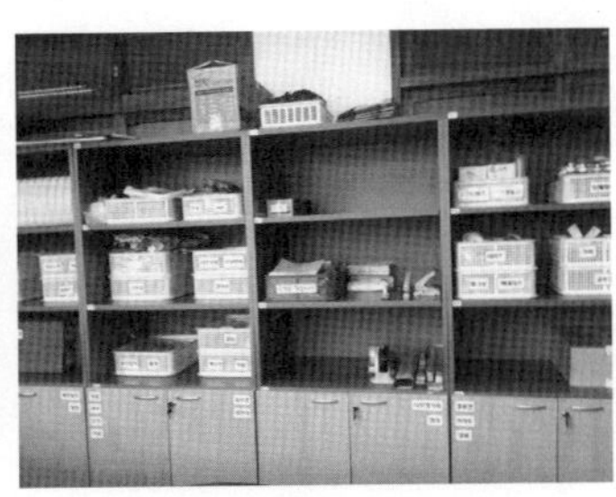

〈자료제작실 모습〉

# 12 혁신학교에서 학생의 모습은 어떠한가요?

제가 혁신학교 학생들을 만나면서 놀란 점은 다름 아니라 학생들의 '말문'이 트였다는 점입니다. 물론 일반학교에서도 말 잘하는 학생들이 있습니다만, 혁신학교 학생들은 초등학생이라고 하더라도 공부를 해야 하는 이유나 자신들의 삶에 대한 인식 등에 대해 막힘없이 자신의 언어로 표현하고 있었습니다.

##  혁신학교에선 행복을 미루지 않아요

날씨가 쌀쌀한 3월의 어느 점심시간이었습니다. 저는 갓 입학한 초등학교 1학년 남자 꼬맹이 두 명을 발견했습니다. 그들은 몸집에 비해 큰 가방을 둘러메고 다정하게 어깨동무를 한 채 운동장을 가로지르고 있었습니다. 저는 너무 귀엽다는 생각에 말을 걸려다가 얘기하는 걸 듣고 멈칫하고 말았습니다. 두 녀석들은 실로 진지하게 이야기하고 있었습니다.

"아!, 역시 유치원 때가 좋았어, 그치? 응, 맞아! 그때가 좋았어!"

꿈에 한껏 부풀어 있을 갓 입학한 아이들의 입에서 신세 한탄 소리가 나오게 하는 학교! 우리들 학교는 뭐가 잘못되어도 한참 잘못 되었다는 생각이 들었습니다. 그리고 그런 학교 구성원인 교사로서 심한 자책감이 들었습니다.

우리나라 청소년의 사망원인 1위가 자살이랍니다. 우리나라 10대의 자살 사망률은 OECD국가 평균의 3배에 육박하고, 가입국 중 자살률 1위입니다. 자살의 원인은 여러 가지가 있겠지만 이 가운데는 입시교육으로 인한 스트레스가 가장 큰 원인으로 지목받고 있습니다. 우리나라 아이들이 공부에 쏟는 시간은 주당 50시간 이상으로 이 또한 세계 1위입니다. 이 덕에 PISA 시험 과목에서 매우 우수한 성취도를 얻기는 하지만, 교과흥미도, 학교만족도, 자신감, 행복지수 등은 최하위에 속합니다. 시간의 투입에 비해 학생들 속에 쌓이는 진정한 실력이나 만족도 면에서 그 산출이 너무 형편없는 것입니다.

좀 더 구체적으로 살펴보겠습니다. 2011년 3월 27일자 〈연합뉴스〉를 보면 2009년 PISA 평가 결과 우리나라는 OECD국가 중 읽기와 수학 1위, 과학 3위를 차지하여 근소한 차이로 핀란드에 이어 2위를 차지하였습니다. 그러나 2009년 국제 시민의식 교육연구(ICCS) 결과, 한국 청소년의 '더불어 사는 능력'은 0.31점으로 조사대상 36개국 중 35위, 학교를 믿는다는 학생의 비율은 45%(조사대상국 평균 75%)로 나타났습니다.

'한국방정환재단'에 의하면 2010년 OECD 23개국을 대상으로 조사한 학생행복지수 국제비교 결과, 한국 학생들의 행복지수는 65.98점으로 최하위였습니다. 얼마 전 뉴스에 보니 24시간 욕하는 아이들에 대해 기사를 다룬 것도 보았습니다. 아이들의 언어가 점점 거칠다 못해 이제는 욕이 일상화되었다는 것을 보여준 기사였습니다. 여러 정황상 우리나라 학교는 학생들이 행복하게 공부할 수 있는 곳이 아니라는 것을 보여줍니다.

인터뷰 작가로 유명한 지승호의 『김상곤, 행복한 학교 유쾌한 교육혁신을 말하다』에 보면, 핀란드와 한국 교육 관계자의 이런 대화가 실려 있습니다. 학력평가 결과가 핀란드 1위, 한국 2위였을 때 한국

교육 관계자가 말했답니다.

"근소한 차이로 저희가 뒤졌군요."

그러자 핀란드 교육 관계자가 이렇게 말했다는군요.

"아주 많은 차이가 있습니다. 핀란드 아이들은 웃으면서 공부하지만, 그쪽 학생들은 울면서 공부하지 않습니까?"

좋은교사운동 대표인 정병오 선생님의 글을 읽어보아도 우리나라 학생들이 학교생활에서 어떤 마음으로 공부하고 있는지를 잘 알 수 있습니다.

"3년 동안 뼈 빠지게 공부해서 평생 안정적으로 살고 싶다."라는 실제 공부를 매우 잘했던 학생의 대답은 기가 막히지만 부인할 수 없는 우리의 현실을 담고 있었습니다. 아이들 뿐 아니라 학부모 역시 아이들의 자존감을 지키기 위해 '선행학습'을 할 수밖에 없는 상황입니다. 이 과정에서 교육의 진정성도 상실되고, 공부에 있어 가장 중요한 동기부여인 '흥미성'도 잃는 등 손해가 이만저만이 아니구나 생각이 들었습니다.

행복한 학교는 다 함께 만들어야 합니다. 지금껏 학교는 학생뿐만 아니라, 학부모도, 교사도 그렇게 행복한 삶을 누리지 못했습니다. 어찌 보면 모두가 가해자이자 피해자인 셈입니다. 이제는 이러한 굴레에서 벗어나야 하지 않을까요?

흔히들 '오늘 할 일을 내일로 미루지 말라'고 말합니다. 맞는 말입니다. 행복한 삶을 사는 비결도 마찬가지입니다. 오늘 행복은 내일로 미루지 말아야 합니다. 은행 이자와 인간 행복의 차이는 '행복은 결코 저축이 되지 않는 것'에 있습니다. 은행에 돈을 맡기면 원금에 이자까지 붙겠지요. 그러나 행복에는 오늘의 행복 원금에 내일의 행복 이자가 붙지 않습니다. 마치 하루라는 소중한 시간 선물을 내일로 이월하여 사용할 수 없는 것과 마찬가지입니다.

그러나 안타깝게도 오늘날 학교에서 많은 학생들은 미래를 위해 오늘을 담보로 잡혀 있는 삶을 보내고 있습니다. 인터넷에 떠돌아다니는 급훈을 보면 가관이 아닙니다. "대학 가서 미팅 할래, 공장 가서 미싱 할래?", "삼십 분 더 공부하면 내 남편 직업이 바뀐다." 등만 봐도 알 수 있습니다. 학생들의 성적을 올리기 위한 어른들의 안타까운 마음은 이해가 가지만, 학생들에게 이런 식의 인식을 심어주는 것은 천박하기 그지없습니다. 교사도, 학부모도, 우리 사회도 한목소리로 학생들에게 학창시절을 참고 견디라는 메시지를 보냅니다.

내일의 행복을 위해 저당 잡힌 오늘을 사는 학생들의 삶은 과연 행복할까요? 오늘 행복을 만끽해 보지 못한 학생이 내일이라고 해서 행복을 충분히 경험할 수 있을까요? 누군가 오늘은 '오! 늘!' 이라고 하면서 오늘이야말로 영원과 잇닿아 있는 날이라고 규정하더군요. 행복을 위해 미루어 두었던 내일이라는 것도 언제나 오늘이라는 현실로 다가오게 됩니다. 이런 점에서 유명한 영화인 '죽은 시인의 사회'에서 키팅 선생님이 외친 말이 생각납니다. 즉 지금의 매 순간을 충실하라는 의미인 "카르페 디엠(carpe diem)" 말입니다.

## 선생님들이 친절해서 학생들이 행복해요

혁신학교에서 학생들을 면담했을 때, 학생들은 학교생활에 대단한 만족감을 표했습니다. 만족도 조사를 한 결과만 보더라도 혁신학교 학생들의 학교 만족도는 80%가 훌쩍 넘었습니다. 혁신학교에 다니는 학생들에게 학교생활이 왜 좋은지 물어보았습니다. 다양한 의견이 나왔지만, 가장 먼저 선생님들이 친절하고 학생들에게 인격적으로 대해주신다고 합니다. 그리고 수업시간도 일방적으로 하지 않고, 학생들과 함께하는 수업을 진행하고, 성적으로 차별하지 않는 등 선생님 요인을 가장 많이 얘기하더군요.

저는 예전에 외국에 나갔다가 돌아온 학생들이 외국학교를 그리워한다는 사실을 알고 학생들을 불러서 면담한 적이 있었습니다. 학생들이 외국학교를 좋아하는 이유는 학교의 천연잔디구장이나 멋진 시설 때문이 아니었습니다. 제가 외국학교가 왜 좋은지 물었을 때, 가장 먼저 얘기한 것이 하나같이 '친절한 선생님'을 얘기했습니다. 제 예상과는 빗나간 의외의 답이었습니다. 뉴질랜드, 캐나다, 미국 등 다양한 나라에 다녀온 학생들이었지만 대답은 같았습니다. 저는 왜 외국의 교사들은 학생들에게 친절할까를 생각해 보았습니다. 외국 사람들은 원래 친절한 사람들일까요? 저는 아니라고 봅니다. 미국을 방문해 본 학부모님들은 경험하셨겠지만, 제가 시카고와 LA 공항에서 만난 직원들은 무례할 정도로 친절하지 않았습니다.

외국학교에서 교사들이 친절한 이유는 제도적 시스템에 의해 자연
스럽게 학교문화로 정착되었다고 보는 것이 맞을 겁니다. 즉, 외국의
학교는 교사가 학생들에게 친절하지 않으면 안 되는 구조를 지니고
있다는 겁니다. 교사채용과 연봉, 퇴출 등에 학부모의 입김이 상당히
작용하는 제도적 장치가 있기 때문입니다. 이런 점은 멀리 갈 것까지
없습니다. 요즘 학원들은 얼마나 학원생들에게 친절합니까? '입에 혀
같은 사교육'과 '무뚝뚝한 공교육'이 틀린 표현은 아닐 겁니다. 애덤
스미스의 국부론을 읽어보면 외국 교사들의 친절함이 어떻게 발생하
였는지를 짐작할 수 있을 겁니다.

> 양조장 주인, 빵가게 주인, 정육점 주인이 먹거리를 제공하는 것은
> 여러분, 곧 고객을 위해서가 아니라 자기 자신을 위해서이다. 공급
> 자는 단지 자신의 이익을 고려하며, 비록 자신의 의도는 아닐지라
> 도 소비자인 여러분에게 봉사하는 보이지 않는 손에 의해 이끌린
> 다. 공급자가 당신에게 봉사하기를 원하지 않는다는 것이 항상 해
> 로운 것은 아니다. 공급자가 자신의 목표를 추구하는 것이 오히려
> 여러분에게 이익을 주려고 의식적으로 노력할 때보다 종종 더 나
> 은 봉사를 낳기 때문이다. 고객을 위한다고 주장하는 사람들이 오
> 히려 그보다 나은 봉사를 하지 못한다.
>
> — 코리아니티 경영. p 34 - 구본형

사실 교사뿐만 아니라 모든 사람들이 친절해야 합니다. 어떻게 보
면 억지로라도 친절해야 할 필요성도 있을 겁니다. 구본형이 쓴 『익

숙한 것과의 결별』에 이런 내용이 나옵니다. 고객이 어느 기업과 더 이상 거래를 하지 않게 되는 이유에 대한 통계 숫자가 있다고 합니다. 1% 정도는 손님의 사망으로 거래를 못하고, 3%는 별반 특별한 이유가 없으며, 5%는 친지의 영향을 받아 구매처를 바꾼다고 합니다. 정작 기업이나 제품에 대한 불만 때문에 떠나는 경우는 14%밖에 되지 않는다고 합니다. 그럼 도대체 68%의 고객은 어떤 이유 때문에 다른 기업으로 가는 걸까요? 그것은 바로 '직원의 무관심한 태도' 때문에 열 명 중 일곱 명 정도가 거래하던 기업을 떠난다고 합니다. 직원뿐만 아니라 교사들이 친절해야 하는 이유는 경제적인 효용성 면에서도 찾을 수 있습니다.

그러나 우리나라는 외국의 교사와는 상황이 좀 다릅니다. 요즘 들어 교원능력개발평가에서 학부모가 교사에 대한 만족도를 표시하고는 있지만, 아직까지는 교사들이 학생과 학부모들에게 아쉬운 소리를 하지 않아도 되는 구조라고 생각됩니다. 그리고 교사들은 교육을 학생에 대한 서비스라고 생각하지 않습니다. 그래서 외국교사들처럼 친절함을 우리나라 교사들에게 요구한다면 그리 달가워하지 않을 것 같습니다.

혁신학교 교사들은 친절할 뿐만 아니라 혁신학교 교사들의 친절함은 외국 교사들의 친절함과는 사뭇 다릅니다. 적어도 서비스 차원에서 또는, 학부모의 눈총이 두려워서 학생들에게 친절한 것은 아니라고 여겨집니다. 본심으로 학생들에게 친절한 것이라고 생각합니다. 겸손해야하기 때문에 겸손한 것은 이미 겸손이 아닌 것과 마찬가지로 친절의 외양만 갖춘 친절은 진정한 친절이 아닐 수 있습니다. 혁

신학교 교사들의 친절함은 학생들의 삶을 가꾼다는 교육철학적 배경
에 의해 학생들을 사랑하는 마음에서 우러나오는 것이라고 봅니다.
그래서 그들의 친절은 학생들을 인격적으로 존중하고 배려하는 차원
에서 이해되어야 합니다. 달라이라마도 말하지 않았습니까? 이 세상
에서 가장 큰 사랑, 그것은 친절이라고.

## 혁신학교에선 학생자치가 활성화 되었어요

혁신학교 학생들이 행복한 이유로 자신들의 의견이 잘 받아들여지
고, 자신들이 직접 학교 교육활동에 참여하는 것을 얘기합니다. 특히
신설학교가 혁신학교로 지정된 경우에 학생들은 예전에 다니던 학교
와 비교해서 혁신학교 자랑을 끊이지 않았습니다. 자유로운 학교 분
위기와 학생들이 스스로 주인의식과 자부심을 느낄 수 있게 해주는
다양한 교육 프로그램 등 학생들이 일반학교에서 느끼지 못했던 새
로운 교육문화를 접하게 되었다고 보면 됩니다. 이러한 상황에 대해
학생들은 한마디로 학교생활이 '행복'하다고 합니다.

우리나라 언론을 통해 심심찮게 소개된 영국의 썸머힐 학교의 교육
철학은 '한 사람의 노이로제에 걸린 철학자를 기르는 것이 아니라, 행
복한 거리 청소부를 기르는' 것이라고 합니다. 당연히 방점은 '행복한'
에 있습니다. 남한산초등학교에 근무하셨던 안순억 선생님이 학생들
에게 '내가 생각하는 남한산학교'로 글을 써 보라고 했답니다. 자신이

학교에 대하여 느낀 대로, 생각한 대로 정직하게 말해 달라고, 또 남한산학교에 와서 공부하고 생활하는 것을 통해 스스로 달라진 점이 있다고 느낀다면 그것이 좋은 것이든, 나쁜 것이든 모두 말해 달라고 간곡하게 부탁해서 학생들이 쓴 글이랍니다. 학생들이 쓴 글을 읽어 보면 혁신학교에서 학생들이 왜 행복해하는지를 알 수 있을 겁니다.

이 학교는 내가 다니던 서울의 학교랑은 정반대이다. 이 학교는 내가 처음 왔을 때 웃음이 가득하고 절대 싸우지 않았다. 서울은 틈만 나면 싸움이 일어났다. 지금 생각해 보니 이것은 엄청난 차이가 있다. 또 하나 이 학교에 와서 좋은 것은 공부의 방식이다. 여기서는 재미있게 노는 것도 공부라고 한다. 아이들이 별로 없어서 복잡하지도 않다. 바로 꿈의 학교인 것 같다. 불만과 바람을 얘기하라고 하는데 나는 그런 거 전혀 없다. 그냥 여기서 계속 다니고 싶은 마음뿐이다.

- 태훈 -

남한산학교는 서로 경쟁하지 않기 때문에 친해진다. 경쟁하면 공부야 잘하게 될지 모르지만, 남한산학교는 스스로 하는 집중력을 중요시한다. 그래서 우리 반에는 학원을 다니는 아이는 한 명도 없다.

- 유선 -

남한산학교에 왕따, 폭력, 욕설 등이 다른 학교에 비해 없는 것은 학생 수가 적기 때문이다. 학생 수가 적으니까 선생님들이 학생 하나하나에 관심을 쏟는다. 그리고 학생 수가 적기 때문에 잘못을 하면 금방 드러나게 되고, 또 다모임 시간을 통하여 전교생에게 그 사건이 낱낱이 밝혀지기 때문에 잘못을 저지르기가 쉽지 않다. 무 엇보다 남한산학교에는 어린이들의 '자유'가 있다. 그래서인지 어떤 것에도 두려움이 없고 무엇이든지 도전하려고 한다. 자유 때문에 문제가 발생할 거라고 걱정하기도 하지만 나는 그렇다고 생각하지 않는다.

- 찬울 -

혁신학교에선 학생들의 자치가 상당히 활성화되어 있습니다. 혁신학교 평가지표에도 보면 학생중심 교육활동, 학생자치에 대한 부분이 있습니다. 초등학교지만 학교축제준비위원회에 학생들이 참여하기도 합니다. 구름산초등학교를 방문하여 학생들을 면담해 본 결과, 학교축제의 기획단계에서부터 학생들이 참여한다고 했습니다. 몇몇 학생들은 학교축제발표회를 위한 오디션 심사위원으로도 활약하기도 했답니다. 다른 혁신 초등학교에선 운동회 종목을 학생들이 원하는 것으로 집어 넣기도 하고 운영방식에 대해서도 학생들의 의견이 상당한 영향을 미칩니다.

초등학교 혁신학교가 이쯤 되면 중·고등 혁신학교는 어느 정도일지 짐작이 가실 겁니다. 이우학교 등 몇몇 혁신학교는 학생자치가 상당히 진척되어 학생들의 학교생활 전반에 영향을 미치고 있습니다. 이번에는 덕양중학교의 사례를 이병주 선생님이 페이스북에서 올린 글로 대신하고자 합니다.

　오늘 덕양중학교 의사소통의 날인데 지난 1년의 학교생활과 교육과정을 아이들이 직접 평가하고 내년의 계획을 세워보게 하는 시간을 가졌습니다. 특히 3교시 전체 조회시간에는 〈자유발언대〉라는 순서를 마련해서 아이들에게 먼저 원고를 쓰게 하고 원고가 채택된 아이들에게 마이크를 넘겼는데, 재밌는 것은 "수업다운 수업을 들어보자"거나 "변화가 필요하다"는 등의 교사들이 해야 할 이야기들을 아이들이 다 쏟아내더군요. 여태 학교는 이런 이야기들을 굳이 교장선생님 훈화나 교사들의 지도를 통해 해왔는데 그럴 필요가 없겠다는 생각이 듭니다. 아이들의 입을 통해서 전달되는 것이 훨씬 공감의 가능성이 큰 것 같습니다.

## 혁신학교 학생들은 말문이 트였어요

제가 혁신학교 학생들을 만나면서 놀란 점은 다름 아닌 학생들의 말문이 트였다는 점입니다. 함께 방문했던 서정초등학교 이우영 교장선생님, 한울초등학교의 최선희 교장선생님, 이포초등학교의 최용길 교감선생님도 저와 비슷한 반응을 보였습니다. 물론 일반학교에서도 말 잘하는 학생들이 있긴 합니다만, 혁신학교 학생들은 색다른 말문이 트였습니다. 제 눈엔 매우 특이한 현상으로 보였습니다. 일반학교 학생들과는 달리 혁신학교 학생들은 비록 초등학생이지만 공부를 해야 하는 이유나 자신들의 삶에 대한 인식 등에 대해 막힘없이 자신의 언어로 표현하고 있었습니다. 한마디로 어리지만 나름의 자기 철학을 하고 있다는 생각이 들었습니다. 혁신학교 초등학생들을 만나면

혁신학교 학생들은 공부를 해야하는 이유나 자신들의 삶에 대한 인식 등을 자신의 언어로 표현하고 있다

서 놀랍기도 하고 신기하기도 했습니다. 그리고 저는 곰곰이 생각해 보았습니다. 혁신학교 학생들은 어째서 말문이 트이고 대화의 수준이 올라가는지에 대해 말입니다.

저는 학부모들을 면담하면서도 학생들과 대화를 하면서 느꼈던 비슷한 감정을 경험했습니다. 학부모들도 일반학교 학부모와는 달리 말문이 트였습니다. 교육에 관한 철학적인 생각, 자녀교육 방식과 학부모로서의 역할, 자녀의 일상과 장래의 삶에 대한 비전 등을 거침없이 술술 이야기합니다. 방문한 사람들이 혀를 내 두를 정도였습니다. 이러한 궁금증은 금방 해소되었습니다. 즉 학생과 학부모들이 교육에 대해 말문이 트인 이유를 곧 알아차리게 되었습니다. 혁신학교에서는 선생님들은 물론이거니와 학생이건, 학부모건 일상적 대화 주

제가 '교육'이었습니다. 그리고 교육을 주제로 늘 소통하는 문화가 지배하고 있었습니다. 이런 상황에서는 교사도 학부모도 학생도 각자의 위치에서 교육에 관한 생각을 자유롭게 표현할 수밖에 없다는 것을 인정하지 않을 수 없었습니다. 이런 점이 바로 혁신학교 구성원들 모두가 교육에 대해 '말문이 트일 수밖에' 없게 하는 겁니다.

저는 일반학교를 생각해 보았습니다. 일반학교에서의 일상대화 주제를 되돌아보면서 쓸쓸한 감정을 느끼지 않을 수 없습니다. 학교에서 학생들 교육에 대해 고민하고, 반성하고, 즐거워해야 하는 것이 당연하건만 교육 이외의 주제가 판을 치고 있는 현상을 인정할 수밖에 없습니다. 교사들이 교육에 대해 별로 얘기하지 않고, 학부모도 성적이나 자기 자식 얘기는 해도 정작 교육에 대해서는 말하지 않습니다. 사실 혁신학교에서 학생들이 교육에 대한 말문이 트이는 현상은 전혀 새로운 것이 아닌, 학교란 곳에서 지극히 당연하고 자연스러운 모습이어야 합니다. 자신들이 왜 공부하는지, 어떤 꿈을 갖고 공부하는지, 어떻게 공부해야 하는지 등에 대해 잘 알고 있는 것 자체가 진정한 공부라고 볼 수 있습니다. 단지 지금껏 학교란 곳이 그런 역할을 제대로 감당하지 못해, 혁신학교가 혁신적으로 보이는 것뿐입니다. 혁신학교는 새로운 무언가를 시도하는 학교라기보다는 해야 할 일을 제대로 하는 학교입니다. 이런 연유로 많은 사람들이 혁신학교는 '교육의 본질을 추구하는 학교'라는 정의를 내리는 데 고개를 끄덕입니다.

## 혁신학교 학생들은 생기가 넘쳐요

저는 혁신학교와 일반학교를 자주 탐방할 수 있는 기회가 있었습니다. 또한, 학생들과도 면담할 기회가 참 많았지요. 저는 주로 쉬는 시간이나 점심시간에 학생들의 표정을 습관적으로 자주 살폈습니다. 인문계 고등학교 학생들의 무표정하고 어두컴컴한 표정과 칙칙하고 우중충한 학교 분위기를 잊을 수가 없습니다. 한마디로 암울한 분위기 말입니다. 그러나 이우학교, 덕양중학교, 조현초등학교, 대월초등학교, 서정초등학교, 구름산초등학교, 보평초등학교 등 많은 혁신학교를 방문했을 때 학교 분위기는 자유롭고 편안하면서도 생기가 넘쳤습니다. 학생들의 얼굴도 해맑았습니다. 혁신학교의 이미지는 일반학교와는 그야말로 대조적이었습니다.

혁신학교에 다니는 학생들을 만나보면 적어도 심리적으로 위축되어 있거나, 성적에 찌들어 있는 아이들이 아니었습니다. 이우학교를 방문했을 때 교정이나 교내 식당에서 만난 학생들은 삼삼오오 환한 얼굴로 거닐다가 외부 손님인 저에게도 자연스럽게 인사를 건네는 모습에서 저는 충격 아닌 충격을 받았습니다. 뭐라고 딱 꼬집어 얘기하기는 어려워도 일반 고등학교를 방문했을 때의 학생들과는 달라도 무척 다른 모습이었습니다.

생기발랄한 학생은 길러지기보다는 학교문화 속에서 '배태'되는 것이 아닌가 싶습니다. 학생들의 삶을 억압하지 않는 학교문화 속에서

혁신학교 학교분위기는 생기가 넘치고 아이들의 얼굴 표정에도 잘 나타난다

생기발랄한 학생들의 모습은 길러지기보다는 학교문화속에서 자연스럽게 형성이 된다

자신에 대한 긍정적인 마음은 타인을 향해서도 자연스럽게 발현되는 법이니까요. 적어도 이런 생각을 가진 학생들이 교과부에서 이야기하는 창의성과 인성을 갖춘 인재로 성장할 가능성이 있지 않을까요?

실제로 혁신학교에서는 학생들의 자율성을 기반으로 한 창의적인 교육활동이 많이 진행되고 있습니다. 이우학교에서는 한 학생이 학교 야외 계단에서 노숙자 체험을 하면서 모금한 성금을 노숙자 쉼터에 보내기도 하고, 사회적 기업이라는 과목을 수강하고 캠페인을 하는 등 기발한 활동들을 많이 하는 걸 보았습니다. 창의성의 싹이 학교에서 제거되는 것이 아니라 쑥쑥 자라는 모습을 볼 수 있었습니다.

창의성은 문명진화의 유전자라 할 수 있습니다. 인간의 유전자는 98.77%가 침팬지와 일치한다고 합니다. 유일하게 차이가 나는 부분은 인간의 창의성이라고 합니다. 그래서 천재는 1%의 영감과 99%의 노력으로 이루어진다고 말하지만, 1%의 창의성 없이는 99%의 노력도 허사가 되고 맙니다.

미국의 한 대기업에서는 창의성 연구를 위해 심리학자를 초청하여 대규모 연구 프로젝트를 발주했습니다. 창의적인 사람과 그렇지 않은 사람의 차이점을 밝히는 연구였는데, 심리학자들은 연구대상자들의 성장배경, 교육배경, 기호나 취향 등 다방면으로 조사했다고 합니다. 이 연구의 최종 결론은 '창의적인 사람들은 스스로 창의적이라 생각하고, 창의적이지 않는 사람들은 자신이 창의적이라고 생각하지 않는다.'입니다. 참으로 싱거운 결론이지만, 한편으론 우리 교육에 매우 의미심장한 시사점을 줍니다. 혁신학교 학생들은 창의적인 교

육활동을 접하면서 스스로 자신을 창의적이라 생각할 확률이 높다는 것입니다.

혁신학교에서 생기발랄한 학생을 많이 볼 수 있는 것은 학교의 철학적 배경과도 상관이 깊습니다. 이런 점은 이수광 이우학교 교장의 말을 들어보면 분명해집니다.

"재미가 창조의 존재론이라면, 어울림(유대, 협업)은 창조의 방법론이다! 그리고 삶의 생기는 유대에서 비롯된다!"

## 혁신학교에서는 아이들이 자기 꿈을 꾸어요

아이들하고 함께 생활할 때 초등 교사들은 쉽게 자리를 뜨지 않습니다. 특히 저학년일수록 더욱 그렇습니다. 쉬는 시간에 아이들이 지내는 모습을 보면 아이들 특성이 다 나옵니다. 언젠가 제가 쉬는 시간에 하염없이 아이들 노는 모습을 보았나 봅니다. 침만 흘리지 않았지, 노는 모습에 저도 모르게 빨려들었나 봅니다. 어느 순간 3학년 여자아이가 손가락 끝으로 내 어깨를 톡톡 칩니다. 그리고 이상야릇한 미소를 지우며 맹랑하게 저에게 이런 말을 합니다. "선생님! 저희가 노는 모습을 보시니 흐~뭇 하시죠?"

자기 딴에는 내 마음을 다 읽었다는 듯이 말입니다. 사실 기가 막히기도 했지만, 상황이 우습기도 하고 학생이 귀엽기도 했습니다. "그래, 참 대단하다. 어떻게 그걸 알았지?" "저는 척 보면 알아요."

집에 와서 곱씹어 볼수록 상황이 재미있었습니다. 그리고 정혜신 박사가 역설한 "어른들 안에 있는 아이성을 발견하고, 아이들 안에 있는 어른성을 발견해야 한다."는 말이 새삼 삶에서 경험하게 되더군요.

첫 발령을 받아 아이들 앞에 섰을 때의 기억을 지울 수가 없습니다. 초등학교 4학년 아이들과의 첫 대면에서 가장 큰 충격은 아이들의 '눈'이었습니다. 아이들 눈동자는 별이었습니다. 그것도 강원도 최전방에서나 볼 수 있는 초롱초롱한 별이었습니다. 눈은 엄밀하게 얘기하면 뇌가 외부로 돌출된 유일한 기관이라 합니다. 세파에 시들지 않고 때 묻지 않은 아이들만의 눈을 제대로 접하고서 전율을 느꼈습니다. 동양에서는 사람이 죽으면 별 하나가 떨어진다고 합니다. 하지만 서양에서는 사람이 죽으면 별이 되어 하늘로 올라간다고 합니다. 떨어지나 올라가나 사람은 별입니다. 우리 아이들은 별처럼 빛나며 꿈꾸는 아이들이어야 합니다. 꿈이 시들면 아이들 눈동자도 흐려질 겁니다.

그러나 안타깝게도 지금까지 학교라는 곳은 학생들의 꿈을 키우는 곳이 아닌 꿈을 표준화시키는 작업을 해 오곤 했습니다. 학생들은 자기 꿈을 자기가 꾸지 못하고 남이 대신 꿔주는 상황에 이르렀습니다. 즉 학생이 꾸어야 할 꿈을 부모나 사회가 대신 꿔주는 꿈으로 말미암아 꿈이 성적으로 표준화되고 획일화되는 현상이 나타났습니다. 문요한의 『그로잉Growing』이라는 책을 보면 이런 글귀가 나옵니다.

많은 사람들은 서로 다르게 태어났음에도 서로 같아지려고 노력하다가 결국 자신을 잃게 된다. 반면 성장하는 사람들은 자신이

남과 다른 점을 애써 감추려 하지 않고 오히려 자신의 독특함에
주목한다.

사람은 비록 쌍둥이라 할지라도 똑같지는 않습니다. 하물며 꿈까
지 획일화된다는 것은 너무나 서글픈 현실입니다. 생물세계에서 '다
름'은 생명체가 생존하고 발전하는 기본 전략이라고 합니다. 결국,
번식이란 다른 개체와 유전자를 섞음으로써 더 좋은 유전자를 만들
려는 생명체의 전략입니다. 획일화가 어떤 폐해가 있는지 단적인 예
가 있습니다.

1884년 아일랜드에 100만 명 이상의 사람들이 굶어 죽는 일이 벌
어졌습니다. 이 대기근의 원인이 무엇이었을까요? 그 해에 아일랜드
에서는 유전적으로 균일한 씨감자를 밭에 심게 했습니다. 생산성이
우수한 품종을 통해 더 많은 감자를 얻으려고 했던 것이지요. 그러나
잎마름병이 창궐해서 품종이 같은 감자가 전멸해서 엄청난 사람들이
죽게 된 것입니다. 이는 다름을 부정하고 효율성이나 경쟁력을 이유
로 획일화를 추구하게 되었을 때 어떤 문제가 나타날 수 있는지를 단
적으로 보여주는 예라고 할 수 있습니다.

실제로 학생들에게 꿈에 대해 물어보세요. 대부분 학생은 꿈이 없
다고 오히려 당당하게 말합니다. 설령 대답한다고 하더라도 획일화
된 대답만 들을 겁니다. 이런 현상을 두고 어른들은 요즘 아이들이
꿈이 없다고 학생들 탓을 하는데, 사실은 어른들 탓이 더 크다고 생
각됩니다. 학생들이 꿈을 꿀 수 없게끔, 아니 꿈을 앗아간 장본인이

혁신학교 학생들은 매사에 자신감을 갖고 '자유롭게' 살아가고 있다

바로 어른들이기 때문입니다.

그러나 혁신학교 학생들은 꿈을 꾸고 있었습니다. 그것도 다양하고 싱싱한 꿈을 꾸고 있습니다. 저는 그것만으로도 높이 평가하고 싶습니다. 꿈을 가지고 사는 학생들은 몇 가지 공통된 특징이 있습니다. 그것은 매사에 자신감을 갖고 '자유롭게' 살아간다는 것입니다. 이와 관련하여 고병헌 교수의 글을 빌리면 다음과 같습니다.

'꿈'을 가지고 사는 사람은 매시에 참으로 당당하다. '꿈'이나 '이상' 같은 것들을 성찰할 필요성을 전혀 느끼지 않으면서 기분대로 막 살면 오히려 자유롭고 편할 것 같은데 실은 그 정반대다. '자유(자유)'란 풀어 쓰면 '자기(자기) 이유(이유)'를 가진다는 뜻이다. 무엇을 하든 '자기 이유'를 가지고 살아가는 사람이 '참 자유인(자유인)'

이라는 말인데, '한번 뿐인 삶'을 걸고 실현하고픈 '꿈'과 '이상'을 가지고 그것을 이루기 위해서 노력하는 사람이야말로 '참 자유인' 인 것이다.

혁신학교 학생들이 자기 꿈을 꿀 수 있는 이유는 교사뿐만 아니라, 학생들이 나름의 자기철학을 하기 때문입니다. 꿈은 돌이나 동판(銅版)이 아닌 사람의 마음에 새겨야 빛을 발하게 됩니다. 혁신학교 학생들이 자기 철학을 하게 되는 가장 큰 요인은 수업에서 찾아볼 수 있습니다. 혁신학교 수업은 주입식이 아니라, 이유를 찾아가는 수업으로 진행되기 때문입니다. 또한 혁신학교에서는 경쟁이 아닌 협력의 수업으로 진행되고 있습니다. 혼자 해결하는 수업보다 모둠으로 함께 해결하는 수업이 더 많다는 겁니다. 함께 소통하며 함께 협력하는 풍토 속에서 학생들의 꿈은 무럭무럭 자라게 됩니다. 오스트리아의 예술가이자 건축가이면서 철학자인 훈테르트 바서는 이렇게 얘기합니다.

"나 혼자 꿈을 꾸면, 그건 한갓 꿈일 뿐이다. 하지만 우리 모두가 함께 꿈을 꾸면, 그것은 새로운 현실의 출발이다."

사실 혁신학교 교사들은 혼자 꾸던 꿈을 여러 명의 교사들이 함께 꿈을 꾸어 혁신학교라는 현실에서 교육적 이상을 실현시키고 있는 겁니다. 교사들이 꿈을 꾸며 그 꿈을 실현시키고자 노력하고 있다는 그 자체가 혁신학교 학생들이 꿈을 맘껏 꾸게 할 개연성이 높다고 볼 수 있습니다.

혁신학교를 졸업한 학생들은 지금 어떤 모습으로 살아가고 있을까요? 혁신학교는 2년 조금 넘었지만, 혁신학교 확산의 모태가 된 남한산초등학교의 경우에는 이력이 꽤 됩니다. 그래서 이제는 졸업생들의 면면이 언론을 통해 보도되기 시작했습니다. 물론 졸업생들의 긍정적인 모습만을 담은 글임을 감안하더라도, 남한산초등학교의 긍정적인 교육적 효과까지 부정할 수는 없을 것 같습니다.

> 교사와 학부모는 남한산의 교육 성과로 가장 먼저 '아이의 자발성'을 꼽는다. 학교에 변화가 일어난 지 9년. 졸업생들은 어떻게 지내고 있을까. 한창 대입 준비에 바쁜 담양 한빛고등학교 3학년 김성은(19)양은 작은 학교를 나왔다고 해서 결코 우물 안 개구리는 아니었다며, 남한산초등학교에서 배운 것은 자신이 인생을 살아가며 버틸 수 있는 가장 큰 힘이라고 얘기한다.
> 일반 고등학교에 진학했지만 획일적이고 권위적인 학교 교육 방식을 이해할 수 없었다는 김찬울(19)군. 자퇴를 하고 검정고시를 통해 친구들보다 1년 먼저 울산 과학기술대학교 입학한 그는 인류에 공헌하는 과학자가 되고 싶다고 한다.
> 형제가 나란히 남한산초를 졸업한 강모세(17.안산 동산고)군과 강은석(14.성남 은행중)군. 사교육을 받지 않지만 스스로 공부하는 방법을 잘 알고 있어 큰 문제가 되지 않는다. 친구들은 학교 수업이 끝나면 학원을 다니기 바쁘지만 은석이는 운동을 하고, 모세는 학교 밴드부에서 드럼 연습을 한다.
>
> - PD수첩 〈행복을 배우는 작은 학교들〉 -

저는 앞으로 혁신학교를 졸업한 학생들은 우리 사회에서 멋진 사람으로 활동할 것이라 생각합니다. 이제는 제대로 된 교육이 존재해

 학부모가 알아야 할 혁신학교의 모든 것

야 할 이유를 찾을 수 있는 증거들이 속속 드러나고 있습니다. 거창 고등학교 졸업식에서 졸업생 대표의 답사를 실례로 들 수 있습니다. 저는 혁신학교 아니 이 땅의 학교를 졸업한 모든 학생들이 졸업식 답사에서 밝힌 대로 살아준다면 우리 사회가 얼마나 건강하고 행복할지 상상해봅니다.

거고인 건축가가 세운 다리는 무너지지 않고
거고인 농부가 키운 작물은 안심하고 먹을 수 있으며
거고인 의사는 삶의 목숨을 그 무엇보다 소중히 여긴다.
거고인 판사가 내린 판결은 믿을 수 있고
거고인 직공이 만든 옷은 단추가 잘 떨어지지 않으며
거고인 선생님에게는 안심하고 자녀를 맡길 수 있다.

거고인 관리는 뇌물을 받지 않고
거고인 기자는 거짓을 전하지 않으며
거고인 역사가는 그 무엇보다 진실을 목말라 한다.
그래서 세상은 거고를 빛이요 소금이라고 한다.

## 학생들의 온전한 변화가 일어나요

예전에 TV에서 한 사람을 완전히 탈바꿈시키는 프로그램을 시청했습니다. 삶에 바쁘고 지쳐 자신을 가꾸고 돌볼 여력이 없는 엄마를 위해 딸이 엄마를 멋지게 변화시켜 달라는 사연이 채택된 것입니다. 변신의 과정이 소개됩니다. 헤어디자이너, 의상디자이너, 피부과 전문의 등 각계의 전문가가 투입됩니다. 드디어 엄마가 공개되는 날! 예전의 볼품없었던 외모는 사라지고 멋지게 변화된 엄마의 모습이 많은 사람들의 놀람과 환호성 속에서 공개됩니다. 그러나 저는 이런 생각을 해 보았습니다. '과연 저런 엄마의 모습이 몇 개월 뒤에도 유지될 수 있을까?' 확인해 보지는 않았지만, 추측컨대 분명 예전의 모습으로 '도로아미타불'이 되었을 겁니다. 왜냐하면 삶의 근본적인 변화가 일어나지 않았기 때문입니다. 사실 더 큰 문제는 엄마의 '자괴감'일 겁니다. 멋진 모습을 유지하지 못하고, 예전의 모습으로 살 수밖에 없는 자괴감 말입니다.

학생들의 삶도 이런 식으로 잠깐의 변화를 주는 예가 있습니다. 각종 연구학교나 시범학교가 바로 그런 예입니다. 제가 어느 학교에 처음 부임했을 때 창의성 시범학교로 지정되었습니다. 그런데 복도게시판에는 글쓰기 방법과 관련된 게시물이 있어 철거해야 할 상황이었습니다. 그래서 함께 발령받은 선배교사에게 우리 학교가 혹시 작년까지 글쓰기 시범학교였는지를 물어보았습니다. 그때 선배교사가 했던 말이 기억납니다.

"글쓰기 시범학교가 맞는가 보네. 애들이 글 쓰는 걸 워낙 싫어하는 걸 보니 말이야."

저도 고개를 끄덕일 수밖에 없었습니다. 글쓰기 시범학교가 아이들 글쓰기 능력을 고양시키기는커녕 글쓰기로부터 멀리하게 만들었

다는 뜻입니다. 설령 시범학교 결과 보고는 글쓰기교육이 성공했을지는 몰라도 잠재적 교육과정 측면에서는 분명 실패한 것이지요. 이런 잠깐의 변화, 일시적인 변화는 오히려 예전보다 못한 결과를 보이게 됩니다.

이런 점에서 혁신학교는 학생들의 일시적인 삶의 변화를 위한 것이 아닙니다. 아이들의 온전한 변화를 위한 것이지요. 혁신학교는 '거듭남'의 학교입니다. 교육의 본질에 충실한 학교라고 볼 수 있습니다. 혁신학교에서는 연구학교나 시범학교에서 흔히 나타나는 꼼수가 통하지 않습니다. 예를 들어보겠습니다. 아래 사진은 장곡중학교 백원석 선생님이 페이스북에 올린 사진입니다.

오른쪽 사진은 장곡중학교 3학년 아이들 2명이 환경보호프로젝트 수업의 일환으로 만든 작품이라고 합니다. 장곡중학교 백원석 선생님은 월요일 아침, 평소보다 조금 늦어서 1층에서 승강기를 이용해 학생부가 있는 5층으로 올라갈까 생각하며 서쪽현관에 들어섰는데, 도저히 이 그림을 보고는 버튼을 누를 수가 없었다고 합니다. 펭귄가족을 위해서라도 승강기보다는 계단을 사용 한다고 합니다.

장곡중학교의 펭귄 가족을 위한 승강기

승강기에 '펭귄 가족은 헤어지지 싫습니다.'라는 글귀가 적혀 있습니다. 저는 백원석 선생님이 올린 페이스북 글에 이런 댓글을 달아주었습니다.

"승강기에 작품을 그릴 수 있는 자유(?)가 부럽고, 실제로 그림을 그리는 용기는 어디서 나왔을까요? 난 이런 점에서 혁신학교가 좋습니다."

이렇듯 혁신학교에서는 학생들이 머리가 아닌 실제 삶에 적용되는 온전한 변화가 있습니다. 혁신학교들은 배움중심 수업을 정책적으로 추진하고 있습니다. 배움중심 수업의 가장 큰 특징은 교사중심에서 학생중심으로 전환하는 데 있습니다. 예전에는 교사들이 수업을 공개하면 교사의 말투나 교수기술 등을 주로 얘기했는데, 배움중심 수업에서는 학생들이 어떻게 수업을 받고, 어떤 지점에서 배움이 일어났고, 어떻게 배움의 도약이 일어나고 있는지를 바라보게 됩니다. 관점이 확 바뀐 거지요.

저는 승강기 사진을 보면서 성정기 디자이너의 '불편한 디자인'이 생각났습니다. 그의 블로그를 방문하면 불편한 디자인의 수도꼭지가 나옵니다. 성정기 디자이너의 수도꼭지에 대한 소개글은 다음과 같습니다.

① 수도꼭지 디자인은 상당히 평범해 보입니다. 다른 점은 일반적인 수도꼭지 디자인은 끝부분이 바닥을 향해 있다면 이것은 사용자 자신을 향해 있다는 것입니다. 이런 디자인의 작은 변화는 우리가 그것을 사용하게 되었을 때 물을 많이 틀게 되면 결국 물은 자신

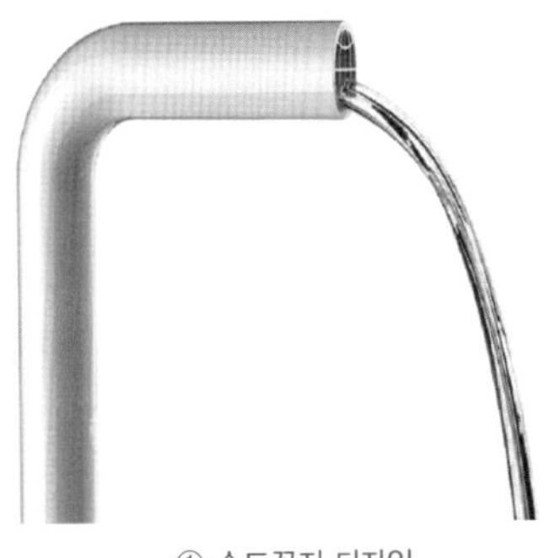
① 수도꼭지 디자인

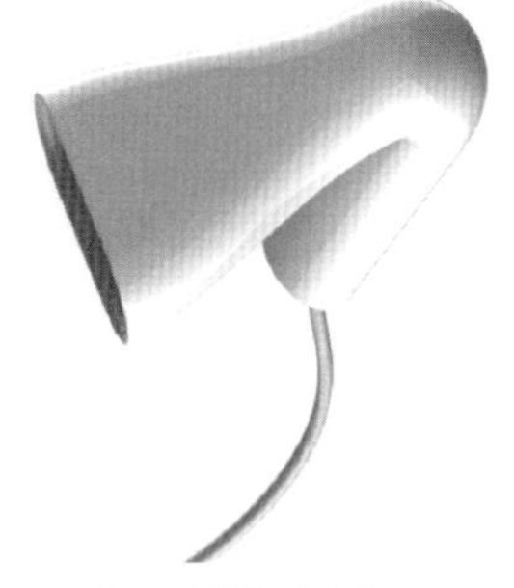
② 드라이어 디자인

에게 쏟아지게 만드는 불편함을 만듭니다. 틀림없이 불편한 디자인입니다.

② 드라이어 디자인입니다. 이 역시 외형적으로 더 특별하지는 않습니다. 하지만 이 드라이어의 표면재료는 열에 반응하여 색이 변하는 재료입니다. 일반적으로 우리가 머리카락을 말리는 행위를 멀리서 보면 결국 누군가가 지구를 말리고 있는 것으로 볼 수 있습니다. 이 드라이기는 일상의 편리한 행위가 어떻게 우리와 환경에 영향을 주는가를 제품의 표면의 색이 변하면서 시각적 은유로 드러나게 됩니다. 이러한 효과는 사용자에게 심리적 불편함을 느끼게 하며 결국 드라이기 사용에 대해 다시 생각하게 합니다. 즉, 환경에 긍정적인 요소를 가져오게 됩니다. 불편함이 만드는 실천적인 요소입니다.

성정기 디자이너의 불편한 디자인을 통해 불편함이 긍정적인 메시지를 전달하듯이 장곡중학교 승강기 디자인도 비슷한 맥락에서 이해할 수 있습니다. 참으로 혁신학교에서나 나올 법한 혁신 학생들의 신선하고 개념 있는 발상이 아닐 수 없습니다.

## 참고문헌

경기도교육청(2011). 『경기교육』 봄호, 경기도교육청.

경기도교육청(2011). 『교원행정업무경감은 선택이 아닌 필수입니다』, 경기도교육청.

구본형(2004). 『일상의 황홀』, 서울 : 을유문화사.

구본형(2007). 『익숙한 것과의 결별』, 서울 : 을유문화사.

김성천(2007). 『교사자율연구모임을 통한 교사의 전문성 성장 과정』, 박사학위논문, 성균관대학교.

김성천(2011). 『혁신학교란 무엇인가』, 서울 : 맘에드림.

김성천 외(2010). 『좌우파 사전』, 고양 : 위즈덤하우스.

김상곤 · 김윤자 · 강남훈 외(2011). 『경제학자, 교육혁신을 말하다』, 파주 : 창비.

김제동(2011). 『김제동이 만나러 갑니다』, 고양 : 위즈덤경향.

김진경(2005). 『미래로부터의 반란』, 서울 : 푸른숲주니어.

문요한(2009). 『그로잉』, 서울 : 웅진지식하우스.

박승배(2007). 『교육과정학의 이해』, 서울 : 학지사.

박완서(2005). 『잃어버린 여행가방』, 서울 : 실천문학사.

박원순 외(2011). 『행복한 진로학교』, 서울 : 시사인북.

사교육걱정없는세상(2010). 『아깝다 학원비』, 서울 : 비아북.

사교육걱정없는세상(2011). 『진로교육의 나아갈 길을 찾다』, 서울 : 사교육걱정없는세상.

사토마나부(2007). 『수업이 바뀌면 학교가 바뀐다』, 서울 : 에듀케어.

신영복(1998). 『감옥으로부터의 사색』, 파주 : 돌베개.

오재길(2011). 『학교 단위의 혁신 운동, 어디까지 왔고, 무슨 고민을 하고 있는가?』,
        좋은교사운동정책토론회.

오재길(2005). 『초등학교 학교행사문화에 관한 참여관찰 연구』, 강원대학교 박사학위논문.

이광호 · 김진철 · 박성만 · 김성천(2010). 『학교를 바꾸다』, 서울:우리교육.

이민규(2007). 『끌리는 사람은 1%가 다르다』, 서울 : 더난출판사.

이종각(2003). 『교육열 올바로 보기』, 서울 : 원미사.

이혁규(2007). 『수업, 비평을 만나다』, 서울 : 우리교육.

정 민(2004). 『미쳐야 미친다』, 서울 : 푸른역사.

좋은교사운동(2010). 『좋은교사 10월호』, 좋은교사운동.

지승호(2011). 『김상곤, 행복한 학교 유쾌한 교육혁신을 말하다』, 서울 : 시대의창.

최인호(2007). 『유림』, 서울 : 열림원

삶과 교육을 바꾸는
맘에드림 출판사 교육 도서

## 학교 바꾸기 그 후 12년

권새봄 외 지음 / 값 14,500원

MBC PD 수첩에 방영되어 화제가 되었던 남한산초등학교. 아이들이 모두 행복하고, 얼굴 표정이 밝은 아이들. 학교 가는 것을 무엇보다 좋아하고, 방학을 싫어하는 아이들. 수업과 발표를 즐겼던 이 학교를 졸업한 아이들이 그 후 12년의 삶을 세상에 이야기한다.

## 교사는 수업으로 성장한다

박현숙 지음 / 값 12,000원

그동안 교사는 수업에서 아이들을 만나지 못해왔다. 관계와 만남이 없는 성장의 결손을 낳았다. 그리하여 우리 아이들과 교사들은 모두 참 아프고 외로웠다. 이 책에서는 교사, 학생, 학부모, 지역사회가 공동체로서 서로 관계를 맺을 때에만 배움은 즐거운 활동으로서 모두가 성장하는 삶의 일부가 될 수 있음을 보여준다.

## 교사와 학부모가 함께 읽는 주제 통합 수업

김정안 외 지음 / 값 15,000원

'서울형 혁신학교'로 지정된 7개 혁신학교들이 지난 1~2년 동안 운영한 주제 중심 통합 교육 과정과 수업 사례를 소개한 책이다. 이 학교들의 교육과정은 전국적으로 이루어지는 혁신학교들의 성과를 반영하였고, 자신의 지역사회의 실제 환경과 경험을 살려 실제 수업에 적용한 것이다.

## 혁신교육 미래를 말한다

서용선 외 지음 / 값 14,000원

혁신교육은 2009년 이후 공교육 되살리기의 새로운 희망이 되어왔다. 이러한 정책을 입안하고 추진하는 데 기여해왔던 6명의 교사 출신 연구자들이 혁신교육 발전에 필요한 정책 과제들을 모아 하나의 책으로 제시한다. 이 책은 교육철학, 교육과정, 교육행정과 학교 운영(거버넌스) 등에서 주요 이슈들을 정리하고 혁신교육의 성과와 과제가 무엇인가를 보여준다.

## 수업을 살리는 교육과정

서우철 외 지음 / 값 16,500원

최근 교육과정을 재구성하는 논의가 활발한 가운데, 이 책에서는 개별 교과목과 교과서의 형식에 얽매이지 않고 아이들의 발달을 고려하여 주제를 중심으로 교육과정을 재구성하여 통합적으로 운영하는 방법과 구체적인 실천 사례를 설명하고 있다. 이러한 과정은 같은 학년을 맡고 있는 교사들의 토론과 협력을 통해서 이루어진 것임을 이야기한다.

## 수업 딜레마

이규철 지음 / 값 14,000원

이 책을 관통하는 키워드는 '사람'이다. 저자의 노하우를 전수하는 것이 아니라, 수업 속에서 딜레마에 맞닥뜨려 고통받고 있는 선생님들의 고민을 담고, 신념을 담고, 그것을 이겨내기 위한 한 분 한 분의 마음을 담고 있다. 이런 고민 속에 이 책을 집어 든 나를 귀하게 여기며 다시 한 번 교사로 잘 살아보고 싶은 도전을 하게 한다.

## 좋은 엄마가 스마트폰을 이긴다

깨끗한미디어를위한교사운동 지음 / 값 13,500원

스마트폰에 대한 아이들의 집착은 대단하다. 스마트폰은 '재미있고 편리하다.' 그러나 스마트폰 때문에 아이들은 시간을 빼앗기고, 건강이 나빠지고, 대화가 사라지며, 공부와 휴식, 수면마저 방해를 받는다. 이 책은 이러한 사례들을 생생하게 소개하고 부모들에게 아이들의 스마트폰 사용에 어떻게 대응해야 하는지 대안을 제시한다.

## 엄선생의 학급운영 레시피

엄은남 지음 / 값 14,000원

34년 경력의 현직 교사가 쓴 생동감 넘치는 학급운영 지침서. 초등학교에서 아이들은 문자와 숫자를 익히는 것보다 학교와 교실에서 낯설고 모험적인 사건을 겪으면서 더 많은 것을 배운다. 이 책은 초등학교에서 교과서 지식보다 더 중요한 역할을 하는 학교생활과 학급문화를 만드는 데 담임교사의 역할을 다룬다. 교사와 아이들이 서로 존중하고 신뢰하는 관계를 어떻게 만들어야 하는지 구체적인 경험과 사례로 설명해준다.

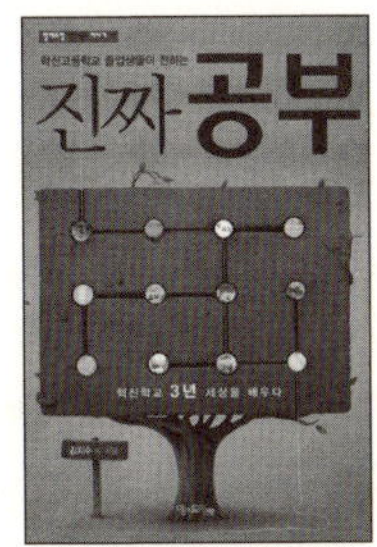

## 진짜 공부

김지수 외 지음 / 값 15,000원

혁신학교가 추구하는 '진짜 공부'와 '진짜 스펙'이 무엇인지 보여주는, 졸업생들의 생동감 넘치는 경험담. 12명의 졸업생들은 학교에서 탐방, 글쓰기, 독서, 발표, 토론, 연구, 동아리, 학생회 활동을 통해 자신들이 생각하지도 못한 진짜 공부를 경험했음을 보여준다. 이 책을 통해 수능시험이 아니라 정말로 청소년 스스로 하고 싶을 즐기면서 성장하는 것이 우리 사회에 필요한 것임을 새삼 느낄 수 있다.

## 수업 디자인

남경운, 서동석, 이경은 지음 / 값 15,000원

서울형 혁신학교의 대표적인 수업 혁신을 담은 이야기. 아이들이 서로 협력하면서 배우는 수업을 목표로 삼은 저자들은 범교과 수업모임을 통한 공동 수업설계를 대안으로 제시한다. 아이들은 교사의 설명을 통해 배우는 것이 아니라 서로 '옥신각신'하며 함께 문제에 도전할 때 수업에 몰입하고 배우게 된다. 이 책은 이러한 수업을 위해서 교사들이 교과를 넘어 어떻게 협력하고 수업을 연구해야 하는지 잘 보여준다.

## 아이들이 가진 생각의 힘

데보라 마이어 지음 / 정훈 옮김 / 값 15,000원

미국 공교육 개혁의 전설적 인물 데보라 마이어가 전하는 교육 개혁에 대한 경이롭고도 신선한 제언. 이 책은 학교 혁신의 생생한 기록을 통해 우리가 학교에서 무엇을 왜 가르치고 배워야 하는지에 대한 근원적인 성찰을 담고 있다. 아이들이 지성적으로 생각하는 마음의 습관을 배우는 것이 얼마나 중요하고 그것을 위해 학교가 무엇을 해야 하는지를 일깨워준다.

## 어! 교육과정? 아하! 교육과정 재구성!

박현숙 · 이경숙 지음 / 값 16,500원

교육과정 재구성을 고민하는 교사를 위한 현장 지침서. 이 책은 저자들이 학교 현장에서 교육과정 재구성이라는 화두를 고민하고, 실행한 사례들이 담겨져 있다. 책의 내용은 주제 통합 수업, 교과 통합 수업, 범교과 주제 학습, 교과 체험 학습, 프로젝트 수업 등 학교 현장에서 적용해 큰 성과를 본 것들을 세밀하게 소개하면서 교육과정 재구성 작업의 노하우를 펼쳐 보인다.

### 리셋, 교육과정 재구성
서울신은초등학교 교육과정 연구회 모임 지음 / 값 16,000원

서울형 혁신학교인 서울신은초등학교 교사들이 1학년부터 6학년까지 모든 학년의 교육과정을 재구성하고 실천한 경험을 모두 담았다. 이 책에 소개된 혁신학교 4년의 경험은 진정한 학습이란 몸과 마음을 통해 경험함으로써, 생각이나 감정을 다른 사람과 주고받음으로써, 과거 경험을 새로운 지식으로 다시 생각함으로써 실현된다는 점을 잘 보여주고 있다.

### 다섯 빛깔 교육이야기
이상님 지음 / 값 16,000원

충북 혁신학교(행복씨앗학교)인 청주 동화초등학교의 동화 작가 출신 선생님이 아이들과 함께 보낸 한해살이 이야기다. 이오덕 선생의 "아이들의 삶을 가꾸는 교육"을 고민하던 저자가 동화초 아이들을 만나면서 초등학생의 특성에 맞도록 활동 중심의 교육과정을 재구성하는 한편, 표현 위주의 교육을 위한 생활 글쓰기 교육을 실천하면서, 학교 교육을 아이들의 놀이와 생활, 삶과 연결시키고자 노력한 교단 일지를 바탕으로 구성되었다.

### 만들자, 학교협동조합
박주희 · 주수원 지음 / 값 14,500원

이 책은 학교협동조합이 무엇인지, 어떤 유형의 학교협동조합이 가능한지, 전국적으로 현재 학교협동조합의 추진 상황은 어떠한지 국내외 사례를 통해 소개하고 안내하는 한편, 학교협동조합을 운영하는 원리와 구체적인 교육방법을 상세하게 풀어놓고 있다. 저자들의 실천적 지침들을 따라가다 보면 학교협동조합은 더 이상 상상이 아니라 학교 구성원의 필요와 의지, 실천으로 극복할 수 있는 실현 가능한 미래라는 점을 알게 된다.

### 땀샘 최진수의 초등 수업 백과
최진수 지음 / 값 21,000원

초등학교에서 20여 년간 아이들을 가르쳐온 저자가 초등학교 수업에 대해서 기록하고 연구하고 실천하며 쌓아온 경험을 바탕으로 초등학생들과 수업을 함께하는 방법을 담고 있다. 아이들의 학습 동기, 아이들이 수업에 참여하는 방법, 칠판과 공책을 사용하는 방법, 모둠 활동, 교과별 수업, 조사와 발표 등 초등학교 교사가 아이들을 가르칠 때 알아야 할 가장 기본적이면서도 가장 중요한 모든 것을 다루고 있다.

### 교실 속 비주얼씽킹

김해동 / 값 14,500원

이 책은 비주얼씽킹 기본기부터 시작하여 교과별 수업, 생활교육, 학급운영 등에 비주얼씽킹을 응용하는 방법을 설명하고 있다. 특히 교사들이 초등학교 1학년부터 고등학교 3학년까지 국어, 수학, 영어, 과학, 사회 등 모든 교과 수업에 비주얼씽킹을 활용할 수 있도록 수업 지도안을 상세하면서도 간결하게 제시하고 있다. 또한 독자들이 책 내용에 대해 더욱 풍부한 이미지와 자료를 접할 수 있도록 저자의 블로그로 연결되는 QR코드를 담고 있다.

### 교육과정-수업-평가 어떻게 혁신할 것인가

이형빈 지음 / 값 15,500원

이 책은 교육과정 사회학자 번스타인(Basil Bernstein)이 제시한 '재맥락화(recontextualized)'의 관점에 따라 저자가 장기간에 걸쳐 일반 학교 한 곳과 혁신학교 두 곳의 수업을 현장에서 면밀하게 관찰하고 심층 인터뷰와 설문조사를 통한 연구를 바탕으로 무기력과 불평등을 재생산하는 교실을 민주적이고 평등한 구조로 바꾸기 위해 교육과정-수업-평가를 어떻게 혁신해야 하는지 제안하는 내용을 담고 있다.

### 혁신학교 효과

한희정 지음 / 값 15,000원

이 책에서 혁신학교 효과를 살펴보기 위해서 저자는 혁신학교가 OECD DeSeCo 프로젝트에 제시된 '핵심 역량'을 가르치고 있는지, 학생·학부모·교사가 서로 배우는 교육 공동체를 이루고 있는지, 학생의 발달을 위한 다양한 교육과정을 운영하고 있는지, 교사의 자율성과 전문성을 강화하고 있는지, 자치적이고 민주적인 학교문화를 가지고 있는지, 지역사회와 협력하고 있는지를 다른 일반 학교와 비교하여 설명한다.

### 교실 속 생태 환경 이야기

김광철 지음 / 값 15,000원

아이들이 자연과 친해지고 즐길 수 있도록 교육하는 것은 쉬운 일이 아니다. 특히 도시 지역에서는 더욱 어렵다. 그래서 이 책은 도시 지역 학교에서도 쉽게 실천에 옮길 수 있는 다양한 생태·환경교육을 폭넓게 다루고 있다. 이 책에서 저자는 계절에 따라 할 수 있는 20가지 환경교육 프로그램을 제시하고, 그 방법, 순서, 재료 등을 상세히 설명해준다

## 이제는 깊이 읽기

양효준 지음 / 값 15,000원

교과서에는 수많은 예화와 발췌문이 들어가 있다. 이런 자료들은 교육부가 교육과정에서 요구하는 기준에 맞춰 어떤 이야기, 소설, 수필, 논픽션 등에서 일부만 가져온 토막글이다. 아이들은 교과서에 수록된 작품이나 이야기 전체를 읽지 못한 상태에서 단편적인 지문만 읽고 이해를 해야 하기 때문에 책을 읽으면서 생각하고 공감할 수 있는 기회와 흥미를 찾을 수 없게 된다. 이 책은 이러한 문제를 개선하기 위해서 한 권이라도 책 전체를 꾸준히 읽어가는 방법인 '깊이 읽기'를 대안으로 소개하고 있다.

## 인성의 기초가 되는 초등 인문학 수업

정철희 지음 / 값 15,500원

이 책은 아이들의 올바른 인성 교육을 위한 새로운 방법으로서 인문학 수업을 제시하고 있다. 이 책에서 설명되고 있는 인문학 수업은 교사가 신화, 문학, 영화, 그림, 역사적 인물의 일대기 등에서 이야기를 찾아 아이들에게 제시하고, 아이들이 그 이야기에 나오는 여러 문제와 인물 등에 대해 자신의 감정을 스스로 공책에 기록하고 일상의 경험과 비교하고 토의와 토론을 통해 자신의 생각을 발전시키는 수업이다.

## 수업, 놀이로 날개를 달다

박현숙, 이응희 지음 / 값 13,500원

이 책은 교육계에서 최근 가장 중요한 과제로 삼고 있는, OECD의 여덟 가지 핵심 역량(DeSeCo)에 따라 여러 놀이들을 분류해서 설명하고 있다. "놀이에 내재된 긴장의 요소는 사람의 심성, 용기, 지구력, 총명함, 공정함 등을 시험하는 수단이 되므로" 그것은 학생들의 역량을 키우는 수단이 된다. 이 책의 저자들은 수업이 놀이를 만났을 때 어떻게 핵심 역량이 강화되는지 이야기하고 있다.

## 더불어 읽기

한현미 지음 / 값 13,500원

교사의 성장을 위해서는 교사 자신의 깊은 사유와 성찰이 필요하다. 사유와 성찰에 독서만큼 훌륭한 수단은 없다. '혼자 읽기'에는 한계가 있다. 자기만의 협소한 틀과 사고방식에 갇혀 참된 성장을 이루지 못하게 한다. 이 책에서 저자가 강조하는 것은 단순히 독서, 토론에서 머무르는 것이 아니라 함께 배우고, 함께 실천하고, 함께 성장하는 학습공동체로 거듭나는 것이다.

## 독자 여러분의 소중한 원고를 기다립니다

맘에드림 출판사는 독자 여러분의 소중한 원고를 기다리고
있습니다. 원고가 있으신 분은 nurio1@naver.com으로
원고의 간단한 소개와 연락처를 보내주시면 빠른 시간에
검토하여 연락을 드리겠습니다.